fiches de
Procédure civile

fic

Pro

Rappel rrigés

6e éditio

n Bernard-Menoret

Maître de conférences en droit privé
Directeur de l'IEJ
Université de la Réunion

ellipses

Retrouvez tous les titres de la collection « fiches »
sur http://www.editions-ellipses.fr

ISBN 9782340-040168

32, rue Bargue 75740 Paris cedex 15

DANGER LE PHOTOCOPILLAGE TUE LE LIVRE

www.editions-ellipses.fr

Table des matières

Fiche 1

Le principe dispositif

I. **Le rôle des parties**
II. **Le rôle du juge**

- **Définitions**

Principe dispositif: principe selon lequel les parties ont l'initiative du procès et en déterminent le contenu. Ce principe conduit à ce que le juge doive trancher et ne puisse trancher que les points qui lui sont soumis.

Principe contradictoire: principe selon lequel les arguments et pièces doivent être débattus entre les parties.

Principe d'immutabilité: principe selon lequel les parties ne peuvent faire valoir de nouvelles prétentions en cours de procès sauf à ce qu'elles se rattachent à celles initiales par un lien suffisant.

Principes directeurs: principes qui guident l'établissement des règles de procédure civile, que sont le principe dispositif, le principe contradictoire et le principe d'immutabilité.

Avec le principe contradictoire, le principe dispositif organise le déroulement du procès civil. L'on parle de principes directeurs.

Le principe dispositif est la traduction du caractère accusatoire de la procédure civile, en opposition avec le principe inquisitoire de la procédure pénale. En effet, par dispositif, il faut comprendre que les parties disposent du procès. « Le procès est la chose des parties. » Cette formule résume le rôle qui leur est dévolu et rappelle que le procès est, avant toute chose, un outil devant permettre aux sujets de droit de les défendre.

Le principe dispositif s'adresse donc tout d'abord aux parties. Il conduit à définir leur rôle. Mais ce faisant il conduit également à délimiter celui du juge. Or, celui-ci n'est pas un simple arbitre. Ces pouvoirs ont été étendus afin d'accélérer le cours du procès et de respecter l'objectif d'un délai raisonnable posé par l'article 6-1 de la Convention européenne de sauvegarde des droits de l'homme.

Dès lors, le principe dispositif définit le rôle des parties, d'une part, et du juge, d'autre part, dans le déroulement du procès.

I. Le rôle des parties

A. Le principe

L'article 1er du Code de procédure civile (CPC) dispose que : « Seules **les parties introduisent l'instance**, hors les cas où la loi en dispose autrement [...]. » L'initiative incombe aux parties, le juge ne se saisissant, en principe, pas d'office.

Ceci implique que certains textes prévoient cette saisine d'office, notamment en ce qui concerne les personnes protégées ou encore en cas de procédures collectives. Il convient à cet égard de distinguer le rôle à part du ministère public lorsqu'il intervient dans le cadre de ses prérogatives visant à faire respecter l'ordre public. Celui-ci doit être considéré comme une partie et non comme un juge. Les membres du ministère public, s'ils sont magistrats, ne sont pas juges. L'intervention du ministère public s'exerce donc dans l'hypothèse de principe de l'article 1er selon lequel les parties introduisent l'instance.

B. Lors de l'instance

L'introduction de l'instance fait également obligation aux parties de fixer le cadre du litige. Ainsi, l'article 4 alinéa 1 du Code de procédure civile pose : « L'objet du litige est déterminé par les prétentions respectives des parties ». Ces prétentions étant contenues dans l'assignation ou la requête, celles-ci valant conclusions, pour le demandeur et dans les premières conclusions en réponse, pour le défendeur. Le juge doit être questionné par les parties, sans quoi il ne peut trancher.

Cette obligation est également importante eu égard au **principe d'immutabilité du litige**. Ce principe doit permettre de conserver une cohérence au procès tout au long de son déroulement et notamment d'éviter des dérives pouvant aboutir à remettre en cause la compétence de la juridiction saisie. Toutefois, ce principe ne doit pas être appliqué trop strictement pour ne pas enfreindre le développement du procès dans ses conséquences naturelles. Ainsi, des demandes incidentes peuvent être formulées, s'ajoutant aux demandes initiales, mais à la condition qu'elles « se rattachent aux prétentions originaires par un lien suffisant » (art. 4 al. 2, CPC).

Cette règle d'immutabilité vise en premier lieu les parties mais concerne également le juge, en ce qu'elle lui interdit de dénaturer les demandes. « Le juge doit se prononcer sur tout ce qui est demandé et seulement sur ce qui est demandé », prend soin de préciser *in fine* l'article 5. Concrètement il ne peut juger ni *infra petita*, ni *ultra petita*, c'est-à-dire qu'il ne peut laisser des demandes sans réponses, ni trancher ce qui ne lui a pas été soumis.

Afin de justifier de leurs prétentions, il appartient tout autant aux parties d'**énoncer** les faits (art. 6, CPC) que de les **prouver** (art. 9, CPC). Les conclusions assorties des pièces sont les supports de ces obligations. Cette double obligation conduira à s'interroger sur la recevabilité des preuves (v. Fiches 17 à 19) et plus généralement sur le rôle du juge, ce dernier ayant, en ce domaine, des pouvoirs plus étendus que les parties.

C. À l'issue de l'instance

Enfin, corollaire de leur pouvoir d'introduire l'instance, les parties peuvent y mettre fin sans attendre le jugement. À tout moment, les parties peuvent renoncer au procès, celui-ci étant un outil à leur disposition. Elles peuvent donc se désister. L'attention doit alors se porter sur l'objet du désistement. En effet, il faut distinguer le **désistement d'instance** de situations proches. Celui-ci ne doit, tout d'abord, pas être confondu avec le **désistement d'acte** de procédure, consistant pour une partie à renoncer aux effets d'un acte accompli. Surtout, il ne doit pas être confondu avec le désistement d'action, acte qui vise non pas l'instance mais le droit en jeu. Ce désistement est un renoncement à un droit et pose donc comme condition la libre disposition de ce droit par son titulaire. Ce type de désistement est surtout au cœur des transactions.

Le désistement d'instance est toujours possible, c'est-à-dire à n'importe quel moment du procès, mais selon des modalités différentes.

En première instance, le principe posé par l'article 395 alinéa 1er du Code de procédure civile est que le désistement doit être accepté par le défendeur sauf si ce dernier « n'a présenté aucune défense au fond ou fin de non-recevoir au moment du désistement » (art. 395 al. 2, CPC). En outre, dans le cas contraire, le juge peut tout de même déclarer le désistement parfait, si le défendeur ne se fonde sur aucun motif légitime, telle une demande reconventionnelle. En effet, l'intérêt de ce dispositif est d'éviter que le désistement ne soit décidé que pour empêcher le défendeur de faire valoir ses propres demandes.

Le désistement d'appel ou d'opposition s'exerce selon un mécanisme inverse. En principe, l'accord de l'adversaire n'est pas nécessaire. Toutefois, toujours dans l'idée d'éviter que le désistement ne serve à nuire aux intérêts adverses, les articles 401 et 402 du Code prévoient que le désistement ne doit être accepté que « s'il contient des réserves ou une demande incidente » et concernant l'opposition, que « si le demandeur initial a préalablement formé une demande additionnelle ».

Le désistement d'instance n'obéit à aucune règle de forme. Il peut être écrit ou formulé par déclaration verbale et même implicite à condition d'être certain de la volonté des parties (art. 397, CPC).

Le désistement en première instance éteint l'instance sans emporter renonciation à action. Le désistement d'appel emporte acquiescement au jugement intervenu. Cependant, le désistement perd cet effet si une autre partie interjette régulièrement appel.

Enfin, précisons que le désistement, sauf convention contraire, emporte obligation de payer les frais de l'instance éteinte.

II. Le rôle du juge

A. Le contrôle des règles de procédure

Les articles 2 et 3 du Code fixent la place du juge au regard du déroulement de l'instance. Le souci est de ne pas laisser aux parties le soin de fixer le rythme de l'instance au risque d'un enlisement et donc d'une atteinte à l'obligation de délai raisonnable. L'article 2 limite l'autonomie des parties en exigeant que leurs actes de procédure soient réalisés dans les formes et surtout les délais requis. L'article 3 complète le dispositif en précisant qu'il appartient au juge de veiller au bon déroulement de l'instance, ce qui signifie de veiller au respect du principe du contradictoire par les parties (v. Fiche 2) et de fixer les délais et d'ordonner les mesures nécessaires. Ces pouvoirs se retrouvent particulièrement illustrés devant le juge de la mise en état (v. Fiche 9).

B. Le contrôle des faits et du droit

Mais le contrôle du juge va beaucoup plus loin que le contrôle des règles de procédure et des délais. Il intervient désormais sur le contenu de l'instance, tant au niveau des faits que du droit.

1. Concernant les faits, si « le juge ne peut fonder sa décision sur des faits qui ne sont pas dans le débat » (art. 7 al. 1er, CPC), le même article précise que « le juge peut prendre en considération même les faits que les parties n'auraient pas spécialement invoqués au soutien de leurs prétentions ». L'article 8 complète et étend largement ses pouvoirs en lui permettant d'« inviter les parties à fournir les explications de fait qu'il estime nécessaires à la solution du litige ». En effet, cette faculté permet au juge de faire rentrer dans le procès des éléments de fait que les parties n'avaient pas intégrés et souvent ne le souhaitaient pas. Mais l'administration d'une bonne justice nécessite que le juge puisse se fonder sur des faits pertinents au regard des prétentions, et qu'il ait une compréhension parfaite du dossier.

   La question des faits ne se limite pas à leur énonciation, il appartient également aux parties de les prouver (art. 9, CPC). En ce domaine, le juge peut également avoir un rôle actif du fait qu'il dispose des mesures d'instructions (v. Fiches 18 et 19) les plus étendues dont il peut user à la demande d'une partie ou d'office (art. 10, CPC). Dans le premier cas, le juge viendra en renfort de la démonstration d'une partie en ordonnant une mesure nécessaire, tels un constat d'huissier chez un concurrent ou une mesure d'expertise, que la partie ne peut ordonner seule (Voir sur ce point la loi du 30 juillet 2018, n° 2018-670 et son décret d'application du 11 décembre, relatifs à la protection du secret des affaires). Dans le second cas, il est utile que le juge puisse décider de mesures propres à parfaire son information en vue du jugement. La conséquence est encore l'introduction de faits non initialement allégués par les parties. Les parties doivent prêter leur concours sauf au juge à en tirer toute conséquence d'abstention ou de refus (art. 11, CPC).

2. Quant au droit, le rôle du juge est double. Il doit **donner leur exacte qualification juridique aux faits** et **trancher le litige en application des règles de droit** applicables :
   - Concernant le premier aspect, l'article 12 alinéa 2 du Code de procédure civile dispose que le juge « doit donner ou restituer leur exacte qualification aux faits ou actes litigieux sans s'arrêter à la dénomination que les parties en auraient proposée ». Cette prérogative permet de corriger les erreurs ou les détournements de qualification qui conduiraient à un jugement erroné. La situation se trouve fréquemment en matière contractuelle. Ainsi, le cas d'une personne qualifiant de contrat de travail, un contrat d'agent commercial, pour bénéficier des règles plus favorables du droit du travail ou inversement, le cas, très répandu, d'un employeur cherchant à dissimuler un contrat de travail, sous une autre appellation dans le but d'échapper à la réglementation sociale.
   - Ce pouvoir subit, toutefois, une exception prévue à l'alinéa 4 du même article concernant les droits dont les parties ont la libre disposition. Le juge doit alors se conformer à la qualification retenue en vertu d'un accord exprès.
   - Concernant le second aspect, le juge doit, en application de l'article 12 alinéa 1er du Code de procédure civile, trancher « le litige conformément aux règles de droit qui lui sont applicables ». Derrière l'évidence de cette règle, plusieurs remarques s'imposent.
   - Tout d'abord, au-delà des considérations procédurales, ce texte rappelle la place du jugement au sein de notre État de droit. Il est le serviteur de la Loi, au sens large. Son rôle se limite à l'application de la règle et non à sa formation. Cette affirmation exclut théoriquement la jurisprudence comme source du droit, faisant fi de son pouvoir d'interprétation à la portée déterminante dans la constitution du droit positif.
   - En ce qui concerne les aspects de procédure, cette règle conduit à ce que le juge puisse relever d'office les moyens de pur droit, sous la réserve désormais de respecter le principe de la contradiction, c'est-à-dire d'avoir permis aux parties de s'exprimer par rapport à sa décision. (Un syndicat avait obtenu du conseil d'État, en 1979, l'annulation du texte initial. Le législateur réintroduisait le soulevé d'office en 1981, au travers de l'article 16, par l'adjonction de l'obligation de respecter le contradictoire.)
   - Une autre question est née de l'article 12, celle de savoir si la modification d'un fondement juridique était une obligation pour le juge ou une simple faculté. La question pouvait même prendre une dimension plus large en considérant que le juge devait chercher le fondement juridique sans que les

parties n'en évoquent aucun. Charge alors pour les parties de présenter les faits et pour le juge de dire le droit. Cette conception n'a évidemment pas abouti, le décret du 28 décembre 1998 faisant obligation au demandeur de préciser les fondements juridiques dans l'assignation et l'article 6-1 de la CEDH obligeant les parties à se faire connaître leurs moyens de droit.

3. Toutefois, la question a pu retrouver de l'intérêt depuis le revirement de jurisprudence du 7 juillet 2006 sur la **concentration des moyens (voir des demandes !)** (Cass. Ass. Plén., 7 juillet 2006, n° 04-10672), interdisant d'introduire une nouvelle instance aux mêmes fins que la précédente sur un fondement juridique différent. Cette solution conduisait désormais les parties à exposer tous les fondements possibles (par exemple : responsabilité contractuelle, quasi-contrat et responsabilité délictuelle) pour une même action. Que se passait-il si elles omettaient un fondement susceptible d'être retenu, sachant qu'aucune nouvelle instance ne pouvait être tentée ? C'est dans ce contexte que la Cour de cassation a réaffirmé que le pouvoir de rectification du juge n'était qu'une faculté, non une obligation (Cass. Ass. Plén., 21 décembre 2007, n° 06-11343) :
   - Depuis, il est à noter que l'obligation de concentration des moyens a été nuancée. La Cour est venue préciser que des circonstances nouvelles depuis le prononcé du jugement permettaient une nouvelle action (Civ. 2e, 6 mai 2010, n° 09-14737).
   - Alors, un débat est né de positions divergentes entre les chambres de la Cour de cassation sur l'étendue de la concentration. La première chambre civile et la chambre commerciale s'orientant vers une lecture voulant que toutes les demandes soient formulées lors d'une même instance entre les mêmes parties. Les deuxième et troisième chambres civiles s'orientent sur une lecture plus restrictive de l'obligation de concentration, considérant que l'obligation ne vise que les moyens et non les demandes. Si la demande est nouvelle, alors une nouvelle instance est possible. La troisième chambre civile de préciser que la demande doit être réellement nouvelle, le simple changement de fondement juridique revenant à une modification des moyens et devant donc être soumis à la concentration (Civ. 3e, 16 juin 2011, n° 10-18925).
   - Comment expliquer ce trouble ?
   - L'origine du malentendu venait de la présentation de la jurisprudence de l'assemblée plénière du 7 juillet 2006. Celle-ci était susceptible de deux analyses. En effet, la solution indiquait que « ne pouvait être admis à contester l'identité de cause des deux demandes en invoquant un fondement juridique qu'il s'était abstenu de soulever en temps utile, de sorte que la demande se heurtait à la chose précédemment jugée relativement à la même contestation ». De cette rédaction, on pouvait retenir l'impossibilité

de soulever un nouveau fondement juridique, ceci allant dans le sens d'une obligation de concentration des moyens. Mais, une seconde lecture conduisait à viser toutes les demandes se rapportant aux mêmes faits. L'identité de cause signifiant l'identité des faits faisant naître le litige. Dès lors, l'obligation visait l'ensemble des demandes rattachées aux mêmes faits et pas simplement les moyens.

- Cette seconde lecture apparaissait mieux correspondre à la volonté qui justifia le revirement à savoir la limitation du nombre de contentieux. L'idée étant de traiter lors d'une même instance toutes les questions relatives aux mêmes faits.
- En outre, le principe même de la concentration des demandes a été validé par les Cour européenne des droits de l'Homme au regard de l'article 6 § 1 de la convention relativement au droit d'accès à un tribunal (CEDH, 9 avril 2015, BARRAS C/ France, req. n° 12686/10).
- *In fine*, c'est la position de la deuxième chambre civile qui l'a emporté, la première chambre se rangeant à sa logique de distinguer entre la concentration des moyens et la concentration des demandes. Ainsi, par une décision du 12 mai 2016, elle affirme que « s'il incombe au demandeur de présenter dès l'instance relative à la première demande l'ensemble des moyens qu'il estime de nature à fonder celle-ci, il n'est pas tenu de présenter dans la même instance toutes les demandes fondées sur les mêmes faits » (Civ. 1re, 12 mai 2016, n° 15-16743 15-18595). Mais, il doit présenter tous ses fondements avant que le juge ne se prononce sur la prétention quand bien même l'instance ne serait pas éteinte (Civ. 2e, 11 avril 2019, n° 17-31785).

4. Enfin, relevons que cette règle selon laquelle le juge tranche le litige conformément à la règle de droit reçoit une exception à l'alinéa 5 de l'article 12 lorsque, pour les droits dont elles ont la libre disposition (ce qui exclut les règles impératives), les parties peuvent demander, par accord exprès, au juge de statuer en **amiable compositeur**, c'est-à-dire en équité, solution que l'on retrouve le plus souvent en matière d'arbitrage. Dans le même ordre d'idée, l'on rappellera que le juge a également comme **mission de concilier** les parties (art. 21, CPC) soit directement, soit par l'intermédiaire d'un tiers pour procéder soit à une conciliation soit à une médiation (la différence entre les deux techniques relevant de l'absence de solution proposée par le médiateur qui se contente de tenter de rapprocher les points de vue). Cette mission est renforcée une première fois par le décret du 11 mars 2015 (n° 2015-282) et encore par le décret du 26 avril 2016 (2016-514). L'accord des parties a ainsi été supprimé en matière civile (art. 129-2 CPC), en matière commerciale (art. 860-2 CPC) et en matière rurale (art. 887 CPC).

• À retenir

- Les parties ont la charge de l'introduction de l'instance, de définir l'objet du litige ainsi que les faits, les fondements juridiques utiles au soutien de leurs prétentions.
- Les parties doivent présenter lors d'une même instance toutes les demandes tendant aux mêmes fins.
- Les parties doivent prouver les faits invoqués conformément à la loi et procéder aux actes de procédures dans les délais fixés par le juge.
- Les parties peuvent se désister à tout moment de l'instance, sous réserve des règles requises.
- Le juge répond à toutes les demandes mais seulement aux demandes formulées.
- Il peut demander toutes les explications nécessaires et procéder à toutes les mesures d'instructions qu'il juge utiles.
- Il doit rendre leur juste qualification juridique aux faits.
- Il tranche le litige conformément à la règle de droit applicable, au besoin en soulevant d'office des moyens de pur droit.

Pour en savoir plus

- MARTIN, « Le Juge devant la prétention », *D.* 1987, chron. 35.
- ESNAULT, « Sur le respect par les parties de leurs obligations dans le procès civil », *Procédures* 2004, Focus 22.
- BRUS, « Le principe dispositif et le procès civil », Thèse Pau 2014.
- MOTULSKY, *Rôle respectif du juge et des parties dans l'allégation des faits*, Écrits, t. 1, p. 38.
- TERRE, « Retour sur la qualification », *Mélanges Buffet*, Petites Affiches 2004, p. 419.
- JEULAND, « Concentration des demandes : un conflit latent entre des chambres de la Cour de cassation », *JCP G.* 2010.1052.
- BAGANINA, « Immutabilité du litige et recevabilité des demandes nouvelles en appel », *Gaz. Pal.*, 27-29 janv. 2008.

POUR S'ENTRAÎNER : QUESTIONS

1. **En quoi consiste le désistement d'instance ?**
2. **Le juge peut-il prendre l'initiative de prononcer des mesures d'instructions ?**

CORRIGÉ

1. Le désistement d'instance est le fait, pour le demandeur ou les parties, de renoncer à poursuivre l'instance en cours jusqu'au jugement. Si les parties disposent d'introduire un procès, elles peuvent tout autant y mettre fin. Le désistement d'instance se distingue du désistement d'acte de procédure, consistant en la renonciation au bénéfice des effets d'un acte, et du désistement d'action, consistant en la renonciation à un droit. Le désistement d'instance nécessite en principe l'accord du défendeur en première instance, sauf si ce dernier n'a encore présenté aucune défense. Le principe est inversé en cas de désistement d'appel ou d'opposition. Le désistement fait disparaître l'instance en cours et vaut acquiescement au jugement déjà intervenu s'il a lieu au niveau de l'appel.
2. Bien que la preuve des faits incombe aux parties, le juge peut prononcer toutes les mesures d'instructions légalement admises afin de parfaire son opinion. Si tel est le cas, les parties doivent prêter leur concours sauf au juge à en tirer toute conséquence d'abstention ou de refus.

Fiche 2

Le principe du contradictoire

I. **Le respect du contradictoire par les parties**
II. **Le respect du contradictoire par le juge**

- **Définitions**

Principe contradictoire : principe selon lequel les arguments et pièces doivent être débattus entre les parties.

Parties principales : parties existantes à l'origine du procès, demandeur et défendeur.

Parties jointes : parties se joignant en cours d'instance soit pour appuyer une partie soit pour faire valoir ses propres demandes.

Mise en état : instruction du dossier par un magistrat de la formation de jugement afin de le mettre en état d'être jugé et donc renvoyé en audience de plaidoiries.

Assignation : acte d'huissier, provenant du demandeur et destiné au défendeur afin de l'informer de l'intention du demandeur de saisir le juge ainsi que de la nature et du contenu du litige et l'invitant à constituer avocat. L'assignation doit présenter les éléments de fait et de droit du demandeur et vaut donc conclusions.

Signification : notification d'un acte de procédure par un huissier.

Ordonnance sur requête : décision juridictionnelle prise suite à une requête déposée par une partie et donc rendue non contradictoirement.

Comparaître : fait de désigner un avocat du ressort de la juridiction saisie afin d'être représenté au procès.

Ministère public : corps de magistrats chargé de veiller au respect de l'ordre public et de l'intérêt général.

Second principe directeur du procès, le principe du contradictoire apparaît comme l'élément central de tout procès équitable d'une société démocratique. Organisé par les articles 14 à 17 du Code de procédure civile, le principe du contradictoire est présenté comme un droit naturel des parties au procès. Le principe du contradictoire s'exprime également par les termes de contradiction ou de contradictoire. Il est parfois utilisé comme synonyme de droits de la défense, mais, comme son pluriel l'indique, les droits de la défense sont une notion plus large comprenant aussi le droit à un juge impartial et à des décisions motivées et participant au procès équitable défini à l'article 6 § 1 de la Convention européenne de sauvegarde des droits de l'Homme.

Le principe du contradictoire, consistant en la possibilité pour chaque partie de faire valoir ses arguments devant le juge, est une composante du procès équitable.

Tout comme le principe dispositif, le respect du contradictoire vise tous les intervenants au procès, les parties, le juge et accessoirement, en matière civile, le ministère public. L'expression de ce principe prendra différentes formes pour chacun de ces acteurs du procès.

I. Le respect du contradictoire par les parties

La contradiction s'exprime dès l'introduction de l'instance puis tout au long du déroulement du procès.

A. Lors de l'introduction de l'instance

Lors de l'introduction, l'article 14 pose que nul ne peut être jugé sans avoir été entendu ou appelé. La première expression du contradictoire s'intéresse à l'exigence de prévenir chaque personne intéressée par le procès de l'existence de l'action afin qu'elle puisse organiser sa défense et faire valoir ses arguments. Comment, en effet, envisager la défense d'une personne qui ne serait pas informée de la tenue du procès ? L'article prend soin de préciser « entendu ou appelé » envisageant l'hypothèse où le défendeur déciderait de disparaître ou de ne pas prendre part au procès. La défense est un droit et non une obligation et le procès ne saurait être paralysé par le défaut du défendeur. Il suffirait alors de ne point comparaître pour ne pas être condamné. L'assignation ou la convocation par le greffe pour les procédures orales doivent remplir cette obligation d'information du ou des défendeurs. Les règles strictes gouvernant la signification des assignations illustrent l'importance de cette obligation (v. Fiches 6 et 7).

Ce principe vaut non seulement lors de l'introduction de l'instance mais peut également avoir vocation à s'appliquer lors de son déroulement, lorsque des tiers font l'objet d'une intervention forcée (v. Fiche 13).

Toutefois, cette obligation souffre d'exceptions. Ainsi, certaines procédures nécessitent qu'elle soit écartée. Il en est ainsi tout d'abord concernant les ordonnances sur requête. Dans cette hypothèse, l'objectif est justement que l'adversaire ne soit pas prévenu de l'action afin que l'ordonnance soit efficace (v. Fiche 23). Ensuite, la matière gracieuse, qui ne suppose pas de griefs à l'égard d'une personne, rend inutile cette phase (v. Fiche 26).

L'article 14 est d'ordre public et nécessite donc le relevé d'office de la part du juge.

L'information du ou des défendeurs est aujourd'hui renforcée par l'article 15 du CPC. En effet, les parties doivent se faire connaître les moyens de fait, de droit et les preuves nécessaires au soutien de leurs prétentions. Cette obligation pèse désormais sur le demandeur dès la rédaction de l'assignation ou de la requête introductive. Le défendeur est ainsi informé de l'imminence du procès mais également de l'ensemble des griefs qui lui sont faits et des éléments à l'appui de ceux-ci.

L'information du défendeur est assortie dans la procédure devant le tribunal de grande instance, d'une obligation de comparaître, c'est-à-dire de désigner un avocat pour sa défense dans un délai de quinze jours. Ce délai participe au respect du contradictoire, tout comme nous retrouverons lors du déroulement du procès cette référence à des délais accordés aux parties pour préparer leurs réponses aux arguments de la partie adverse.

B. Lors du déroulement de l'instance

« Les parties doivent se faire connaître mutuellement en temps utile les moyens de fait sur lesquelles elles fondent leurs prétentions, les éléments de preuve qu'elles produisent et les moyens de droit qu'elles invoquent, afin que chacune soit à même d'organiser sa défense » (art. 15 CPC).

Les communications doivent donc être spontanées et faites dans un délai raisonnable, c'est-à-dire suffisant pour les préparer et suffisamment à l'avance pour que l'autre partie puisse y répondre.

C'est ici le point le plus évident de la contradiction.

Le caractère spontané suppose une loyauté minimale des parties, non qu'elles doivent être sincères ou contraintes à la vérité, mais qu'elles doivent tout mettre en œuvre pour communiquer le plus rapidement possible à l'adversaire leur position, sans qu'il soit besoin de les mettre en demeure ni de les astreindre à le faire.

Par conséquent, les écritures ou documents communiqués tardivement doivent être écartés. Lorsque l'instance fait l'objet de la mise en état, les contraintes de temps sont contrôlées et sanctionnées par le juge de la mise en état, mais dans les autres hypothèses et surtout lors de procédures orales, il appartient aux juges lors de l'audience de trancher les questions de communications tardives. Ceux-ci sont alors confrontés à deux impératifs du procès équitable, le respect du contradictoire qui peut conduire à accorder un renvoi afin de réponse et celui du délai raisonnable conduisant à limiter la durée du procès et à lutter contre les manœuvres dilatoires. L'évolution des procédures orales montre un rapprochement avec le fonctionnement de la procédure ordinaire lorsque les parties ont recours à des avocats. Ainsi, un calendrier pour les échanges de pièces est élaboré et l'organisation de communications de conclusions est possible et même encadré depuis le décret du 6 mai 2016.

Les éléments communiqués bénéficient par ailleurs d'immunités judiciaires (L. 29 juillet 1881, art. 41) afin de permettre un débat ouvert et libre. Ainsi, les propos tenus dans les conclusions et lors des audiences ne peuvent donner lieu à des actions en diffamation, injure ou outrage. Toutefois, tout droit étant susceptible d'abus, des limites existent. L'article 24 du CPC énonce que « les parties sont tenues de garder en tout le respect dû à la justice ». Ainsi, les parties doivent en toutes circonstances conserver une *certaine modération*. En outre, l'immunité ne couvre que les paroles et écrits ayant un lien avec l'objet du litige.

L'ensemble de ces règles est repris au sein des règles de déontologie des avocats.

II. Le respect du contradictoire par le juge

Le juge doit veiller au respect du contradictoire par les parties, mais doit également appliquer ce principe à lui-même. La place du ministère public dans le procès civil mérite également que soient précisées ses obligations à l'égard de ce principe.

A. Le juge doit veiller au respect du contradictoire

L'article 16 pose d'entrée que le juge doit «faire observer» le principe de la contradiction. Ceci implique qu'il veille au respect, par les parties, de leur obligation à se communiquer les pièces et écritures en temps utile. Au besoin, l'article 133 lui permet de mettre en demeure la partie récalcitrante voire, selon l'article 134, de prononcer une astreinte afin de la contraindre. L'instauration du juge de la mise en état devant le tribunal de grande instance, ou le recours à des conseillers chargés de l'instruction, favorise ce contrôle et doit permettre de garantir un renvoi à l'audience de jugement dégagé d'aléas.

Lorsque l'instance n'a pas permis de recevoir les arguments de la défense, des moyens de recours permettent de rétablir le contradictoire. Ainsi, lorsque le défendeur n'a pu être joint malgré toutes les diligences et qu'un jugement par défaut a été prononcé à son encontre, il dispose de la voie de l'opposition afin de faire valoir ses arguments devant la juridiction qui l'a condamné (v. Fiche 37).

Les tiers auxquels un jugement ferait grief peuvent de même former une tierce opposition (v. Fiche 38).

Par ailleurs, le prononcé d'une ordonnance sur requête ouvre également une voie de recours à l'égard de la personne visée par la mesure, afin qu'elle fasse valoir sa position et ainsi obtenir une modification de la mesure voire sa réformation pure et simple (v. Fiche 23).

B. Le juge doit observer lui-même le contradictoire

L'article 16 pose également que le juge doit observer lui-même le principe du contradictoire. Ainsi, «le juge ne peut retenir dans sa décision les moyens, explications et les documents invoqués ou produits par les parties que si celles-ci ont été à même d'en débattre contradictoirement» selon l'alinéa 2 du même article. Surtout, l'alinéa 3 pose, après des correctifs imposés par la Conseil d'État (CE 12 oct. 1979, *D.* 1979. J. 606, note Bénabent, *Gaz. Pal.* 1980. J. 6, note Julien, *JCP* 1980. II.19288, concl.

Franc, note Boré, *RTD civ.* 1980.145, obs. Normand), que « le juge ne peut fonder sa décision sur les moyens de droit qu'il a relevé d'office sans avoir au préalable invité les parties à présenter leurs observations ». Le soulevé d'office d'un moyen de droit impose donc de recueillir l'avis des parties, au besoin en recourant à la réouverture des débats.

Le texte ne visant que le soulevé d'office des moyens de droit, d'autres situations soulèvent des difficultés. Tout d'abord, dans l'hypothèse où, par extraordinaire, les parties n'auraient pas donné de fondement juridique à leurs demandes, le juge peut se croire dispensé de respecter le contradictoire. Ensuite, dans le cas d'une requalification des faits conduisant à relever des moyens de droit différents, le juge peut encore se croire dispensé d'y recourir. Une lecture stricte de l'alinéa 3 permet ces esquives mais l'esprit de l'article 16 en son premier alinéa précise bien que le juge doit respecter le contradictoire « en toutes circonstances ». Ainsi, il a été jugé que si le juge tient une audience suite à une demande de rectification ou d'omission matérielle, il doit respecter le contradictoire (Civ. 2e, 9 avril 2015, n° 14-14206). En outre, les positions de la Cour européenne des droits de l'homme sanctionnent systématiquement ces pratiques.

C. Le ministère public

Le ministère public peut, en matière civile, jouer plusieurs rôles conduisant à autant de solutions au regard du contradictoire. Juge indépendant, il fait davantage figure de partie.

Le ministère public peut être partie principale au procès. Il devrait alors être traité comme toute autre partie. Telle n'est pourtant pas la solution retenue par la Cour de cassation. En effet, si le ministère public est tenu d'assister à l'audience, elle le dispense de produire ses conclusions préalablement à l'audience. Cette position (Civ. 1re, 3 mai 1993, *Bull. civ.* I, n° 94, *RTD civ.* 1993.630, obs. Perrot) ne saurait se légitimer au regard du principe du contradictoire.

Lorsque, plus fréquemment, le ministère public est partie jointe à l'affaire, un traitement lui a été réservé qui explique la solution précédemment évoquée de la Cour de cassation. Ainsi, l'article 431 al. 2 lui permet de présenter ses observations, soit à l'oral lors de l'audience, soit par conclusions, ces dernières n'étant communiquées aux parties que le jour de l'audience. Dans tous les cas, les parties sont informées tardivement des conclusions et observations du ministère public et ne sont pas mises en mesure d'y répondre à l'audience. Cette situation pourrait s'expliquer par le fait que le ministère public n'est pas partie au procès, à la différence de la situation vue précédemment. Mais si son intervention est prévue c'est qu'elle est censée avoir une utilité et donc potentiellement influer sur la décision à venir. Dès lors, ces observations et avis intéressent les parties et doivent au regard des règles européennes être soumises au principe du contradictoire. Ainsi, la Cour européenne a-t-elle précisé que le principe de la contradiction implique « la faculté pour les parties à un procès, pénal ou civil, de prendre connaissance de toutes pièces ou observation présentée au juge, même par un magistrat indépendant, en vue d'influencer sa décision, et de la discuter» (CEDH, 20 févr. 1996, *RTD civ.* 1996.1028, obs. Marguénaud). On répondra que les parties peuvent alors apporter leur éclairage par le biais de notes en délibéré. La nature de cette technique ne saurait répondre parfaitement à l'exigence d'une contradiction pleinement efficace.

Relevons enfin la modification des pratiques existantes à l'égard du ministère public suite à plusieurs prises de position de la CEDH en la matière. Ainsi, le ministère public ne participe plus au délibéré, ni à la préparation des audiences, et ne se voit plus communiquer le rapport du conseiller rapporteur ou le projet d'arrêt.

• À retenir

- Le principe du contradictoire s'impose aux parties comme au juge.
- Nul ne peut être jugé sans avoir été entendu ou appelé.
- Le principe impose une communication spontanée et dans un délai raisonnable des pièces et écritures.
- Le principe du contradictoire est écarté lors de certaines procédures mais peut être rétabli par l'opposition ou le recours au juge ayant rendu l'ordonnance.
- Le juge veille au respect du contradictoire par les parties et par lui-même.
- Le soulevé d'office conduit à permettre aux parties d'exprimer leurs avis.
- Le ministère public reçoit pour l'heure un traitement particulier.

Pour en savoir plus

- ASCENSI, *Du principe de la contradiction* LGDJ, 2006.
- BOLARD, «L'office du juge et le rôle des parties; entre arbitraire et laxisme», *JCP* 2009. I. 156.
- MAGENDIE, «Contradiction, exigence majeure d'une justice de qualité», *Gaz. Pal.* 10-12 déc. 2006.
- CAPDEPON, «Essai d'une théorie générale des droits de la défense», thèse Bordeaux 2011.

POUR S'ENTRAÎNER : QUESTIONS

1. **Le principe du contradictoire doit-il toujours s'appliquer ?**
2. **La contradiction peut-elle s'accorder avec la procédure orale ?**

CORRIGÉ

1. Le principe du contradictoire a, en principe, vocation à s'appliquer à tous les acteurs du procès et à l'ensemble des procédures contentieuses. Ceci écarte donc les procédures gracieuses. Mais, au sein des procédures contentieuses, des exceptions sont nécessaires. Tout d'abord, lorsque le défendeur ne comparait pas alors qu'il a été régulièrement convoqué, le procès doit suivre son cours et donc se dérouler sans que la contradiction soit possible. Le défendeur pourra par la suite faire opposition à la décision afin de rétablir le principe du contradictoire. Dans le cas des ordonnances sur requête, l'objectif de ce dispositif impose par nature le non-respect du contradictoire. L'ordonnance serait inefficace si la contradiction devait être respectée car le but est ici principalement d'ordonner des mesures d'instructions qui nécessitent un effet de surprise. La contradiction sera toutefois rétablie par la possibilité, pour la personne visée par la mesure, de saisir à son tour le juge pour demander la modification voire le retrait de la décision prise à son encontre. Par ailleurs, le Code de commerce prévoit un dispositif permettant de garantir la combinaison entre la procédure d'ordonnance sur requête et le respect du secret des affaires.
2. Si la procédure écrite est organisée de manière à obtenir un respect maximal du contradictoire, tel n'est point le cas de la procédure orale. Certes les parties doivent toujours se communiquer leurs éléments spontanément et préalablement mais ceci ne vise que les éléments de preuve puisque les conclusions ne sont pas impératives. Les arguments pourront alors simplement être développés à l'oral le jour de l'audience de jugement ce qui peut nécessiter des renvois ralentissant le déroulement du procès afin que l'autre partie organise sa réponse. Ce décalage de solutions a conduit à une réforme en 2010 qui reconnaît enfin le recours aux conclusions au sein des procédures orales, recours calqué sur celui de la procédure ordinaire. De nouvelles réformes en 2016 et 2017 sont venues accentuer le recours aux conclusions en présence d'avocats et en meilleur encadrement des communications afin d'améliorer le respect du préavis, notamment au regard des demandes lors de l'introduction de l'instance et lors de la communication des pièces. La réforme de 2019 va même jusqu'à envisager une procédure orale sans tenue de débats.

Fiche 3

Les conditions de l'action en justice

I. L'objet de l'action
II. Le sujet à l'action

- **Définitions**

Intérêt à agir: condition de recevabilité de l'action, liée à la défense d'un intérêt personnel.

Qualité pour agir: condition de recevabilité de l'action, liée à qualité juridique de la personne agissante. Celle-ci doit avoir juridiquement le pouvoir de défendre le droit en cause.

Capacité: condition de recevabilité, consistant en la capacité juridique de saisir la juridiction.

Action attitrée: action en justice réservée à des personnes justifiant d'une qualité particulière (par exemple: les époux en matière de divorce).

« L'action est ouverte à tous ceux qui ont un *intérêt légitime* au succès ou au rejet d'une prétention, sous réserve des cas dans lesquels la loi attribue le droit d'agir aux seules personnes qu'elle *qualifie* pour élever ou combattre une prétention ou pour défendre un intérêt déterminé» (art. 31 CPC). Cette définition pose deux conditions à l'action en justice, d'une part *l'intérêt* de celui qui agit et d'autre part la *qualité* de ce dernier. Une troisième condition utile à la validité des actes juridiques est la *capacité*. Cette dernière condition ne pose pas de difficultés propres à la matière processuelle. Reste l'intérêt et la qualité.

L'intérêt à agir est imposé en vue d'éviter d'encombrer les juridictions de procès fantaisistes et inutiles, ne faisant que satisfaire l'esprit chicanier voire belliqueux de certains. Un contrôle du sérieux de l'action doit être opéré.

La qualité pour agir doit éviter l'ingérence d'autrui dans ses propres affaires. L'enfer étant pavé de bonnes intentions, le législateur a pris soin de prévoir les interventions intempestives, qu'elles soient bien ou mal intentionnées, dans des domaines qui ne concernent pas directement celui qui agit. À chacun et à lui seul de défendre ses intérêts.

Traditionnellement, les ouvrages de procédure civile organisent l'étude de la question des conditions de l'action en justice entre d'une part l'étude de l'intérêt et d'autre part celui de la qualité. Cette dichotomie ne sera pas retenue car la frontière entre ces deux notions est trop ténue pour rendre compte clairement des différentes problématiques posées. Les questions des conditions à l'action tournent autour de deux interrogations. La première est de déterminer ce qui peut faire l'objet d'une action en justice. La seconde est de savoir qui, quel sujet de droit, peut être partie à l'action. C'est autour de ces deux problématiques que nous organiserons l'étude de cette question.

I. L'objet de l'action

A. Notion

Tant la jurisprudence que la doctrine ont pu affirmer que l'intérêt justifiant la recevabilité de l'action doit être un *intérêt légitime juridiquement protégé*. La question étant alors de savoir ce qu'est cet *intérêt légitime* méritant une protection par le droit.

À l'évidence, l'objet de la procédure civile, tout comme de toute procédure, est de permettre la mise en œuvre de droits subjectifs. Le juge constatant ou déclarant l'existence de ces droits. L'intérêt se rapporte donc à la défense de droits substantiels institués.

Mais la notion doit être entendue plus largement. En effet, bon nombre de droits subjectifs naissent de leur reconnaissance par le juge. À titre d'exemple, si la loi offre la possibilité d'obtenir réparation de son préjudice, la définition des préjudices indemnisables est déléguée aux juges. Dès lors, pour reconnaître un droit subjectif non expressément posé par la loi, le juge doit en premier lieu reconnaître l'action comme recevable ce qui revient à se prononcer sur le principe du bien-fondé de la demande. Sans se prononcer sur le bien-fondé de l'action, en reconnaissant qu'il y a intérêt à agir, le juge admet le principe du droit. Ainsi, dans l'hypothèse d'une demande d'indemnisation de la part d'une concubine suite au décès accidentel de son concubin, il faut d'abord que le juge se prononce sur le principe d'un droit à indemnisation du fait du décès du concubin avant de se prononcer sur le cas d'espèce. Un mélange s'opère donc entre la question de l'intérêt et celle de l'existence du droit subjectif. Répondre sur le terrain de l'intérêt, c'est se prononcer sur le principe de l'existence du droit.

Il ne s'agira pas ici de reprendre les méandres d'un débat théorique sur la distinction entre les règles de fonds et celles de formes. Celui-ci est par ailleurs largement et parfaitement développé.

Ce qu'il convient de retenir, c'est que de manière pragmatique, il s'agit de se rapporter à ce que le juge, en considération des évolutions sociétales, va être amené à considérer comme pouvant faire l'objet d'une protection par le droit, et par là même, justifier la recevabilité de l'action. De nombreux domaines ont donné lieu à cette interrogation, qu'il s'agisse de la reconnaissance du concubinage ou encore de la possibilité d'indemniser la peine subie. La question de la recevabilité de l'action étant soulevée au préalable, c'est finalement sur le terrain processuel que se pose en premier la question de l'acception de nouveaux droits par les juridictions, l'insertion de nouveaux droits subjectifs au droit positif.

B. Caractères

L'intérêt doit également être *direct et certain*. Cette simple formule dissimule de grandes difficultés.

Concernant le caractère certain, il s'agit de ne recevoir que les actions portant sur des *intérêts nés et actuels*. Les juridictions ne sauraient connaître de la défense d'intérêts éventuels. Tout comme en matière de droit des obligations, le préjudice éventuel ne peut donner lieu à une indemnisation. On envisage d'ailleurs difficilement la tenue de débats fondés sur des hypothèses et conjectures.

Mais tout comme en matière d'obligations, des nuances doivent être apportées et il peut être utile de connaître d'actions avant que des préjudices ne soient subis.

La loi comme la jurisprudence ont aménagé des exceptions.

Les actions interrogatoires ayant pour objet d'amener une personne à se prononcer avant le terme de son délai de réflexion et les actions provocatoires visant à conduire une personne à faire constater en justice les droits dont elle se prévaut et à défaut y renoncer, sont exclues.

Ainsi, principalement, la loi organise des actions préventives par le biais des ordonnances sur requête (v. Fiche 23) afin de permettre l'organisation d'un futur procès. Accessoirement, des dispositions spéciales organisent des actions interrogatoires en matière de constitution de sociétés au travers des articles 1844-12 du Code civil et L. 235-6 al. 1er du Code de commerce. De même, l'article L. 615-9 du Code de la propriété intellectuelle prévoit une action provocatoire en matière d'opposabilité de brevet.

Surtout la jurisprudence admet les actions déclaratoires en dehors de tout litige actuel et reconnaît également la possibilité d'agir lorsque le risque existe même si le dommage n'est pas réalisé et donc incertain. Ce qui est ici visé c'est le risque et non le dommage (Civ. 1re, 9 juin 2011, n° 10-10.348). De même, seule une partie qui succombe en première instance est censée avoir intérêt à faire appel. Mais ce principe peut connaître une exception lorsque des éléments nouveaux démontrent que la solution aurait pu être encore plus favorable pour la partie ayant obtenu gain de cause (Civ. 1re, 23 novembre 2011, n° 10-19.839).

En ce qui concerne l'intérêt direct, il y a renvoi à la question de la personne pouvant légitimement agir. Cette question se confond avec celle de la qualité pour agir et nous conduit à l'aborder donc de distinguer entre intérêt et qualité.

II. Le sujet à l'action

« En France, nul ne plaide par procureur. » La maxime induit que chaque plaideur doit défendre personnellement ses droits. Le principe est simple mais la mise en œuvre est aujourd'hui complexe compte tenu du développement d'actions visant à défendre des intérêts collectifs, jusqu'à la *class action* à la française. Sur la question de savoir qui peut agir pour la défense d'intérêts, un tour d'horizon du particulier au général s'impose.

A. Remarques préalables

Tout d'abord, l'exigence d'une qualité pour agir s'entend essentiellement de la nécessité de justifier d'un intérêt direct et personnel. Aussi les notions sont-elles utilisées par le Code lui-même sans nuance.

Parfois, certains textes marquent une différence entre les notions. On parle alors d'actions attitrées. Les exemples classiques sont celui du divorce, dont seuls les époux peuvent demander le prononcé même si à n'en pas douter d'autres y auraient intérêt, ou encore le cas de la contestation des élections prud'homales ne pouvant être opérée que par les électeurs.

Ensuite, le fait que la qualité soit également vue comme la possibilité pour une personne d'agir au nom d'une organisation, société, association, groupement, rapproche la qualité de la notion de mandat. Pourtant ces situations doivent être distinguées et ce d'autant plus que de nombreuses dispositions légales tendent à les amalgamer. La question de la validité d'une représentation est distincte de celle des conditions d'exercice d'une action et les sanctions sont logiquement différentes. Le défaut de mandat est sanctionné par une nullité de l'acte pour vice de fond. L'absence de qualité est sanctionnée par une fin de non-recevoir (v. Fiche 12).

B. Les personnes pouvant agir

La première personne ayant qualité pour agir est celle dont les intérêts sont en cause selon l'idée qu'elle est assurément la mieux placée pour les apprécier et chercher à les défendre. Le schéma semble donc simple tant que l'on garde à l'esprit qu'une même personne peut agir en des qualités différentes. Il convient, par exemple, de songer qu'une personne agissant en qualité d'époux peut dans le déroulement du procès chercher à agir en qualité d'héritier, c'est alors une autre partie, le lien de l'instance en cours ne la concerne pas. La principale difficulté tient aux hypothèses où une personne va agir pour la défense d'un intérêt plus large que son intérêt privé voire, pour un intérêt sans lien avec son intérêt privé. La maxime citée en amorce prend alors toute sa force mais les solutions doivent aussi composer avec l'existence d'intérêts collectifs distincts des intérêts particuliers.

Le principe est alors de distinguer entre les intérêts particuliers et l'intérêt général pour lequel seul le ministère public a qualité à agir. Mais entre ces deux intérêts, la défense de nombreux intérêts collectifs soulève le débat.

Les syndicats et les ordres ont été les premiers à susciter et à recevoir un accueil favorable à leur questionnement sur leur pouvoir d'action.

Ainsi, outre l'hypothèse où une organisation défend ses propres intérêts par la voie de ses représentants qui n'est qu'une forme de défense d'un intérêt direct, il a été reconnu aux syndicats le droit d'agir en vue de défendre les intérêts individuels des salariés. La loi du 2 août 1989 venant préciser que cette action ne peut être menée sans que le salarié en soi averti afin qu'il soit en mesure de s'y opposer. Le silence du salarié dans les quinze jours suivant l'information vaut acceptation. On aurait pu voir ici un mandat tacite mais la Cour de cassation a clairement pris position sur le fait qu'il s'agissait d'une action personnelle du syndicat et non d'une action en représentation. Mais le plus souvent les syndicats se joignent à l'action du salarié afin d'offrir une portée collective, c'est-à-dire utile à l'ensemble des adhérents, à la solution à intervenir.

Plus globalement, les syndicats et les ordres peuvent agir pour la défense d'une profession ou d'un secteur d'activité. Ces actions se retrouvent essentiellement en matière de concurrence et plus encore en matière pénale où ils peuvent se porter partie civile.

Dans un second temps, la question s'est élargie aux associations avec des solutions disparates et l'interrogation de l'introduction de la *class action* dans le droit français.

Tout d'abord, certaines associations ne sont organisées que dans l'objectif de défendre les intérêts particuliers de leurs membres en les regroupant afin de leur assurer une meilleure visibilité et une meilleure efficacité. L'intérêt de l'association est-il alors la somme des intérêts particuliers de ses membres ou ceux-ci donnent-ils mandat à l'association ? Aucune réponse claire n'est apportée par la Cour de cassation qui accepte, dans le même temps, les recours individuels contredisant ces deux explications.

Ensuite, la loi du 18 janvier 1992 est venue organiser un champ d'action plus large pour les associations de consommateurs. Une association, reconnue comme représentative au niveau national, peut agir afin d'obtenir la réparation du préjudice des consommateurs à l'encontre d'un même professionnel, si elle obtient mandat d'au moins deux consommateurs. Plus qu'une qualité pour agir, l'association est bien un mandataire. Ce fait explique sans doute l'échec de ce dispositif, les associations craignant de voir ensuite leur responsabilité engagée. Pourtant, cette action se rapproche en pratique d'une qualité pour agir en ce qu'elle permet à l'association d'agir au-delà de la représentation des consommateurs mandants, au nom des consommateurs lésés. Cette technique devait permettre de trouver une alternative à l'introduction de la *class action* mais son échec a rouvert le débat. Cette discussion a conduit à une loi du 13 février 2014 qui prévoit d'ajouter les articles L. 423-1 et suivants au Code de la consommation créant les actions de groupe (articles devenus L. 623-1 et suivants suite à la recodification opérée par l'ordonnance du 14 mars 2016). Ce dispositif fait l'économie du mandat reçu par au moins deux consommateurs et vise les contrats de vente et de fourniture de services ainsi que les pratiques anticoncurrentielles, relativement aux préjudices patrimoniaux. L'intérêt de ce dispositif est de prévoir avec suffisamment de précision l'organisation de la procédure que les victimes soient toutes ou non identifiées lors de l'introduction de l'instance ainsi que les modalités de jonction à l'instance et la mise en exécution des décisions.

Enfin, les associations de consommateurs agréées peuvent dans certaines hypothèses agir de manière incidente ou principale pour obtenir la suppression de clauses abusives, la cessation de comportements, la publication des condamnations voire même obtenir l'octroi de dommages-intérêts en réparation du préjudice collectif.

La loi du 18 novembre 2016, dite «justice du XXIe siècle», a introduit, via son article 184, une action de groupe en matière de santé (articles L. 1143-1 à L. 1143-13 Code de la santé publique) visant les dommages corporels sériels liés à un manquement de la part d'un producteur, d'un fournisseur ou encore d'un prestataire lors de l'utilisation du produit de santé et permettant l'action des associations reconnues d'usagers.

La même loi a prévu d'autres hypothèses d'actions de groupes. Il en est ainsi en matière d'environnement avec les articles L. 142-2 et L. 143-2-1 du Code de l'environnement. Mais l'on peut également citer les cas de discriminations avec les articles 87 et 88 de la loi et la protection des données personnelles au regard de l'article 91.

Afin d'apporter de la cohérence, le Code de procédure civile pose des règles générales aux actions de groupes dans les domaines cités précédemment (sauf en matière de droit de la consommation) par les articles 848 et suivants et prévoit notamment une compétence du tribunal judiciaire et une procédure écrite.

Plus anecdotique est le cas de l'action ouverte au contribuable par substitution à la commune ou à un établissement public de coopération intercommunale ou à un département ou à une région sans représentation. Cette action, aux origines romaines, a été instaurée par la loi du 18 juillet 1837 et siège aujourd'hui dans le Code général des collectivités territoriales. Le contribuable peut se substituer au refus d'agir ou au défaut d'action de la commune qui aurait préalablement été appelée à en délibérer. Le fait de contribuer fiscalement aux charges de la collectivité justifie l'intérêt et donc la qualité à agir. Cette action est toutefois soumise à une autorisation du tribunal administratif.

Pour clore ce tour d'horizon, les pouvoirs du ministère public appellent diverses observations.

Le ministère public intervient soit parce qu'un texte le prévoit expressément, comme en matière de nationalité ou d'opposition à un mariage, soit chaque fois que l'ordre public est visé (art. 423 CPC) et en dernier lieu devant la Cour de cassation dans l'intérêt de la loi.

Mais un mouvement récent conduit à attribuer une partie de cette compétence à d'autres autorités, telles les autorités de marché ou de la concurrence. Dans cette dernière hypothèse, cette compétence se conjugue avec celle des organisations professionnelles déjà mentionnées.

• À retenir

- L'action doit reposer sur un intérêt légitime protégé par le droit.
- L'intérêt doit être certain et direct.
- La démonstration d'un intérêt direct démontre l'existence d'une qualité pour agir.
- Dans certains cas, un titre particulier est exigé en plus de l'intérêt à agir.
- Plusieurs mécanismes, dont la « class action » dite à la française, ont été mis en œuvre afin de permettre aux syndicats, ordres et associations de défendre des intérêts collectifs.
- Le ministère public a qualité pour veiller à l'intérêt général, sous réserve de la compétence d'institutions spécialisées.

Pour en savoir plus

- WIEDERKEHR, « Une notion controversée : l'action en justice », *Mélanges Philippe Simler*, Litec et Dalloz 2007, 903.
- BORE, « L'Action en représentation conjointe : Class action à la française ou action mort-née », *D.* 1995, chron. 267.
- GUINCHARD, « L'Action de groupe », *RID comp.* 1990, 606-613.
- FRANCK, « Pour une véritable réparation du préjudice causé à l'intérêt collectif des consommateurs », *Mélanges Jean Calais-Auloy*, Dalloz 2004, 409.

POUR S'ENTRAÎNER : QUESTIONS

1. **Peut-on avoir un intérêt direct à agir sans avoir de qualité pour agir ?**
2. **Avoir qualité pour agir signifie-t-il avoir mandat pour agir ?**

CORRIGÉ

1. Si l'article 31 du Code de procédure civile mentionne l'intérêt et la qualité, ces notions sont essentiellement synonymes, la qualité se déduisant d'un intérêt direct à l'action. Toutefois, dans certains cas, les textes prévoient expressément la qualité de ceux pouvant agir, ajoutant une condition à l'intérêt direct. On parle alors d'action attitrée car exigeant un intérêt et un titre particulier. Le cas du divorce est l'exemple le plus parlant. Seuls les époux peuvent introduire une demande bien que d'autres personnes puissent y avoir intérêt.
2. Il convient de ne pas confondre la qualité pour agir et la représentation devant une juridiction. La qualité vise le titulaire de l'action. La représentation concerne la capacité à représenter cette personne devant les juridictions, tels les mandataires sociaux. L'inconvénient est qu'un certain nombre de textes créent la confusion en utilisant le terme de qualité pour parler de représentation, s'agissant par exemple de l'action des parents au nom des enfants, et que les mécanismes mis en place pour permettre la défense d'intérêts collectifs n'ont pas suffisamment marqué la distinction entre ces deux notions, laissant aux juridictions le soin d'y remédier. L'enjeu est d'importance car les sanctions sont différentes. Le défaut de mandat est sanctionné par une nullité de l'acte pour vice de fond. L'absence de qualité est sanctionnée par une fin de non-recevoir.

Fiche 4

La compétence des juridictions

- **Définitions**

Compétence matérielle : critère de détermination de la compétence d'une juridiction au regard de la matière juridique traitée.

Compétence territoriale : critère de répartition de la compétence des juridictions au regard du lieu.

Question préjudicielle : question posée par une juridiction incompétente sur un point à la juridiction compétente.

L'étendue et la complexité du droit ainsi que le volume important d'affaires à traiter sur le territoire national justifient la multiplicité des juridictions. Ceci conduit à la mise en place de règles de compétence. La compétence est réglée par l'article 33 du Code de procédure civile qui renvoie aux règles relatives à l'organisation judiciaire et aux dispositions particulières de différentes matières.

La compétence permet également d'opérer une distinction entre les différents ordres juridictionnels, ainsi entre l'ordre judiciaire et l'ordre administratif, et au sein de l'ordre judiciaire, entre les juridictions répressives et celles d'origines civiles. Notre domaine d'étude se limite à ces dernières.

Dès lors, La compétence se détermine par rapport à deux critères, d'une part un critère matériel, c'est-à-dire en fonction de la matière et d'autre part un critère territorial. Le critère matériel implique parfois une sous-division en considération de l'importance du litige par rapport au montant de la demande.

I. La compétence matérielle

La juridiction de droit commun de procédure civile est, désormais, le tribunal judicaire (TJ) regroupant les anciens tribunaux de grande instance (TGI) (qui était la juridiction de droit commun) et le tribunal d'instance (TI) (prévu pour les litiges de faible importance), lui-même ayant intégré les juridictions de proximité. Il bénéficie en principe d'une plénitude de juridiction. Le développement de juridictions spécialisées justifie la précision. Il a donc *a priori* vocation à connaître de l'ensemble du contentieux civil. Cette compétence s'efface devant les compétences d'exceptions. Ce tribunal judiciaire peut connaître des chambres de proximité, survivance des TI dont le siège était différent de celui du TGI.

A. Compétence du tribunal judiciaire

Le Tribunal judicaire est compétent pour connaître de toute action civile ou commerciale sous réserve d'une attribution à une autre juridiction.

À noter que lorsqu'un juge du contentieux de la protection, qui exerçait les fonctions de juge des tutelles, est affecté à une chambre de proximité (ex TI hors du lieu du TGI), il reste compétent pour les affaires civiles ou mobilières jusqu'à 10 000 €.

Par ailleurs, les missions du juge des contentieux de la protection sont les suivantes :

- juge des tutelles des majeurs
- demandes formées par un époux, lorsque son conjoint est hors d'état de manifester sa volonté, aux fins d'être autorisé à passer seul un acte pour lequel le concours ou le consentement de ce dernier serait nécessaire, ou aux fins d'être habilité à le représenter ;
- constatation de la présomption d'absence ;
- demandes de désignation d'une personne habilitée et des actions relatives à l'habilitation familiale ;
- actions tendant à l'expulsion des personnes qui occupent aux fins d'habitation des immeubles bâtis sans droit ni titre ;
- actions dont un contrat de louage d'immeubles à usage d'habitation ou un contrat portant sur l'occupation d'un logement est l'objet, la cause ou l'occasion ainsi que des actions relatives à l'application de la loi n° 48-1360 du 1er septembre 1948 portant modification et codification de la législation relative aux rapports des bailleurs et locataires ou occupants de locaux d'habitation ou à usage professionnel et instituant des allocations de logement ;
- des actions relatives à l'application du code de la consommation dans le cas d'un recours au crédit à la consommation ;
- des actions relatives à l'inscription et à la radiation sur le fichier national recensant les informations sur les incidents de paiement caractérisés liés aux crédits accordés aux personnes physiques pour des besoins non professionnels.
- des mesures de traitement des situations de surendettement des particuliers et de la procédure de rétablissement personnel.

Le tribunal judiciaire est compétent en premier ressort pour les demandes supérieures à 5 000 €. Cela signifie qu'un appel de la décision sera alors possible. En-dessous de ce montant, le jugement est rendu en premier et dernier ressort.

Dans les matières suivantes, le jugement est également rendu en premier ressort :

- Demandes de mainlevée relatives à des titres perdus ou volés ;
- Les contestations sur les conditions de funérailles ;
- Les actions en bornage ;
- Les distances sur les plantations et l'élagage, ainsi que relativement aux constructions prévues à l'article 674 du Code civil, aux actions liées au curage des fossés et canaux, à celles relatives aux servitudes en droit rural et en copropriété ;
- de certains contentieux ruraux et agricoles (dommages aux champs, cultures, animaux...) (V. R. 211-3-6 et R. 211-3-10 COJ) ;
- les ventes de bien abandonnés (R. 211-3-7 COJ) ;
- le contentieux de transport de colis et bagages (R. 211-3-7 COJ) ;
- le contentieux en matière d'antennes de radiodiffusion (R. 211-3-11 COJ) ;

Le TJ connaît en dernier ressort des questions de contentieux électoral (R. 211-3-13 à R. 211-3-21).

Le TJ connaît aussi de compétences exclusives. Les positions prises par le TJ dans ces domaines sont susceptibles ou non d'appel selon que le montant de la demande dépasse ou non le taux de ressort.

Ces domaines sont les suivants :

- état des personnes : mariage, filiation, adoption, déclaration d'absence ;
- rectification des actes d'état civil ;
- successions ;
- amendes civiles encourues par les officiers de l'état civil ;
- actions immobilières pétitoires ;
- récompenses industrielles ;
- dissolution des associations ;
- sauvegarde, redressement judiciaire et liquidation judiciaire lorsque le débiteur n'est ni commerçant ni immatriculé au répertoire des métiers ;
- assurance contre les accidents et les maladies professionnelles des personnes non salariées en agriculture ;
- droits d'enregistrement, taxe de publicité foncière, droits de timbre et contributions indirectes et taxes assimilées à ces droits, taxes ou contributions ;

- baux commerciaux à l'exception des contestations relatives à la fixation du prix du bail révisé ou renouvelé, baux professionnels et conventions d'occupation précaire en matière commerciale ;
- inscription de faux contre les actes authentiques ;
- actions civiles pour diffamation ou pour injures publiques ou non publiques, verbales ou écrites.
- contestations concernant le paiement, la garantie ou le remboursement des créances de toute nature, recouvrées par l'administration des douanes et les autres affaires de douanes ;
- oppositions à contrainte en droit du travail.

Au sein du TJ, le président de la juridiction conserve la compétence de juge des référés et de juge des requêtes.

Certains TJ reçoivent des compétences dans les domaines de propriétés intellectuelles et de droit la concurrence, ou encore en matière d'adoption liée à l'international, de contestation sur la nationalité ou de contentieux de la sécurité sociale, selon les articles L. 211-10 à L. 211-16 du Code de l'organisation judiciaire.

Par ailleurs, s'il existe plusieurs TJ dans le même département, ceux-ci pourront être spécialement désignés pour connaître seuls de certaines matières dont la liste est fixée par décret.

Le tribunal judicaire peut comprendre des chambres de proximité dites « tribunaux de proximité ». Ceci reprend les tribunaux d'instance situés hors du lieu des TGI.

Leurs domaines de compétences sont d'abord fixés par la loi et reprennent largement ceux des TJ mais pour leur compétence territoriale ou lorsque le montant ne dépasse pas 10 000 €. Ainsi, un tableau reprend ces compétences en annexe à l'article D 212-19-1 du COJ.

Certaines chambres de proximité reçoivent des compétences spécifiques là encore prévues par décret. Mais le premier président de la Cour d'appel et le procureur général peuvent également proposer des compétences supplémentaires.

B. Les compétences exceptionnelles

Tout comme le droit civil a donné naissance à des matières spéciales, les juridictions se sont spécialisées. Le tribunal de commerce, le conseil de prud'hommes et le tribunal paritaire des baux ruraux en sont les principales illustrations.

Le *tribunal de commerce* voit sa compétence définie par référence à celle de la matière commerciale, à savoir de connaître des litiges entre commerçants relativement à leurs activités professionnelles et concernant les actes de commerces entre toutes personnes. Au regard de cette compétence fondée sur une distinction entre les actes et qualités commerciaux et ceux civils, c'est posé le même problème de délimitation que concernant les droits substantiels, celui des actes mixtes. La solution retenue pour les litiges entre commerçants et personnes civiles exclut la compétence du tribunal de commerce au bénéfice du tribunal judiciaire si la personne civile est en défense et lui laisse le choix de la juridiction lorsqu'elle est en demande.

Outre cette compétence générale, le tribunal de commerce tranche les contestations entre associés et les litiges entre les associés et la société commerciale. Surtout, il a en charge la gestion des procédures collectives pour les commerçants et artisans.

Le *conseil de prud'hommes* reçoit, dans la même logique que celle du tribunal de commerce, une compétence calquée sur la définition de la matière. Il connaît exclusivement des litiges naissant à l'occasion des contrats de travail de droit privé, que cela soit entre employeurs et salariés ou entre salariés. Cette compétence exclut le domaine des contrats publics, les infractions pénales et les questions de cotisations ou de droit de la sécurité sociale. De manière étonnante, la compétence n'englobe que les contentieux individuels à l'exclusion des conflits collectifs qui reviennent alors à la compétence de droit commun. Enfin concernant certaines professions, la compétence du conseil est limitée par celle d'ordres professionnels, comme s'agissant des avocats salariés ou des journalistes pour les questions relatives au respect des règles professionnelles.

C. Les conflits de compétences

Avant de refermer la question de la détermination de la nature de la juridiction, il convient encore de préciser les règles qui permettent d'organiser les situations de « conflit » de compétence entre les juridictions.

La première règle est que « le juge de l'action est le juge de l'exception » (art. 49 à 52 CPC). C'est donc la nature de la demande principale qui fixe la compétence de la juridiction. Cette règle s'applique également aux moyens de défense et aux demandes incidentes.

Mais cette règle connaît une limite importante du fait des compétences exclusives. La juridiction saisie à titre principale doit alors interroger la juridiction ayant la compétence exclusive sur la question par une question préjudicielle et surseoir à statuer. Il existe alors des questions préjudicielles générales lorsqu'il s'agit d'interroger un autre ordre juridictionnel et des questions préjudicielles spéciales lors du questionnement d'une juridiction du même ordre.

Enfin, lorsqu'une juridiction d'exception est saisie et se voit interrogée sur une question ne ressortant pas de sa compétence, là encore il faut recourir à la question préjudicielle.

Plus classiquement, le problème de conflit de compétence vient de la question de la modification du montant des demandes. Le Code de procédure civile envisage plusieurs hypothèses aux articles 35 à 41. Il ressort de ces articles que les montants des demandes se cumulent s'ils ont attrait aux mêmes faits contre un même défendeur lors d'une même instance. Ce sont donc, en principe, les demandes initiales qui déterminent la compétence. Les demandes incidentes et reconventionnelles ne modifient pas cette compétence, même si leur cumul aux demandes initiales dépasse le taux de compétence de la juridiction. Toutefois, si une demande incidente est en elle-même supérieure au taux de compétence, le juge, si une partie soulève l'incompétence, peut soit ne statuer que sur la demande principale, soit renvoyer les parties à mieux se pourvoir pour le tout. Toutefois, lorsqu'une demande reconventionnelle en dommages-intérêts est fondée exclusivement sur la demande initiale, le juge en connaît à quelque somme qu'elle s'élève.

Enfin, Si l'une des demandes est supérieure à ce taux, le juge statue en premier ressort sur toutes les demandes. Il se prononce toutefois en dernier ressort si la seule demande qui excède le taux du dernier ressort est une demande reconventionnelle en dommages-intérêts fondée exclusivement sur la demande initiale.

II. La compétence territoriale

Une fois déterminée la nature de la juridiction compétente, vient le temps de celle du siège de cette juridiction.

Du général au particulier, nous observerons les différentes règles applicables.

A. Le principe

Le principe est posé par l'article 42 du Code de procédure civile selon lequel « la juridiction territorialement compétente est, sauf disposition contraire, celle du lieu où demeure le défendeur ». L'équité impose cette règle traditionnelle. En effet, le défendeur qui subit le procès ne doit pas en plus subir la distance. Mais pour que la règle s'applique encore faut-il que le défendeur demeure à un endroit. En cas contraire, le demandeur saisira la juridiction de son propre domicile ou, s'il réside à l'étranger, la juridiction de son choix.

Reste à savoir ce que signifie la notion de demeurer. À l'origine, il s'agissait de viser le domicile entendu au sens juridique du terme. La rigueur de cette règle a conduit à ce que l'article 42 élargisse la notion « au lieu où demeure le défendeur ».

Ainsi désormais concernant les personnes physiques, le tribunal du domicile mais également celui du lieu de résidence peuvent être saisis. Surtout, concernant les personnes morales, la nouvelle règle intègre les avancées jurisprudentielles qui avaient inauguré la notion dite des « gares principales ». L'objectif est d'éviter qu'un demandeur soit obligé de saisir la juridiction du lieu du siège social de la société, nécessairement unique et ainsi non seulement de le contraindre à un déplacement excessif mais également de concentrer l'essentiel du contentieux en région parisienne, principal lieu d'implantation des sièges sociaux. La condition est alors de choisir un établissement disposant à sa tête d'une personne susceptible de représenter la société.

Enfin, ce principe s'adapte sans difficultés à la pluralité de défendeurs par la faculté de choix pour le demandeur de choisir la juridiction du lieu où demeure l'un des défendeurs.

B. Les adaptations

Certaines situations ont justifié des adaptations.

Il est apparu, concernant les litiges portant sur les immeubles, préférable de privilégier la compétence territoriale de la juridiction de leur situation.

En matière de succession, le contentieux existant préalablement au partage ressort du tribunal du lieu du dernier domicile du défunt. Évidemment, lorsque le partage a été effectué, la règle générale retrouve à s'appliquer.

En outre, des options ont été prévues dans diverses situations à l'article 46 du Code de procédure civile.

La première d'entre elles vise les contrats. S'ajoute à la règle de principe, la possibilité de saisir la juridiction du lieu de livraison de la chose ou encore celle du lieu d'exécution de la prestation.

En matière de responsabilité délictuelle, la juridiction du lieu où le dommage a été subi peut être préférée.

Concernant les litiges mêlant action personnelle et sur un immeuble, dit matière mixte, le demandeur saisit au choix le lieu où demeure le défendeur ou le lieu de situation de l'immeuble.

Enfin, en matière d'aliments et de contribution aux charges du mariage, le lieu où demeure le créancier et donc le demandeur peut être choisi.

Dans un autre ordre d'idée, car visant une question d'impartialité des juges, lorsqu'un magistrat ou un auxiliaire est partie devant la juridiction où il exerce ses fonctions, il a été préféré organiser le renvoi de l'affaire devant la juridiction limitrophe.

Par ailleurs, un certain nombre de situations a conduit à des règles spécifiques de compétence.

Dans le domaine des relations matrimoniales. Avant le divorce, la juridiction compétente est celle de la résidence de la famille. Ensuite, la compétence passera au tribunal du lieu de résidence de l'ex-époux qui a l'autorité parentale ou en cas de garde partagée, celui de la résidence du parent chez qui résident habituellement les enfants. Dans les autres cas, la compétence de principe sera appliquée.

En droit des assurances, chaque type de dommage a permis d'aménager une compétence territoriale adaptée. Ainsi, la compétence de principe est ici le domicile de l'assuré mais peut également être le lieu de situation des biens assurés, surtout concernant les immeubles ou encore le lieu du sinistre.

Enfin, pour en rester aux situations les plus importantes, en matière prud'homale, le conseil compétent peut être au choix celui du lieu où est effectuée la prestation de travail, si le travail est effectué hors de tout établissement, celui du domicile du salarié, ou encore le lieu où le contrat a été signé et bien sûr le lieu d'établissement de l'employeur.

- **À retenir**

- La compétence de droit commun est celle du tribunal judiciaire.
- Cette compétence est écartée par celle des juridictions exclusives.
- La juridiction compétente au regard de la demande principale est compétente pour les exceptions, demandes incidentes et moyens de défense.
- Cette logique ne peut s'appliquer lorsqu'une question ressortant d'une compétence exclusive se pose. La juridiction doit alors poser une question préjudicielle à la juridiction seule compétente sur la question et surseoir à statuer.
- La compétence territoriale est *a priori* celle du lieu de résidence du défendeur.
- Toutefois, de nombreuses situations particulières conduisent soit à ajouter des options de choix pour le demandeur soit à des exceptions à la règle de principe.

Pour en savoir plus

- BEIGNIER, « Ordre public et compétence », *Mélanges L. Boyer*, 1996.
- GUINCHARD, VARINARD, DEBARD, *Institutions juridictionnelles*, 15e éd., Dalloz, 2019, n° 381 et s.
- BLERY, « Compétences de tribunal judiciaire : redistribution des compétences du TGI et du TI » Dalloz, 7 octobre 2019.

POUR S'ENTRAINER : QUESTIONS

1. **Quelle est la juridiction compétente pour connaître d'un litige relatif à un contrat ?**
2. **Comment une juridiction d'exception doit traiter une question ne ressortant pas de sa compétence ?**

CORRIGÉ

1. Un régime d'option a été mis en place concernant les litiges portant sur des contrats. Les parties peuvent ainsi choisir entre les juridictions du lieu de livraison de la chose ou d'exécution de la prestation. Mais la juridiction de principe du lieu de résidence du défendeur peut être préférée. À noter, qu'en matière prud'homale, le demandeur peut choisir le lieu de signature du contrat, et lorsqu'il s'agit d'un salarié, le choix s'offre également avec le lieu du siège social ou le lieu de l'établissement dans lequel il travaille ou travaillait mais encore la juridiction de son propre domicile s'il travaillait hors de tout établissement.
2. La logique de la compétence d'exception veut qu'une seule juridiction soit compétente pour connaître d'une question, à l'exclusion donc de toute autre. Or, dans le cadre de son contentieux des questions annexes ne ressortant pas de son domaine de compétence tel que prévu par la loi conduit à s'interroger. L'exception signifie surtout que cette juridiction n'est compétente qu'au regard de ce domaine légal. Dès lors, la juridiction d'exception doit poser une question préjudicielle à la juridiction compétente (juridiction de droit commun ou autre juridiction d'exception) et surseoir à statuer dans l'attente de la réponse.

Fiche 5

Les sanctions des règles de compétence des juridictions

I. Les conditions et cas d'incompétence
II. Les solutions et recours

- **Définitions**

Litispendance : situation dans laquelle une juridiction est saisie d'un litige déjà soumis à une autre juridiction.

Connexité : situation dans laquelle deux affaires devant deux juridictions ont un tel lien que dans un intérêt de bonne justice il est utile de les lier.

Manœuvre dilatoire : tout procédé visant à rallonger inutilement la durée du procès.

Contredit : voie de recours en réformation d'un jugement s'étant prononcé sur sa compétence (supprimé par le décret du 6 mai 2017).

Évocation : faculté laissée aux cours d'appel saisies d'une question d'exception de procédure ou interrogées sur une mesure d'instruction de trancher l'ensemble du litige.

La seule définition des règles de compétence ne saurait suffire. Il a été nécessaire de prévoir un dispositif particulier permettant de contrôler ces questions. En effet, la question se pose à la fois de savoir comment une juridiction peut être amenée à se prononcer sur sa compétence et ensuite de savoir qui contrôle la position retenue et comment s'opère ce contrôle.

Ces questions de contestation sont à distinguer d'autres situations de conflit de compétences. En effet, le Code est venu prévoir le traitement de situations de litispendance et de connexité.

La litispendance vise la situation dans laquelle une juridiction est saisie d'un litige déjà soumis à une autre juridiction. Deux tribunaux ne pouvant être saisis d'un même litige, il convenait de prévoir comment organiser cette situation. Ainsi, la seconde juridiction saisie doit de se dessaisir au profit de la première soit à la demande de l'une des parties soit d'office.

Concernant la connexité, c'est-à-dire la situation dans laquelle deux affaires devant deux juridictions ont un *tel lien que dans un intérêt de bonne justice* il est utile de les lier, chaque partie peut demander à l'une des juridictions de se dessaisir au profit de la seconde. Cette demande est recevable en tout état de cause sauf à ce qu'elle conduise à retarder inutilement le procès et donc apparaître comme une manœuvre dilatoire.

À préciser que, lorsque des situations de litispendance se présentent devant des juridictions de degrés différents, les exceptions ne peuvent être soulevées qu'à l'égard de la juridiction inférieure.

Ces précisions faites, il convient de développer les moyens permettant de veiller au respect des règles de compétence. La première question est alors de savoir qui peut soulever l'incompétence du juge et dans quels cas l'incompétence peut être soulevée. Le second aspect concerne les différentes options ouvertes à la juridiction contestée et les voies de recours.

I. Les conditions et cas d'incompétence

A. Conditions

Jusqu'en 1958, une distinction était opérée entre les cas d'incompétences visant des questions d'intérêts privés et ceux visant l'intérêt général. Les premiers devaient être soulevés dès le seuil du procès, les seconds pouvaient être relevés à toute hauteur. Dans un souci d'efficacité, particulièrement de rapidité, il a été décidé d'aligner les régimes et toutes les demandes doivent désormais être faites dès l'origine du litige.

Dès lors, la question s'est reportée sur les personnes à l'origine de la contestation de la compétence. En principe, il appartient au défendeur de soulever les exceptions d'incompétences mais dans certaines hypothèses le juge peut ou doit soulever d'office son incompétence.

B. Les cas d'incompétence

Lorsqu'une *partie*, logiquement en défense, soulève l'incompétence, elle doit le faire *simultanément* et *avant toute défense au fond*, suivant ainsi l'exigence imposée aux exceptions de procédures par l'article 74 du Code de procédure civile. Cette demande doit être motivée, la seule contestation de compétence étant insuffisante.

Lorsque l'incompétence est relevée d'office par *le juge*, une première question se pose, celle de savoir s'il s'agit d'une obligation ou d'une simple faculté.

Par principe, encore récemment rappelé par l'Assemblée plénière de la Cour de cassation, il ne s'agit que d'une simple faculté et ce même s'il s'agit de la violation d'une règle d'ordre public, ce qui apparaît critiquable.

Cette faculté se mue en obligation uniquement lorsqu'un texte spécial la prévoit expressément. Il en est ainsi, par exemple, lorsque la matière relève de la compétence du juge de l'exécution.

Cette faculté se justifie tout d'abord en cas de non-comparution du défendeur, le juge étant alors le seul ayant intérêt à un tel relevé.

Ensuite, cette faculté connaît des domaines variables en fonction du type de compétence dont il s'agit.

En ce qui concerne la compétence d'attribution. Le juge ne peut relever d'office que les situations qui sont d'ordre public. La possibilité se voit donc réduite et ceci l'est encore davantage concernant les juridictions de recours. En effet, en appel ou en cassation, l'incompétence ne peut être relevée que si la compétence ressort d'une juridiction répressive, administrative ou à une juridiction étrangère.

En ce qui concerne la compétence territoriale, le Code de procédure civile en son article 93 distingue entre matières gracieuse et contentieuse.

En matière gracieuse, le juge étant le seul à pouvoir relever l'incompétence du fait du défaut de défendeur, il peut le faire en toute hypothèse.

En matière contentieuse, la présence du défendeur limite sa capacité d'intervention à certains domaines que sont l'état des personnes et les cas où la loi fixe une compétence exclusive de juridiction. Évidemment, le juge retrouve l'intégralité de sa faculté en cas de défaut de comparution du défendeur.

II. Les solutions et recours

Le décret du 6 mai 2017, n° 2017-891 est venu supprimer le contredit, ceci afin de simplifier la procédure relative au traitement des questions de compétence. La réforme reprend les logiques antérieures en les adaptant à l'appel. Au regard de cet appel, deux hypothèses doivent être clairement dissociées, l'une vise le cas où le juge ne se prononce que sur sa compétence et l'autre vise l'hypothèse dans laquelle le juge tranche sur la compétence et sur le fond de l'affaire. En effet, cette distinction se justifie au regard des voies de recours, différentes selon les cas. En outre, la mise en œuvre des tribunaux judiciaires a conduit à l'organisation d'une procédure particulière.

A. Le dispositif ordinaire

Le Code de procédure civile prévoit, d'abord, que le juge peut, dans un même jugement, mais par des dispositions distinctes, se déclarer compétent et statuer sur le fond du litige (art. 78 CPC). Il doit avoir recueilli préalablement les arguments des parties sur le fond. Si elles n'ont pas encore conclu sur le fond, il les mettra en demeure de le faire avant de rendre son jugement.

Lorsqu'il ne se prononce pas sur le fond, mais que la détermination de la compétence impose de trancher la question de fond, il doit statuer sur cette question et sur sa compétence de manières distinctes.

S'il se déclare compétent, sans statuer sur le fond, l'instance est, désormais, suspendue jusqu'à l'expiration du délai pour faire appel. Si un appel est formé, l'instance reste suspendue jusqu'à ce que la Cour d'appel ait rendu sa décision.

Lorsqu'il estime que l'affaire relève de la compétence d'une juridiction répressive, administrative, arbitrale ou étrangère, il renvoie les parties à mieux se pourvoir. Sinon, il désigne la juridiction qu'il estime compétente et cette désignation s'impose tant aux parties qu'à la juridiction désignée. Le dossier est alors transmis à la juridiction désignée, avec copie de la décision de renvoi, à défaut d'appel contre celle-ci. Les parties sont alors invitées à poursuivre la procédure devant cette juridiction et ce par tout moyen par le greffe de la nouvelle juridiction. Elles peuvent avoir à constituer avocat dans le délai d'un mois si la procédure impose la représentation. À défaut de constitution par les deux parties, l'affaire sera radiée d'office.

Lorsque la détermination de la compétence du juge conduit à trancher une question de fond, celle-ci n'étant pas la question au principal du dossier, le juge doit alors statuer par deux dispositions distinctes du jugement. Il a d'ailleurs l'obligation de trancher la question de fond dont dépend sa compétence.

Les décisions sont susceptibles d'appel et le traitement de l'appel diffère selon que le juge ne tranche que sa compétence ou tranche également le litige.

Dans l'hypothèse où il ne tranche que sa compétence, l'appel doit être formé dans les quinze jours de la notification du jugement en LRAR. L'appelant doit saisir le premier président soit pour être autorisé à assigner à jour fixe soit pour bénéficier d'une fixation prioritaire de l'affaire.

La cour renvoie l'affaire devant la juridiction qu'elle estime compétente, ce qui s'impose évidemment aux parties et au juge de renvoi, celui-ci pouvant être le juge initialement saisi.

Mais elle peut aussi décider d'évoquer le fond de l'affaire, si elle estime qu'il est de bonne justice de donner une solution définitive au litige. Elle peut alors ordonner des mesures d'instructions. Elle peut avoir, si la procédure le prévoit, à inviter les parties à constituer avocat par LRAR et prononcer la radiation si aucune partie n'obtempère.

Dans l'hypothèse où le juge s'est déclaré compétent et a jugé l'affaire, il peut être fait appel de l'ensemble du jugement. Si la Cour infirme le chef de compétence, elle statue tout de même sur le fond, si elle est la juridiction d'appel compétente pour le faire. Sinon, elle renvoie l'affaire devant la Cour compétente. Si l'affaire avait été jugée en premier et dernier ressort, l'appel ne peut viser que la compétence. Sinon, celui-ci est irrecevable en totalité. N'ayant qu'à se prononcer sur la compétence, elle renverra l'affaire soit devant la première juridiction, soit devant la juridiction compétente qu'elle aura désignée.

B. Le dispositif spécifique au tribunal judiciaire

Le décret du 11 décembre 2019 prévoit un régime dérogatoire propre au tribunal judiciaire par l'insertion de l'article 82-1 au Code de procédure civile.

Cet article prévoit qu'une partie ou le juge d'office peut relever une incompétence d'attribution interne au tribunal judiciaire. Cette incompétence sera traitée administrativement. Cette attention est heureuse compte tenu du fait que malgré le souhait de simplifier la procédure par la mise en place du tribunal judiciaire, de nombreuses questions de compétence interne vont se poser entre les différents juges opérant (président, JEX, JAF, JCP) et la distinction entre le tribunal et ses déclinaisons que sont les chambres de proximité (tribunal de proximité).

Ainsi, « les questions de compétence... peuvent être réglées avant la première audience par mention au dossier.

Les parties ou leurs avocats en sont avisés sans délai par tout moyen conférant date certaine.

Le dossier de l'affaire est aussitôt transmis par le greffe au juge désigné.

La compétence du juge à qui l'affaire a été ainsi renvoyée peut être remise en cause par ce juge ou une partie dans un délai de trois mois.

Dans ce cas, le juge, d'office ou à la demande d'une partie, renvoie l'affaire par simple mention au dossier au président du tribunal judiciaire. Le président renvoie l'affaire, selon les mêmes modalités, au juge qu'il désigne. Sa décision n'est pas susceptible de recours. »

La compétence du juge peut être contestée devant lui par les parties. La décision se prononçant sur la compétence peut alors faire l'objet d'un appel.

• À retenir

- La litispendance est la situation où deux juridictions sont saisies du même litige. La seconde devant se dessaisir au profit de la première.
- La connexité suppose le traitement de deux affaires suffisamment proches pour qu'il soit utile de les traiter simultanément devant la même juridiction afin d'aboutir à une solution cohérente.
- Les parties doivent soulever les exceptions de procédure avant toute défense au fond.
- Le juge peut soulever d'office son incompétence dans les cas relevant de l'ordre public. Cette faculté devient obligation dans les cas expressément prévus par la loi.
- La position prise par le juge ouvre la possibilité d'un recours par la voie de l'appel, lorsqu'il n'a pas tranché au fond le litige.
- La cour d'appel saisie à la faculté d'évoquer l'affaire si cela s'avère utile, c'est-à-dire de trancher également le fond du litige.

- La cour d'appel qui constaterait l'incompétence peut soit trancher le fond si la juridiction compétente est de son ressort, soit renvoyer devant la cour compétente soit renvoyer les parties à mieux se pourvoir si l'affaire ressort d'une juridiction répressive, administrative ou étrangère.
- Il est prévu régime dérogatoire et administratif de traitement de l'incompétence interne aux tribunaux judiciaires.

Pour en savoir plus

- BLERY, « réforme de la procédure civile : simplification des exceptions d'incompétence », *Dalloz actualité*, 20 décembre 2019.
- KERNALEGUEN, « Ariane chez Thémis : propos sur l'incompétence du juge », *Mélanges J. Héron*, LGDJ 2008, 281.

POUR S'ENTRAÎNER : QUESTIONS

1. **Le juge doit-il soulever d'office son incompétence ?**
2. **Quel recours est prévu si le juge saisi sur son incompétence a également traité des questions touchant au fond ?**

CORRIGÉ

1. S'il convient de distinguer entre les questions qui intéressent les intérêts privés de celles de l'intérêt général, le Code de procédure civile n'a toutefois pas prévu d'obligation pour le juge de soulever d'office son incompétence lorsque l'ordre public est visé. Il ne s'agit que d'une faculté. L'obligation existe mais ne concerne que certains cas légaux qui prévoient expressément cette obligation. Le rôle du juge est cependant différent selon que le demandeur comparaît ou non concernant la question de la compétence territoriale. Si l'action est gracieuse ou que le défendeur ne comparait en matière contentieuse, il peut en toutes circonstances soulever son incompétence. Si le défendeur est présent, cette faculté se limite à certains domaines spéciaux.

2. Pour les instances rendues avant le 1er septembre 2017, la question était ici de savoir ce que tranchait le juge. Deux situations pouvaient et peuvent toujours se présenter. Tout d'abord, le juge a pu avoir à connaître d'une question de fond afin de définir si le litige ressortait de sa juridiction. Le recours était alors le contredit, sauf situations particulières prévoyant exclusivement l'appel. Ensuite, si le juge s'était également prononcé sur le fond de l'affaire, la voie de recours était l'appel. À noter, qu'un contredit qui aurait été formé dans cette hypothèse était recevable suivant alors les règles de l'appel et que l'inverse n'était par contre pas envisageable ni envisagé. Désormais, le seul recours est l'appel, le contredit ayant disparu, simplifiant ainsi les difficultés nées de la répartition des cas entre ces deux moyens de recours.

Fiche 6

Les demandes

- **Définitions**

Demandes initiales : prétentions formulées par le demandeur dans son acte de saisine.

Demandes reconventionnelles : prétentions propres au défendeur, autres que le seul rejet des prétentions du demandeur.

Demandes additionnelles : demandes s'ajoutant aux demandes initiales quelles proviennent du demandeur ou du défendeur.

Intervention volontaire : participation d'un tiers dans un procès en vue de soutenir une partie ou de faire valoir ses propres demandes.

Intervention forcée : mise en cause d'un tiers dans un procès en cours.

La demande est la matérialisation en justice du droit d'agir. Elle se définit comme « l'acte juridique par lequel une personne soumet au juge une prétention » (G. Couchez, n° 158). La demande doit permettre au justiciable de faire reconnaître son droit contesté ou de faire déclarer son droit. Dès lors, la demande doit être distinguée de l'action qui est le fait de pouvoir saisir la justice et du droit substantiel. La croyance en un droit substantiel peut conduire à avoir un droit d'agir qui se matérialisera par une demande. La réalité du droit substantiel doit donc être détachée de celle de la recevabilité de la demande.

Les demandes concernent en premier lieu celui qui introduit l'instance et qui prend dès lors le qualificatif de demandeur. Mais les demandes visent également le défendeur qui a tout autant vocation à faire valoir ses droits. Les demandes sont donc évolutives lors d'un procès, d'où une pluralité d'aspects qu'il convient d'expliciter **(I)**. Par ailleurs, les demandes portent sur des droits de natures différentes nécessitant d'opérer une classification **(II)**. Enfin, nous présenterons les obligations formelles de présentation des demandes dans les conclusions **(III)**.

I. Les différents types de demandes

L'objectif est ici de distinguer les différents types de demandes selon l'avancement du procès.

A. Les demandes initiales

La première catégorie est celle des *demandes initiales*. Elles introduisent l'instance, saisissent le juge et le lient par l'objet du litige. C'est à leur égard que devront s'apprécier la compétence du juge et la recevabilité de l'action.

Mais si la demande faite au juge exige qu'il se prononce, cela ne signifie pas qu'il doive nécessairement trancher le fond du litige. Il doit d'abord se prononcer sur sa compétence ce qui peut le conduire à la décliner.

La demande initiale fixe également l'état du litige même si cette règle reçoit une dérogation importante concernant la responsabilité puisque c'est au moment où il tranche que le juge appréciera l'étendue du préjudice.

B. Les demandes incidentes

L'état du litige se limite rarement aux demandes initiales. On constate généralement le prononcé de *demandes incidentes* qui, comme leur nom l'indique, vont venir s'ajouter aux premières demandes.

À ce titre, on observe tout d'abord les *demandes reconventionnelles*. Il s'agit des demandes du défendeur qui vont au-delà du simple rejet des prétentions du demandeur. Le défendeur fait également une demande positive au juge. Il devient alors également demandeur à l'instance. Cette attitude participe souvent à une technique de défense. En effet, ce faisant le défendeur vient opposer aux demandes du demandeur ses propres demandes qui peuvent amener l'adversaire à reconsidérer l'intérêt de maintenir le procès. Il convient surtout de retenir l'incidence de ses demandes sur les modalités de désistement. En effet, le désistement du demandeur n'est pas forcément favorable au défendeur puisqu'il est lui-même demandeur. Ainsi en première instance, si le demandeur doit pour se désister avoir l'accord du défendeur, ce dernier ne peut le faire qu'avec un motif valable. Or, en l'absence de demandes reconventionnelles, on voit mal l'intérêt que le défendeur pourrait faire valoir au maintien d'une instance dont l'objet se limite à sa condamnation. L'existence de demandes reconventionnelles justifie à l'inverse une telle opposition. En outre, l'accord n'est pas demandé lors que le défendeur n'a pas encore formulé de défense au fond ou soulevé de fin de non-recevoir. En appel, le demandeur peut se désister sans l'accord de son adversaire sauf si celui-ci a formé des demandes incidentes, c'est-à-dire reconventionnelles.

Cette catégorie comprend aussi les *demandes additionnelles* qui sont des demandes pouvant émaner de chaque partie et modifier les demandes précédentes.

Enfin, il convient de relever le cas spécifique de *l'intervention*, des interventions puisque deux situations distinctes sont possibles. On distingue l'intervention volontaire de l'intervention forcée. L'intervention volontaire consiste en ce qu'une tierce personne vienne se greffer à une instance existante car elle y a des intérêts à défendre. Elle fera alors valoir ses propres demandes. L'intervention forcée représente l'hypothèse où l'une des parties décide en cours de procès d'agir contre un tiers, l'incorporant à l'instance. Des demandes sont alors formulées contre ce tiers, devenant partie au procès.

C. Intérêt de la distinction

Il est important de distinguer entre les demandes initiales et celles incidentes, tant sur le fond que sur la forme.

Sur le fond, ce sont les demandes initiales qui vont déterminer la compétence de la juridiction saisie. Les demandes incidentes seront alors traitées par la juridiction même si elles ne ressortent normalement pas de sa compétence. Mais si la demande incidente peut être d'une nature assez différente de celle initiale, elle doit tout de même se rattacher à celle initiale par «un lien suffisant» selon l'article 70 du Code de procédure civile. Cette règle ne s'applique pas et ce fort logiquement pour les demandes de compensation, mais le juge peut décider de disjoindre les demandes s'il y a un risque de retarder excessivement l'instance en cours. Toutefois, si le domaine de la demande incidente est de la compétence exclusive d'une autre juridiction, celle saisie devra poser une question préjudicielle à celle compétente et surseoir à statuer dans l'attente de la réponse.

Sur la forme, les demandes incidentes sont présentées comme les moyens de défense, c'est-à-dire par conclusions, donc sans assignation à la différence des demandes initiales, du moins devant le tribunal de grande instance. Cette souplesse connaît une limite lorsqu'une partie est défaillante ou encore lorsque la demande consiste en une intervention forcée. L'article 68 alinéa 2 prévoit alors de recourir aux formes prévues pour l'introduction de l'instance donc comme s'il s'agissait de demandes initiales.

D. Les moyens de défense

L'étude des demandes ne se limite pas à ce qui est demandé positivement au juge, il s'agit aussi des moyens de *défense*. À cet égard, nous avons pu déjà observer les demandes reconventionnelles. Mais avant d'envisager de faire ses propres demandes, le défendeur doit d'abord s'atteler à poser ses arguments en défense contre les demandes du demandeur. Cette argumentation s'appelle la *défense au fond*, car elle se distingue des arguments visant à contester la régularité de l'action que nous étudierons dans un second temps. La défense au fond consiste pour le défendeur à faire valoir les éléments de discussion s'opposant aux demandes. Elle peut être faite tant qu'il est possible de conclure, afin de permettre à la partie adverse de répondre et d'éviter les procédés dilatoires. Les arguments sont susceptibles d'évoluer entre les deux degrés de juridiction afin de s'adapter à la motivation du jugement de première instance. Ainsi l'article 71 du Code de procédure civile précise qu'ils peuvent être proposés « en tout état de cause ».

Comme précédemment indiqué, la défense s'organise également au travers de techniques visant à faire reconnaître l'action comme irrégulière. Il s'agit des *exceptions de procédure* et des *fins de non-recevoir*. Ces deux techniques suivent la même finalité mais ont des origines distinctes. L'exception de procédure s'applique à la procédure en cours, afin d'établir qu'elle est irrégulière ou éteinte. L'exception peut encore avoir pour objet de la suspendre. C'est donc un moyen purement processuel. À l'inverse, la fin de non-recevoir s'intéresse au droit d'agir pour faire déclarer l'action irrecevable. Il en ressort une nature mixte, mêlant questions de fond et de procédure. Ces deux types de demandes feront l'objet de développements plus approfondis (v. Fiches 11 et 12).

II. La classification des demandes

Qu'elles soient principales ou incidentes, les demandes portent sur des objets de natures très diverses qui imposent d'établir une classification afin de les appréhender. Classiquement, on distingue entre les actions personnelles, réelles et mixtes. Une autre division s'opère selon la nature mobilière ou immobilière de l'objet de l'action. Enfin, les actions immobilières se répartissent entre celles possessoires et celles pétitoires.

A. Les catégories

L'action personnelle comme son nom l'indique a vocation à sanctionner un droit personnel, c'est-à-dire un droit de créance. Les actions liées à la personne peuvent se décliner entre les actions patrimoniales et celles extrapatrimoniales. Ces actions sont menées devant la juridiction du lieu où demeure le défendeur.

L'action réelle porte sur un droit réel, donc un droit sur un bien. La juridiction compétente est celle du lieu de l'immeuble.

L'action mixte est mêlée des deux autres, comme en cas de vente d'immeuble, le contrat ayant une nature personnelle mais associé à la nature réelle de l'immeuble. Le demandeur bénéficie d'un droit d'option pour le choix de la juridiction.

B. La distinction entre les actions mobilières et immobilières

On distingue, par ailleurs, les actions mobilières et immobilières. Leurs noms indiquent clairement leur objet et il serait tentant de les considérer comme des subdivisions des actions réelles, ces dernières portant sur des biens qu'ils soient meubles ou immeubles. Mais telle n'est pas la réalité du découpage. Les actions mobilières sont essentiellement personnelles et ce du fait de l'article 2276 du Code civil qui vient entraver les possibilités de revendication. En outre, les actions immobilières sont à l'inverse essentiellement réelles, directement rattachées à la chose. L'assimilation ne doit pas pour autant se faire. Par ailleurs, la liste des immeubles étant limitative, tout ce qui n'y figure pas entre alors dans la catégorie mobilière. Il en est ainsi pour les obligations de faire ou de ne pas faire relativement à des immeubles.

C. Les actions immobilières

Les actions immobilières se composent des actions pétitoires et du référé possessoire.

L'action pétitoire est celle qui protège le propriétaire d'un immeuble. Elle lui permet, par exemple, de revendiquer l'immeuble. La recevabilité de l'action suppose donc que le juge ait vérifié le titre du demandeur.

À l'inverse, le référé possessoire s'adresse au possesseur, celui-ci se comportant comme le titulaire de droits réels mais n'étant pas nécessairement le propriétaire du bien. Avant la loi du 16 février 2015, il existait des actions possessoires.

Les actions possessoires suivaient un régime particulier. Elles se composaient de trois actions qui suivaient des règles communes et certaines règles propres. Il s'agissait de la complainte, de la dénonciation de nouvel œuvre et la réintégrante.

La complexité de ces actions et surtout leur délicate combinaison avec les actions pétitoires puisque les actions n'étaient pas cumulables avait conduit à leur préféré le recours au référé. La loi de 2015 entérine cet état de fait permettant d'agir rapidement à l'encontre des troubles faits à la possession.

III. La forme des demandes

Selon l'article 768 du Code de procédure civile, les conclusions doivent formuler expressément les prétentions des parties ainsi que les moyens en fait et en droit sur lesquels chacune de ces prétentions est fondée avec indication pour chaque prétention des pièces invoquées et de leur numérotation. Un bordereau énumérant les pièces justifiant ces prétentions est annexé aux conclusions.

Les conclusions comprennent distinctement un exposé des faits et de la procédure, une discussion des prétentions et des moyens ainsi qu'un dispositif récapitulant les prétentions. Les moyens qui n'auraient pas été formulés dans les conclusions précédentes doivent être présentés de manière formellement distincte. Le tribunal ne statue que sur les prétentions énoncées au dispositif et n'examine les moyens au soutien de ces prétentions que s'ils sont invoqués dans la discussion.

Les parties doivent reprendre dans leurs dernières conclusions les prétentions et moyens présentés ou invoqués dans leurs conclusions antérieures. À défaut, elles sont réputées les avoir abandonnés et le tribunal ne statue que sur les dernières conclusions déposées.

• À retenir

- On distingue les demandes initiales des demandes additionnelles.
- Les demandes initiales fixent le cadre du litige, le lien d'instance et contraignent le juge à répondre. Elles vont permettre d'apprécier la compétence de la juridiction saisie et la recevabilité de l'action.
- Les demandes incidentes comprennent toutes les demandes qui vont se greffer à celles initiales. Il peut s'agir de demandes reconventionnelles, c'est-à-dire des demandes du défendeur autres qu'une simple défense ou de demandes additionnelles de chaque partie.
- Les demandes incidentes doivent avoir un lien suffisant avec l'objet initial du litige.
- Les actions se divisent entre les actions personnelles qui portent sur les obligations et celles réelles portant directement sur un bien.
- Au sein des actions immobilières, il convient de distinguer les actions pétitoires, qui visent le titre sur le bien, du référé possessoire qui permet à tout possesseur voire détenteur de prévenir ou faire cesser un trouble à une possession.

Pour en savoir plus

- SANTA-CROCE, « De quelques difficultés de qualification en droit judiciaire privé », *Liber Amoricum Cyrille David*, LGDJ 2005, 409.

POUR S'ENTRAÎNER : QUESTIONS

1. **Les demandes reconventionnelles sont-elles un moyen de défense ?**
2. **Que se passe-t-il si une demande incidente ne ressort pas de la compétence du juge saisi au principal ?**

CORRIGÉ

1. Les demandes reconventionnelles sont, avant tout, des demandes distinctes des moyens de défense, mais elles participent à la défense. Il ne s'agit pas de s'opposer aux demandes mais de présenter des demandes propres au défendeur dans le cadre de l'instance en cours ce qui implique que ces demandes soient en rapport avec le litige initié par le demandeur. Mais ce faisant, le défendeur peut dissuader le demandeur de poursuivre son procès risquant lui-même d'être condamné.
2. Les demandes incidentes doivent avoir un lien suffisant avec celles initiales pour conserver une cohérence au procès. Pour autant, il peut y avoir des demandes qui ressortent de la compétence d'une autre juridiction. En principe, le juge déjà saisi pourra en connaître si elles participent du même litige. Mais si elles ressortent de la compétence exclusive d'une autre juridiction, le juge déjà saisi devra interroger celle compétente par une question préjudicielle et surseoir à statuer dans l'attente de la réponse.

Fiche 7

Les modes de saisine

• Définitions

Assignation : acte d'huissier, provenant du demandeur et destiné au défendeur afin de l'informer de l'intention du demandeur de saisir le juge ainsi que de la nature et du contenu du litige et l'invitant à constituer avocat. L'assignation doit présenter les éléments de fait et de droit du demandeur et vaut donc conclusions.

Signification : notification d'un acte de procédure par un huissier.

Requête : acte de procédure écrit déposé au greffe ayant pour objet de saisir la juridiction.

Comparaître : fait de désigner un avocat du ressort de la juridiction saisie afin d'être représenté au procès.

Saisine : fait d'introduire un litige devant une juridiction.

Caducité : absence d'effet d'une assignation non transmise à la juridiction dans les délais requis.

La réforme de 2019 a souhaité simplifier les modes de saisine. Elle reprend comme mode de principe, l'assignation qui était le mode particulier de saisine du tribunal de grande instance. À côté de l'assignation, le Code prévoit la saisine par requête simple ou conjointe.

L'assignation est le mode de saisine de principe et le mode obligatoire pour les demandes supérieures à 10 000 € devant le tribunal judiciaire (sauf requête conjointe, mais le cas est marginal).

La requête peut être utilisée pour les instances dont le montant ne dépasse pas 5 000 € et dans certaines matières particulières. Par exception, l'instance pourra être introduite par voie de requête sans considération du montant lorsqu'elle porte sur une matière relevant de la compétence exclusive du Tribunal judiciaire ou lorsque la loi prévoit expressément que le juge est saisi par requête, conformément, par exemple, à l'article 845, al. 2 du CPC.

La requête conjointe peut être utilisée dans tous les cas.

Tout d'abord par la rédaction même de l'assignation, l'instance naît, entraînant par là même un certain nombre de conséquences. Ensuite, l'assignation doit comme son nom le laisse présager être signifiée, c'est-à-dire notifiée par huissier à la partie adverse. La signification devra alors respecter des règles ayant pour objectif d'assurer la certitude de la réception.

Ceci conduit à envisager les règles applicables aux assignations et requêtes **(I)**, puis d'étudier les règles applicables à la signification tant à l'égard de l'assignation que des autres actes de procédure **(II)**, avant de s'intéresser à la comparution du défendeur ainsi qu'à l'introduction de l'instance **(III)**.

I. L'assignation et les requêtes

De nouvelles règles communes sont posées tant à l'égard de la représentation par avocat **(A)** que concernant le recours à un mode alternatif de règlement des différends préalable à la saisine **(B)**. Ensuite, pourrons être abordés les modes de saisine eux-mêmes que sont l'assignation **(C)** et les requêtes **(D)**.

A. La représentation par avocat

L'article 4 du décret prévoit le principe de l'obligation d'être représenté par un avocat devant le tribunal judiciaire, sans distinguer selon que la procédure est écrite ou orale. Cette obligation concerne aussi certaines procédures devant des juridictions spécialisées. Le nouvel article 760 intègre cette obligation au code et l'article 761 prévoit les exceptions.

Ainsi, les parties sont dispensées de constituer avocat dans les cas prévus par la loi ou le règlement et dans les cas suivants :

1. Dans les matières relevant de la compétence du juge de l'exécution ;
2. Dans les matières énumérées par les articles R. 211-3-13 à R. 211-3-16, R. 211-3-18 à R. 211-3-21, R. 211-3-23 du code de l'organisation judiciaire et dans les matières énumérées au tableau IV-II annexé au code de l'organisation judiciaire ;
3. À l'exclusion des matières relevant de la compétence exclusive du tribunal judiciaire, lorsque la demande porte sur un montant inférieur ou égal à 10 000 € ou a pour objet une demande indéterminée ayant pour origine l'exécution d'une obligation dont le montant n'excède pas 10 000 €. Le montant de la demande est apprécié conformément aux dispositions des articles 35 à 37.

Mais, dans les matières relevant de la compétence exclusive du tribunal judiciaire, les parties sont tenues de constituer avocat, quel que soit le montant de leur demande.

Nous verrons également que lorsqu'une demande incidente conduit à dépasser le montant de 10 000 € et donc rendre la procédure écrite, le juge peut, d'office ou si une partie en fait état, renvoyer l'affaire à une prochaine audience tenue conformément à la procédure applicable et invite les parties à constituer avocat.

Par ailleurs, le recours à la représentation est étendu dans certaines matières spécialisées. Ainsi, l'article 7 du décret impose désormais l'intervention d'un avocat dans le contentieux de la fixation des loyers commerciaux. L'article 8 du décret impose l'intervention d'un avocat dans le contentieux familial pour la demande de révision de la prestation compensatoire et dans la procédure de retrait total ou partiel de l'autorité parentale. Cependant, les demandes de délégation de l'autorité parentale restent exclues. Le contentieux de l'établissement de l'impôt est également visé par la représentation obligatoire ainsi que les procédures d'expropriation et les procédures devant le juge de l'exécution, sauf pour les demandes relatives à l'expulsion ou quand la demande a pour origine une créance ne dépassant pas le montant de 10 000 €. De même, la saisie des rémunérations reste sans représentation obligatoire.

B. Le recours préalable obligatoire aux modes de résolution amiable des différends

Depuis plusieurs années, le mouvement est au renforcement de la place accordée aux tentatives de conciliation ou de médiation. Le décret de 2019 accroît encore cette dimension avec l'article 750-1.

Il prévoit qu'à peine d'irrecevabilité que le juge peut prononcer d'office, la demande en justice doit être précédée, au choix des parties, d'une tentative de conciliation menée par un conciliateur de justice, d'une tentative de médiation ou d'une tentative de procédure participative, lorsqu'elle tend au paiement d'une somme n'excédant pas 5 000 euros ou lorsqu'elle est relative à l'une des actions mentionnées aux articles R. 211-3-4 et R. 211-3-8 du Code de l'organisation judiciaire. Ces articles visent les cas suivants :

- l'action en bornage ;
- les actions relatives à la distance prescrite par la loi, les règlements particuliers et l'usage des lieux pour les plantations ou l'élagage d'arbres ou de haies ;
- les actions relatives aux constructions et travaux mentionnés à l'article 674 du Code civil ;
- les actions relatives au curage des fossés et canaux servant à l'irrigation des propriétés ou au mouvement des usines et moulins ;
- les contestations relatives à l'établissement et à l'exercice des servitudes instituées par les articles L. 152-14 à L. 152-23 du code rural et de la pêche

maritime, 640 et 641 du Code civil ainsi qu'aux indemnités dues à raison de ces servitudes ;

- les contestations relatives aux servitudes établies au profit des associations syndicales prévues par l'ordonnance n° 2004-632 du 1er juillet 2004 relative aux associations syndicales de propriétaires.

Les parties sont dispensées de l'obligation mentionnée au premier alinéa dans les cas suivants :

1. Si l'une des parties au moins sollicite l'homologation d'un accord ;
2. Lorsque l'exercice d'un recours préalable est imposé auprès de l'auteur de la décision ;
3. Si l'absence de recours à l'un des modes de résolution amiable mentionnés au premier alinéa est justifiée par un motif légitime tenant soit à l'urgence manifeste (ce qui vise à tout le moins une procédure en référé (Fiche 22)) soit aux circonstances de l'espèce rendant impossible une telle tentative ou nécessitant qu'une décision soit rendue non contradictoirement (est visée ici, la procédure d'ordonnance sur requête (Fiche 23)), soit à l'indisponibilité de conciliateurs de justice entraînant l'organisation de la première réunion de conciliation dans un délai manifestement excessif au regard de la nature et des enjeux du litige ;
4. Si le juge ou l'autorité administrative doit, en application d'une disposition particulière, procéder à une tentative préalable de conciliation.

L'on constatera que, par la nouvelle rédaction, disparaît l'obligation générale prévue aux articles 56 et 58 du Code de procédure civile, de rechercher une issue amiable avec la partie adverse avant la saisine de la juridiction quel qu'en soit le mode.

C. L'assignation

Rédiger une assignation signifie tout d'abord formuler une demande en justice. Cette demande provoque un certain nombre de conséquences (1) qu'il convient de présenter avant de s'atteler aux exigences formelles de l'assignation (2).

1. Les effets de l'assignation

L'assignation ou la requête représente la demande initiale. Elle délimite l'objet du litige et donc l'office du juge. De même, c'est en considération de cette demande que la question de la compétence de la juridiction va se poser ainsi que celle de la recevabilité de l'action.

La demande saisit le juge, celui-ci ne pouvant se saisir d'office. Saisi, il devra alors statuer sur la ou les demandes si celles-ci se maintiennent, sauf à faire un déni de justice. Il statuera alors sur tout ce qui est demandé et rien que sur ce qui est demandé. Concernant le cas spécifique de l'assignation, une précision s'impose. En effet, l'assignation se déroule en deux temps, l'information du défendeur puis le dépôt au greffe de la juridiction. Il est évident que le juge ne peut être saisi que si l'assignation est déposée. Mais le lien d'instance existe entre les parties à compter de l'assignation de la partie adverse. Le dépôt de l'assignation au greffe vient formaliser ce lien.

La demande, et concernant l'assignation il s'agit de l'information du défendeur, interrompt les délais de prescription et de forclusion. Mais l'interruption n'a pas d'effet si le demandeur laisse périmer l'instance, notamment en n'enrôlant pas l'assignation, s'il se désiste, s'il se voit opposer une fin de non-recevoir ou encore s'il est débouté de ses demandes. Toutefois, le fait de saisir un juge incompétent permet d'interrompre les délais.

La demande opère également mise en demeure et conduit donc à faire courir les intérêts moratoires.

Enfin, elle peut avoir pour effet de rendre transmissible les actions qui ne le sont pas si elle est introduite avant le décès du *de cujus*.

C'est à sa date que l'on va se placer pour apprécier le bien-fondé des demandes et leur recevabilité, tout comme l'enrichissement en matière d'enrichissement injustifié.

2. Les règles de forme

En ce qui concerne la rédaction de l'assignation, il s'agit d'un acte d'huissier qui suit donc les règles applicables à leurs actes prévues par l'article 648 du Code de procédure civile.

Le Code prévoit désormais des mentions communes à l'ensemble des modes de saisine et des mentions propres à chaque mode.

- **Les mentions communes à tous les modes de saisine**

La première mention à porter est celle de la date. L'on comprend l'intérêt de celle-ci compte tenu des incidences précédemment invoquées.

Il s'agit ensuite d'identifier le requérant. S'il s'agit d'une personne physique, l'acte porte l'indication du nom, du domicile, de sa profession, de ses prénoms usuels, sa date et son lieu de naissance ainsi que sa nationalité. S'agissant d'une personne morale, l'acte porte mention de sa dénomination, de sa forme, le lieu de son siège social et l'organe qui la représente légalement.

L'acte devant être remis au défendeur, il doit également indiquer le nom et le domicile de ce dernier, c'est-à-dire sa dénomination et son siège social pour une personne morale.

L'acte indique la juridiction devant laquelle la demande est portée, l'objet de la demande et, éventuellement, les mentions relatives à la désignation des immeubles exigées pour la publication au fichier immobilier.

Lorsqu'elle doit être précédée d'une tentative de conciliation, de médiation ou de procédure participative, les diligences entreprises en vue d'une résolution amiable du litige ou la justification de la dispense d'une telle tentative.

Surtout, l'acte porte indication des modalités de comparution devant la juridiction et la précision que, faute pour le défendeur de comparaître, il s'expose à ce qu'un jugement soit rendu contre lui sur les seuls éléments fournis par son adversaire.

- **Les mentions propres à l'assignation**

L'article 56 ajoute que l'assignation contient, en outre et à peine de nullité :

1. Les lieu, jour et heure de l'audience à laquelle l'affaire sera appelée ;
2. Un exposé des moyens en fait et en droit ;
3. La liste des pièces sur lesquelles la demande est fondée dans un bordereau qui lui est annexé. L'assignation précise également, le cas échéant, la chambre désignée.

La précision de la date et de l'heure de l'audience est une nouveauté du décret de 2019. Précédemment, c'était le greffe qui, une fois l'assignation enrôlée, c'est-à-dire transmise au greffe, fixait la date et en informait le demandeur et le défendeur si celui-ci s'était déjà constitué. Afin d'alléger la charge de travail et de réduire le coût représenté par les notifications, le demandeur sollicite désormais le greffe (selon des modalités précisées par décret) afin de savoir à quelle date l'affaire peut être appelée. Ainsi, les parties sont informées dès l'acte de saisine de la date de la première audience.

L'assignation vaut conclusions. En effet, elle comprend l'ensemble des éléments (indication de l'objet de la demande, moyens en fait et en droit, liste des pièces au soutien des prétentions) qui permettent la défense des intérêts soutenus par le demandeur.

L'article 752 prévoit, en outre, que l'assignation indique la constitution de l'avocat du demandeur ainsi que le délai dans lequel le défendeur est tenu de constituer avocat.

Il précise que, le cas échéant, l'assignation mentionne l'accord du demandeur pour que la procédure se déroule sans audience en application de l'article L. 212-5-1 du code de l'organisation judiciaire.

Enfin, l'article 753 vise l'hypothèse que l'assignation soit délivrée dans une procédure sans représentation obligatoire. En effet, l'assignation n'est pas réservée à la procédure écrite avec représentation d'avocat puisqu'elle est devenue le mode de saisine de principe pour toutes les actions. Ainsi, l'article adapte les exigences de forme à cette situation en prévoyant que lorsque la représentation par avocat n'est pas obligatoire, l'assignation contient, à peine de nullité, outre les mentions prescrites aux articles 54 et 56, les nom, prénoms et adresse de la personne chez qui le demandeur élit domicile en France lorsqu'il réside à l'étranger. L'acte introductif d'instance rappelle en outre les dispositions de l'article 832, relatives aux demandes incidentes tendant à l'octroi d'un délai de paiement, et mentionne les conditions dans lesquelles le défendeur peut se faire assister ou représenter, ainsi que, s'il y a lieu, le nom du représentant du demandeur.

Le cas échéant, l'assignation mentionne l'accord du demandeur pour que la procédure se déroule sans audience en application de l'article L. 212-5-1 du code de l'organisation judiciaire.

D. Les requêtes

Il existe deux situations de requêtes, la première est une requête établie par le requérant et la deuxième est une requête établie conjointement par les parties, sur laquelle nous reviendrons quant à son utilisation (Fiche 21).

Ainsi, lorsqu'elle est formée par le demandeur, la requête saisit la juridiction sans que son adversaire en ait été préalablement informé. Lorsqu'elle est remise ou adressée conjointement par les parties, elle soumet au juge leurs prétentions respectives, les points sur lesquels elles sont en désaccord ainsi que leurs moyens respectifs.

Elle contient, outre les mentions communes à tous les modes de saisine, également à peine de nullité :

- lorsqu'elle est formée par une seule partie, l'indication des nom, prénoms et domicile de la personne contre laquelle la demande est formée ou s'il s'agit d'une personne morale, de sa dénomination et de son siège social ;
- un exposé sommaire des motifs de la demande ;
- dans tous les cas, l'indication des pièces sur lesquelles la demande est fondée en autant de copies que de personnes dont la convocation est demandée ;
- elle est datée et signée.

La requête peut mentionner l'accord du requérant pour que la procédure se déroule sans audience en application de l'article L. 212-5-1 du code de l'organisation judiciaire.

Lorsque la requête est formée par voie électronique, les pièces sont jointes en un seul exemplaire.

Lorsque chaque partie est représentée par un avocat, la requête contient, à peine de nullité, la constitution de l'avocat ou des avocats des parties. Elle est signée par les avocats constitués. La formulation est ici peu heureuse car en fait l'on imagine que, dans un premier temps, seul le demandeur aura constitué avocat.

Tout comme l'assignation, la requête vaut conclusions. Aussi peut-on s'interroger sur l'indication d'une présentation « sommaire » des motifs. Si le demandeur souhaite que sa cause soit entendue, il lui appartient au contraire de faire un exposé des plus précis. En fait, sur le fond, la requête ne se distingue pas de l'assignation. Il s'agit toujours d'apporter l'ensemble des éléments qui permettront au juge de trancher le litige.

II. La signification

La question de la signification de l'assignation, c'est-à-dire le fait de notifier au défendeur l'existence du litige et ce qu'on appelle communément « assigner », conduit à étudier ses modalités.

Concernant les modalités de l'assignation, l'objectif est de prévoir des techniques propres à garantir le fait que le défendeur soit informé de l'existence du litige afin qu'il puisse préparer sa défense.

L'huissier doit présenter l'acte à la personne destinataire (art. 654 CPC). Si l'adversaire est une personne morale, la présentation se fait auprès de son représentant légal et à défaut à une personne ayant reçu pouvoir pour recevoir l'acte. À noter que lorsqu'il y a une pluralité de défendeurs, signification doit être faite à chacun d'eux.

L'huissier se rendra en premier au lieu de résidence du destinataire, ce qui est une notion plus souple que celle de domicile. S'il s'agit d'une personne morale, il sera question du siège social ou d'établissement pourvu d'une personne pouvant recevoir l'acte. Mais afin de rendre la démarche plus efficace, l'huissier peut, à défaut, remettre l'acte « quel que soit le lieu » où se trouve le défendeur, « y compris le lieu de travail », malgré les inconvénients que cela peut représenter. À titre d'exception, la loi permet ou impose une signification à domicile élu dans certaines matières.

Lorsque l'huissier n'a pas pu trouver le destinataire, il doit d'abord relater l'ensemble des démarches accomplies pour remettre l'acte à personne. Il peut alors délivrer l'acte à domicile, ou à résidence si la personne n'a pas de domicile connu en France. Deux situations peuvent alors se présenter.

Dans le premier cas, une personne est présente au domicile autre que le destinataire et elle accepte la remise. L'huissier lui remet alors une copie sous enveloppe ne comportant que les noms et adresses du destinataire et le cachet de l'huissier, après avoir obtenu son nom, prénoms et qualité. En outre, il laisse un bordereau indiquant qu'il a remis l'acte à cette personne et précisant la nature de l'acte ainsi que l'identité du demandeur.

Dans le second cas, soit personne n'est présent soit la personne présente refuse l'acte. L'huissier laisse alors un avis de passage au domicile indiquant que le destinataire ou un mandataire spécialement désigné doit venir retirer l'assignation au plus vite à son étude. L'huissier conserve alors l'acte trois mois en son étude.

Dans ces deux hypothèses, l'huissier consigne les démarches accomplies et adresse un courrier simple, le jour même ou le jour ouvrable suivant, reprenant les mentions de l'avis de passage et accompagné de la copie de l'acte.

Encore reste-t-il l'hypothèse dans laquelle le destinataire n'aurait ni domicile, ni résidence ni lieu de travail. Les techniques indiquées n'auraient ici aucune force. L'huissier adresse alors un courrier recommandé et une lettre simple à la dernière adresse connue du destinataire, dans lesquels il relate les efforts fournis pour opérer la remise, assortis d'une copie de l'acte.

Les démarches de l'huissier doivent avoir lieu les jours ouvrables, c'est-à-dire à l'exclusion du dimanche, des jours fériés et chômés, quoique le juge puisse l'autoriser en cas de nécessité. Elles doivent avoir lieu entre six heures et vingt et une heures, sauf là encore dérogation accordée par le juge.

Reste à savoir quand doit-on considérer que l'acte a été remis. La solution varie selon le mode de délivrance.

Si l'acte a été remis à personne, c'est évidemment le jour de la remise qui est retenu.

Si l'acte a été délivré à domicile ou à résidence, c'est alors le jour de remise à la personne sur place. Si l'acte est retourné à l'étude, l'on retient le jour où l'avis de passage a été laissé. Enfin, lorsque les recherches n'ont pu aboutir, c'est le jour du procès-verbal qui est pris en compte.

À noter, que d'autres règles sont prévues pour les significations faites dans les collectivités d'outre-mer autres que des départements et pour les significations à l'étranger.

À noter, enfin, que le décret du 15 mars 2012 permet également de signifier par voie électronique si le destinataire a accepté ce mode de communication. L'article 54 prévoit désormais que lorsqu'elle est formée par voie électronique, la demande comporte également, à peine de nullité, les adresse électronique et numéro de téléphone mobile du demandeur lorsqu'il consent à la dématérialisation ou de son avocat. Elle peut comporter l'adresse électronique et le numéro de téléphone du défendeur.

III. La comparution et l'introduction de l'instance

En ce qui concerne les suites de l'assignation, elles sont de deux ordres. Elle entraîne des conséquences du côté du défendeur et du côté du demandeur. En outre, il convient d'étudier le sort de la requête

Par rapport au défendeur, l'assignation l'invite à comparaître, ce qui ne faut pas confondre avec la comparution personnelle des parties devant le juge. Le défendeur doit donc saisir un avocat de l'affaire, ce dernier informe alors le confrère adverse directement ou par signification et se constitue auprès de la juridiction par un acte mentionnant si le défendeur est une personne physique ses noms, prénoms, profession, domicile, nationalité, date et lieu de naissance et s'il s'agit d'une personne morale, sa dénomination, sa forme et son siège social.

L'assignation laisse un délai de quinze jours au défendeur pour constituer avocat et qu'à défaut un jugement pouvait être rendu contre lui. Toutefois, si cette formule a le mérite d'attirer l'attention sur l'intérêt pour lui de comparaître, elle n'a pas d'efficacité automatique puisqu'il peut en pratique constituer avocat jusqu'à l'audience. L'avocat du défendeur veillera alors à conclure et à communiquer ses conclusions et pièces à son adversaire et à la juridiction dans un délai suffisant pour qu'il y soit répondu. Attention, si une mise en état a eu lieu, aucun ajout ne sera reçu postérieurement à l'ordonnance de clôture.

La question s'est posée de la sanction attachée à un délai de comparution erronée. Dans une affaire, un défendeur demandait l'annulation de l'assignation et celle du jugement rendu. La cour d'appel lui donna raison et fut cassée par la Cour de cassation au motif qu'elle n'avait pas constaté l'existence d'un grief (Civ. 2e, 19 novembre 2009, n° 06-20476, *RTD civ.*, 2010, p. 152, obs. R. Perrot). Pour la Cour, il ne s'agit donc que d'un vice de forme. Mais cette position doit être nuancée. Elle se justifie pleinement dans une procédure classique dans laquelle l'affaire est renvoyée à une audience, laissant ainsi le temps nécessaire au défendeur pour se préparer. Mais dans l'hypothèse d'une procédure d'assignation à jour fixe et si l'affaire a été plaidée lors de cette audience, alors les droits de la défense ne sont plus respectés et une telle solution méconnaîtrait les droits fondamentaux de la contradiction. Les délais servent des nécessités de fond qu'il convient de faire prévaloir.

Par rapport au demandeur, il lui appartient de saisir la juridiction désignée dans les deux mois de l'assignation et au minimum 15 jours avant la date d'audience.

Certes, le défendeur peut également procéder à la saisine mais admettons que ce n'est ni son rôle ni *a priori* son intérêt. À défaut l'assignation sera caduque. Caducité que le juge pourra relever d'office ou sur requête de la partie adverse qui n'a pas à justifier d'un grief.

À l'issue de ces démarches, le greffe enrôle l'affaire, c'est-à-dire que le greffier inscrira l'affaire au répertoire général et constituera un dossier pour la juridiction. Le président de la juridiction distribue alors l'affaire à l'une des chambres, si évidemment il en existe plusieurs, en fonction de la nature de l'affaire.

Le président de la chambre confère de l'état de la cause avec les avocats présents en leur demandant notamment s'ils envisagent de conclure une convention de procédure participative aux fins de mise en état. Lorsque les parties et leurs avocats justifient avoir conclu une convention de procédure participative aux fins de mise en état de l'affaire, le président peut, à leur demande, fixer la date de l'audience de clôture de l'instruction et la date de l'audience de plaidoiries. Il renvoie l'examen de l'affaire à la première audience précitée. À défaut de demande en ce sens, le juge ordonne le retrait du rôle.

Sinon, après avoir pris connaissance du dossier et des positions des avocats, le président de chambre décidera alors si l'affaire peut être jugée en l'état où s'il convient de la confier à une instruction devant le juge de la mise en état.

Si l'affaire est en état d'être jugée, le président renvoie à l'audience de plaidoirie, qui peut être le jour même.

Il renvoie également à l'audience de plaidoirie les affaires dans lesquelles le défendeur ne comparaît pas si elles sont en état d'être jugées sur le fond, à moins qu'il n'ordonne la réassignation du défendeur. Dans tous ces cas, le président déclare l'instruction close. Lorsque les parties ont donné leur accord pour que la procédure se déroule sans audience conformément aux dispositions de l'article L. 212-5-1 du code de l'organisation judiciaire, le président déclare l'instruction close et fixe la date pour le dépôt des dossiers au greffe de la chambre. Le greffier en avise les parties et, le cas échéant, le ministère public et les informe du nom des juges de la chambre qui seront amenés à délibérer et de la date à laquelle le jugement sera rendu (art. 778).

Le président peut aussi décider que les avocats se présenteront à nouveau devant lui, à une date d'audience qu'il fixe, pour conférer une dernière fois de l'affaire s'il estime qu'un ultime échange de conclusions ou une ultime communication de pièces suffit à mettre l'affaire en état (art. 779).

Si l'affaire n'est pas en état, le président renverra l'affaire en mise en état.

Lorsque l'affaire est introduite par requête (art. 758), le requérant en est avisé par tous moyens. Le greffier convoque le défendeur à l'audience par lettre recommandée avec demande d'avis de réception. Outre les mentions prescrites par l'article 665-1, la convocation rappelle les dispositions de l'article 832. La convocation vaut citation. Lorsque la représentation est obligatoire, l'avis est donné aux avocats par simple bulletin. La copie de la requête est jointe à l'avis adressé à l'avocat du défendeur ou, lorsqu'il n'est pas représenté, au défendeur. Évidemment, lorsque l'affaire est portée par une requête conjointe, les parties sont simplement informées par le greffier.

• À retenir

- L'assignation et la requête sont les modes introductifs d'instance.
- La requête peut être conjointe.
- L'assignation est un acte d'huissier propre à garantir la comparution du défendeur.
- L'assignation constitue la demande principale conduisant à plusieurs conséquences notamment au regard de la compétence de la juridiction, de la recevabilité de la demande et des délais de prescription ou de forclusion.
- L'assignation saisit le juge et l'oblige à trancher le litige soumis.

- L'assignation comme la requête valent conclusions. Elles doivent donc contenir les éléments de faits et de droit ainsi que l'énoncé des pièces justifiant des prétentions.
- L'assignation porte mention des parties, de l'avocat du demandeur et de la nécessité pour le défendeur de constituer avocat sans quoi un jugement pourra être rendu contre lui.
- L'assignation comme la requête comportent désormais la date de la première audience.
- Les parties doivent justifier d'une recherche préalable d'une solution amiable dans les cas prévus par le Code.
- L'assignation est délivrée par l'huissier à la personne visée en tout lieu où il se trouve, et à défaut à son domicile ou à l'étude. En l'absence de domicile, de résidence ou encore de lieu de travail, l'huissier adresse un courrier recommandé et une lettre simple au dernier domicile connu.
- L'assignation peut également se faire par voie électronique, si le défendeur a accepté ce mode de communication.
- Le demandeur doit communiquer l'assignation au greffe du tribunal dans les deux mois de l'assignation et au minimum 15 jours avant l'audience.
- Le défendeur doit comparaître, c'est-à-dire constituer avocat.
- Lors de la première audience, il est décidé du circuit que suivra l'affaire selon son état et selon si les parties ont signé une convention participative.

Pour en savoir plus

- DOUCHY, Menut, *Transmission, signification ou notification des actes*, Litec 2002.
- FISCHER, « Diligences requises de l'huissier de justice : les recherches et leur matérialisation nécessaires pour signifier un acte régulièrement », *Dr. et proc.* 2007-6, 308.
- MAUGAIN, SCHREIBER, MOURRE-SCHREIBER, BOLZE, BLERY, KEBIR, TANI, TORRICELLI-CHRIFILE, « réforme de la procédure civile », Dalloz actualité, 20 janvier 2020

POUR S'ENTRAÎNER : QUESTIONS

1. **Qu'est-ce qu'une assignation ?**
2. **Qu'est-ce que comparaître ?**

CORRIGÉ

1. L'assignation est un acte de procédure d'abord spécifique à la procédure devant le tribunal de grande instance avant de devenir l'acte de saisine de principe en procédure civile. L'assignation est l'acte introductif d'instance qui porte les demandes initiales conclues par l'avocat et insérées dans un acte d'huissier que ce dernier a pour mission de délivrer en personne au défendeur, de tout faire pour y parvenir. Si le destinataire ne peut être atteint, l'huissier délivre l'acte au domicile si une personne est présente et accepte l'acte, ou à son étude. Si le destinataire n'a aucun domicile connu, l'huissier l'informe par courrier recommandé et courrier simple à sa dernière adresse connue. L'assignation va interrompre les délais de prescription et de forclusion et fixer la date à laquelle doit être apprécié le droit d'agir de l'auteur ainsi que la compétence de la juridiction par rapport aux demandes.
2. À la différence du sens commun, comparaître ne signifie pas le fait de se présenter devant le juge, on parlerait alors de la comparution personnelle des parties. La comparution est le fait pour le défendeur de se faire représenter dans une procédure. Il s'agit pour lui de constituer avocat, c'est-à-dire de désigner son représentant qui à son tour se fera connaître auprès de son confrère adverse et de la juridiction saisie. Cette constitution doit se faire dans les quinze jours de la délivrance de l'assignation, cette obligation devant figurer à l'acte. Mais la constitution peut en pratique avoir valablement lieu jusqu'au jour de l'audience.

Fiche 8

Les parties à l'instance

- **Définitions**

Accusatoire : catégorie de procédures laissées à l'initiative et à l'action des parties.
Inquisitoire : catégorie de procédures caractérisée par le rôle premier du juge dans l'action et la recherche des preuves.
Ministère public : corps de magistrats chargé de veiller au respect de l'ordre public et de l'intérêt général.

Les parties sont au cœur du procès civil. Procès de nature accusatoire, il ne peut avoir lieu que par l'initiative des parties. Dans le schéma classique du procès, on imagine le demandeur s'opposant au défendeur sous le regard « aveugle » du juge. Mais le procès ne réunit pas nécessairement demandeur et défendeur. Une personne peut s'adresser au juge sans faire grief à quiconque donc sans qu'il y ait de défendeur. À l'inverse, l'instance peut réunir plus que deux personnes, les demandeurs mais surtout les défendeurs peuvent être multiples dès l'origine du procès mais aussi s'accroître en cours d'instance par des interventions volontaires ou forcées. Quelle que soit la configuration de l'instance, les parties devront réunir un certain nombre de qualités **(I)** et respecter une même manière d'agir que nous avons préalablement évoqué (v. Fiches 1 et 2). Par ailleurs, le ministère public reçoit parfois ce rôle de partie au procès civil **(II)**.

I. Les parties privées

Le procès civil est à la disposition des sujets de droit afin de leur permettre de faire respecter leurs prérogatives. Ainsi toute personne a la possibilité d'ester en justice mais elle n'a pas forcément la compétence pour agir devant une juridiction, soit qu'elle ne soit pas compétente en raison de son âge ou de son état de santé, soit que les règles de procédure prévoient une représentation par un professionnel.

A. La compétence

Concernant la compétence, il faut être majeur ou émancipé pour agir personnellement en justice. Les actions du mineur sont menées par ses parents. En outre, il faut pouvoir disposer de ses droits ce qui conduit à ce que les personnes sous tutelle soient représentées par le tuteur. Les personnes sous curatelle peuvent accomplir les actes en justice sous la réserve d'être assistées par leur curateur. De même, l'assignation doit viser à la fois la personne sous curatelle et le curateur. En outre, les personnes sous sauvegarde de justice peuvent agir sauf à voir annuler leurs actes, si elles n'étaient pas saines d'esprit lorsqu'elles ont agi.

L'âge et l'état mental ne sont pas les seules situations justifiant le recours à la représentation. L'absence d'une personne ou encore le fait qu'il s'agisse d'une personne morale nécessite une représentation.

La représentation peut être conférée par la loi, comme c'est le cas des parents, ou par voie conventionnelle, dans les statuts d'une société ou par un contrat de mandat, ou encore décidée par le juge comme lors de l'ouverture d'une procédure.

La représentation au sein du droit Français conduit à expliquer l'adage selon lequel « En France, nul ne plaide par procureur ». La formule signifie littéralement que l'on ne peut se faire représenter en justice. Ce sens premier n'est plus celui actuel. Aujourd'hui, il s'agit d'interdire la dissimulation du mandant. Ainsi le représentant et le représenté doivent apparaître dans les actes de la procédure.

Il convient enfin de mettre cette règle en parallèle avec les situations d'incapacités précédemment évoquées. Ainsi, l'incapable n'a pas à être mentionné sur les actes, seule la mention de son représentant légal suffit, celui-ci agissant en sa qualité de mandataire légal. Ceci permet de comprendre que la contradiction avec l'interdiction de plaider par procureur n'est qu'apparente. En effet, le représentant ayant par l'effet de la loi la capacité d'agir pour le compte de l'incapable, il est bien à l'origine de l'action.

Quant aux sanctions du défaut de mention du demandeur, les nullités pour vice de fond ou pour vice de forme sont possibles. S'il y a un défaut total d'indication du requérant, la nullité sera de fond car il ne peut être vérifié sa capacité à agir. S'il y a une omission ou une erreur portant sur le nom du représentant d'une personne morale, il ne s'agira que d'une nullité de forme.

Au résultat, les parties doivent être indiquées mais elles peuvent être représentées. On parle alors de représentants « *ad litem* ». Le représentant « *ad litem* » peut se combiner avec le représentant légal. Ainsi, un mineur sera représenté par un parent qui lui-même sera représenté par un avocat.

B. La représentation

L'intérêt du représentant « *ad litem* » est d'apporter une meilleure défense des intérêts des personnes devant des juridictions aux procédures complexes et appliquant des droits dont le fonctionnement l'est tout autant. Si nul n'est censé ignorer la loi, chacun perçoit l'utilité de s'associer les services d'un sachant pour mener à bien son action en justice. Le Code va donc jusqu'à imposer cette représentation en fonction de la complexité et des enjeux.

Le décret de 2019 réformant la procédure civile et instituant le tribunal judiciaire a élargi le champ de la représentation obligatoire par avocat (Fiche 7).

Le représentant reçoit un mandat pour agir au nom d'une personne. Les avocats et les huissiers sont réputés avoir reçu ce mandat ce qui les dispense d'avoir à en justifier, réserve faite des actes de disposition. À l'inverse, lorsqu'un texte ouvre la possibilité de se faire représenter par des personnes ayant d'autres qualités (comme c'est le cas devant le TI et les tribunaux de commerce), un mandat exprès est nécessaire.

Certaines procédures excluaient en principe la représentation. C'était le cas devant les conseils de prud'hommes et les tribunaux paritaires des baux ruraux. Les parties ne pouvaient normalement n'y être qu'assistées, là encore par une personne dont la qualité était encore prévue par les textes (pour les conseils de prud'hommes : avocat, conjoint, concubin, parent en ligne directe ou collatérale jusqu'au troisième degré, membre de l'entreprise pour l'employeur, membre de la même profession). Par dérogation, une partie pouvait être représentée, si elle justifiait d'un motif ne lui permettant pas de se présenter à l'audience. Mais, cette logique était contraignante en pratique, imposant la présence des parties alors que celle-ci était souvent peu utile. Dès lors, les textes ont finalement permis la représentation au même titre que l'assistance. Désormais, c'est l'article 762 du Code de procédure civile qui fixe que Lorsque la représentation par avocat n'est pas obligatoire, les parties se défendent elles-mêmes. Les parties peuvent se faire assister ou représenter par :

- un avocat ;
- leur conjoint, leur concubin ou la personne avec laquelle elles ont conclu un pacte civil de solidarité ;
- leurs parents ou alliés en ligne directe ;
- leurs parents ou alliés en ligne collatérale jusqu'au troisième degré inclus ;
- les personnes exclusivement attachées à leur service personnel ou à leur entreprise.

Le représentant, s'il n'est avocat, doit justifier d'un pouvoir spécial.

Le mandat peut être révoqué soit par le mandant, soit par le mandataire.

Lorsque le mandant décide de changer de représentant, il doit informer la juridiction et la partie adverse et veiller à remplacer son mandataire, ou indiquer, si la procédure le permet, qu'il prend en charge sa défense. À défaut, la juridiction et l'adversaire continueront légitimement la procédure en liaison avec le mandataire d'origine.

Lorsque le mandataire renonce au mandat, il en informe son mandant, le juge et la partie adverse. Le mandataire est alors déchargé quand un nouveau représentant est désigné soit par la partie soit par le bâtonnier.

Enfin, quant à la présence des parties à une instance, il faut relever que la situation initiale peut changer. Des personnes à l'origine tiers au procès peuvent avoir à devenir des parties, que cela soit à la demande d'une des parties existantes dans l'intérêt de cette dernière et on parlera alors d'intervention forcée, soit par l'initiative du tiers dans son propre intérêt et il s'agira alors d'une intervention volontaire. Ces événements viennent affecter l'instance, aussi les aborderons-nous au titre des incidents relatifs aux personnes (v. Fiche 13).

II. Le ministère public

Il n'existe de parquet organisé qu'auprès des juridictions de droit commun, tribunal judiciaire, cours d'appel et Cour de cassation. Le procureur de la République intervient devant les juridictions d'exception.

Les attributions du ministère public sont judiciaires ou extrajudiciaires, seules les premières nous intéressent ici. Ces attributions judiciaires se distinguent nettement entre un rôle d'assistance, on parlera de « partie jointe », et un véritable rôle de partie, on parlera alors de « partie principale ».

« Le ministère est partie jointe lorsqu'il intervient pour faire connaître son avis sur l'application de la loi dans une affaire dont il a communication », selon l'article 424 du Code de procédure civile. En effet, le ministère public a la charge en toute matière de défendre l'intérêt de la collectivité et de veiller au respect de l'ordre public. Aussi certaines questions méritent son opinion. Lorsqu'il intervient les parties doivent en être informées par le greffe. Le fait d'être alors amené à donner son avis ne fait pas de lui une partie au procès au sens traditionnel. Par conséquent, son statut dans le procès est particulier, puisqu'il n'est pas tenu au respect du contradictoire, comme les parties ne le sont pas à son égard. Il n'intervient qu'à l'issue des plaidoiries et n'a pas la possibilité de recourir contre les décisions. En outre, il peut être récusé par les parties lorsqu'il est partie jointe.

Mais pour donner son avis, encore faut-il que le ministère public soit informé de l'existence de l'affaire et de son intérêt à l'égard de la société. Plusieurs situations sont possibles.

Tout d'abord, l'article 425 du Code de procédure civile pose des « communications » obligatoires dans certains domaines, comme les questions de filiation, de modification des tutelles des mineurs, des faillites...

Une « communication » facultative est prévue par l'article 426 du Code de procédure civile à l'initiative du ministère public lorsqu'il estime que l'affaire est susceptible d'intéresser sa compétence.

Enfin, le juge peut décider d'informer le ministère public d'une affaire, s'il le juge nécessaire (art. 427 CPC).

Le ministère public fait ensuite connaître son opinion par voie de conclusions écrites ou orales, quand il ne s'en remet pas simplement à la justice. Les textes prévoient alors simplement que ses écritures soient à la disposition des parties avant la clôture de l'audience. Ceci n'est pas favorable à une réponse efficace quand bien même l'article 445 prévoirait la possibilité de déposer une note en délibéré pour y répondre. La Cour de cassation a, toutefois, pu préciser que les conclusions devaient être communiquées dans un temps permettant aux parties d'y répondre utilement (Cass. 1re Civ., 14 janvier 2010, n° 08-21051).

Le ministère public est partie principale lorsqu'il agit pour défendre les intérêts de la société ou d'une personne en particulier qu'il a reçu par la loi mission de défendre. Mais il peut également apparaître en qualité de défendeur lorsque le procès est initié contre lui.

Sa participation au procès suit alors les règles communes à toutes parties, chacune des spécificités mentionnées concernant la jonction au procès disparaissant.

Le domaine de la procédure civile conduit toutefois à ce que cette qualité de partie soit rare. Certaines questions prévoient expressément son intervention. Il en est ainsi en matière de nullité de mariage, de nationalité ou de mesures éducatives. Mais sa compétence ne se limite pas aux cas prévus par la loi et le ministère public peut agir à chaque fois que l'ordre public est en question, ce qui reste globalement une situation très minoritaire relativement à des litiges de droit privé.

• À retenir

- Toute personne a la possibilité d'ester en justice mais elle n'a pas forcément la compétence pour agir devant une juridiction, soit qu'elle ne soit pas compétente en raison de son âge ou de son état de santé, soit que les règles de procédures prévoient une représentation par un professionnel.
- Il faut être majeur ou émancipé pour agir personnellement en justice.
- Les actions du mineur sont menées par ses parents.
- L'absence d'une personne ou encore le fait qu'il s'agisse d'une personne morale nécessite une représentation.
- « En France, nul ne plaide par procureur. »
- Le représentant et le représenté doivent apparaître dans les actes de la procédure.
- Le mandat « *ad litem* » consiste à se faire représenter par un spécialiste de la question, en principe un auxiliaire de justice et le plus souvent un avocat.
- Le mandat peut être révoqué soit par le mandant soit par le mandataire.
- Le ministère est partie jointe lorsqu'il intervient pour faire connaître son avis sur l'application de la loi dans une affaire dont il a communication.
- Le ministère public est partie principale lorsqu'il agit pour défendre les intérêts de la société ou d'une personne en particulier qu'il a reçu par la loi mission de défendre.

Pour en savoir plus

- DIDIER, *La Représentation en droit privé*, thèse Paris II, LGDJ 2000.
- CADIET et LORIFERNE (dir.), *La pluralité des parties*, IRJS éditions, 2013.
- LANZARA, « Les règles de procédure civile à l'épreuve de la pluralité de parties », *D.* 2015, 2520.

POUR S'ENTRAÎNER : QUESTIONS

1. **Quelles sont les qualités requises pour être partie à l'instance ?**
2. **Quand le ministère public peut-il être partie à l'instance ?**

CORRIGÉ

1. Si, sur le principe, toute personne peut défendre ses intérêts en justice, des règles ont été aménagées afin de permettre une intervention efficace, soit au travers de règles protégeant le sujet de droit faible, soit en organisant la représentation des personnes morales. Ainsi, les mineurs et les incapables sont représentés dans leurs actions en justice par les parents, conseils de familles, tuteurs ou encore assistées par un curateur afin de garantir l'efficacité des procédures entreprises. De même, les personnes morales doivent être incarnées au travers d'un représentant pour que leur voix soit entendue devant les juridictions.
2. La procédure civile n'est pas le domaine privilégié d'intervention du ministère public. Les intérêts privés qui sont la matière de son contentieux s'opposent par nature à l'intérêt général défendu par le ministère public. Toutefois, ce dernier peut avoir à connaître de ces litiges. Son intervention peut se faire afin d'apporter son opinion et la position de la société dans une affaire pouvant l'intéresser. On dit alors que le ministère public est partie jointe. Mais la véritable intervention en qualité de partie est celle où le ministère public intervient à titre principal, particulièrement sur des questions de nullité de mariage, de nationalité ou de mesures éducatives, mais toute question intéressant l'ordre public peut réclamer son intervention.

Fiche 9

La mise en état, communication électronique et procédure participative

I. Le recours à la mise en état
II. Les pouvoirs du juge de la mise en état
III. La communication électronique
IV. La clôture de la mise en état
V. La procédure participative

- **Définitions**

Mise en état : instruction du dossier par un magistrat de la formation de jugement afin de le mettre en état d'être jugé et donc renvoyé en audience de plaidoiries.

Circuit court : expression désignant le renvoi de l'affaire à l'audience de plaidoiries sans mise en état.

Circuit long : expression désignant la procédure habituelle devant le TGI avec phase de mise en état.

Radiation : retrait du rôle de l'affaire afin de sanctionner le manque de diligences, la passivité des parties. Il s'agit d'une mesure d'administration judiciaire.

La complexité des dossiers conduit à ce que l'introduction de l'instance ne puisse donner lieu directement à la plaidoirie. Aussi, a-t-il été prévu, d'abord de manière expérimentale puis élargie, le recours à une phase d'instruction propre aux matières civiles. Cette phase est sans rapport avec l'instruction prévue par la matière pénale. De même, nous n'envisagerons ici que la phase en elle-même, c'est-à-dire son organisation et non les moyens d'instructions, à savoir les mesures d'instructions (v. Fiches 18 et 19). En effet, ces mesures ne sont pas propres à une phase d'instruction dans le procès civil. Cette phase prend la dénomination de « mise en état ». Il s'agit de charger un magistrat de la formation compétente pour qu'il veille à ce que le dossier, restant conduit par les parties, se trouve « en état » d'être présenté à la formation de jugement. Trois aspects de la mise en état doivent être distingués. Il convient tout d'abord d'expliquer le recours à la mise en état et de présenter ses objectifs **(I)**. Les objectifs supposent des moyens donnés au juge en charge de la mise en état **(II)**.

Prévue comme une possibilité depuis le décret n° 2005-1678 du 28 décembre 2005, la communication par voie électronique s'est développée suite aux arrêtés du 7 avril 2009 pour les TGI et du 24 décembre 2012 pour les tribunaux d'instances. Elle est devenue obligatoire devant le TGI pour les procédures avec représentation obligatoire avec le décret n° 2017-892 du 6 mai 2017. Ceci justifie son étude **(III)**. Ceci sera également vrai pour la procédure d'appel avec le décret du 30 mars 2011 (v. Fiche 35). Enfin, un intérêt particulier doit être porté à la clôture de cette phase (IV). Ceci vaut pour la préparation de l'affaire en vue d'une décision judiciaire, mais les parties sont, par ailleurs, encouragées à trouver une issue amiable à leur différend par le recours à une convention de procédure participative. Il convient d'observer comment cette procédure s'insère à la mise en état de l'affaire (V).

I. Le recours à la mise en état

Ce recours n'est pas automatique. Il se distingue d'autres options ouvertes lors du premier appel du dossier à la cause, c'est-à-dire lors de la première présentation du dossier devant la juridiction. En outre, la mise en état poursuit un objectif de bonne justice, dont sa dénomination même indique le sens, à savoir faire en sorte que le dossier soit en état d'être présenté devant la formation de jugement. Ces deux aspects doivent être expliqués.

A. Le recours à la mise en état

Concernant la décision de recourir à la mise en état, le fait qu'il s'agisse d'une décision de la juridiction démontre qu'il n'y a ici rien d'automatique. Suite à l'introduction de l'instance, l'affaire est appelée, c'est-à-dire que les parties sont appelées à comparaître devant le juge, afin de lui être présentée. Au regard de l'état du dossier, plusieurs options s'offrent alors à la juridiction.

Première option : les parties et leurs avocats ont conclu une convention de procédure participative aux fins de mise en état de l'affaire, le président peut, à leur demande, fixer la date de l'audience de clôture de l'instruction et la date de l'audience de plaidoiries. Il renvoie l'examen de l'affaire à la première audience précitée. À défaut de demande en ce sens, le juge ordonne le retrait du rôle.

Deuxième option : le dossier est prêt à être plaidé, chacune des parties ayant communiqué ses éléments de fait et de droit. Cette hypothèse, qui vise essentiellement les affaires simples et aux enjeux limités, permet au juge de fixer directement une date d'audience pour la plaidoirie, cette audience pouvant se tenir le jour même si l'agenda de la juridiction le permet. On parle de circuit court.

Il renvoie également à l'audience de plaidoirie les affaires dans lesquelles le défendeur ne comparaît pas si elles sont en état d'être jugées sur le fond, à moins qu'il n'ordonne la réassignation du défendeur. Dans tous ces cas, le président déclare l'instruction close. Lorsque les parties ont donné leur accord pour que la procédure se déroule sans audience conformément aux dispositions de l'article L. 212-5-1 du code de l'organisation judiciaire, le président déclare l'instruction close et fixe la date pour le dépôt des dossiers au greffe de la chambre. Le greffier en avise les parties et, le cas échéant, le ministère public et les informe du nom des juges de la chambre qui seront amenés à délibérer et de la date à laquelle le jugement sera rendu (art. 778).

Seconde hypothèse, celle du circuit moyen, par laquelle le dossier n'est pas complètement en état mais ne mérite pas non plus la désignation d'une mise en état. La juridiction accorde un délai aux parties pour mettre une touche finale à leurs échanges et les convoque donc à une nouvelle audience lors de laquelle le juge devrait constater que les diligences ont été faites et ainsi pouvoir fixer la date d'audience pour plaidoirie (art 779).

Enfin, se trouve la mise en état de l'affaire, correspondant au circuit long. Le dossier n'est pas prêt pour être plaidé et jugé. Il convient de désigner un magistrat qui aura la charge d'organiser les échanges entre les parties afin de mettre le dossier en état d'être plaidé et jugé. Le magistrat qui décide de la mise en état décide de la date d'audience de la mise en état.

Le magistrat désigné est membre de la formation en charge de l'affaire mais le Code de procédure civile est resté taisant concernant le moment qui doit être retenu pour considérer que le juge de la mise en état est en charge dossier. Cette question est pourtant d'importance au regard des pouvoirs qui lui sont attribués et surtout du fait qu'il devient alors seul compétent pour traiter de nombreux points pouvant être soulevés par les parties.

B. Les missions du juge de la mise en état

En ce qui concerne les missions du juge de la mise en état, elles sont déterminées par deux aspects.

Tout d'abord, et c'est ici la raison d'être du mécanisme, le juge de la mise en état va contrôler cette phase d'instruction particulière. L'article 780 du Code de procédure civile indique qu'il « a mission de veiller au déroulement loyal de la procédure, spécialement à la ponctualité de l'échange des conclusions et de la communication des pièces ». Rappelons que s'agissant d'une procédure contradictoire, la progression du procès est à la charge des parties. Le juge de la mise en état n'est donc en rien un magistrat instructeur de l'affaire mais simplement un cadre institué en vue d'éviter les lenteurs constatées chez les parties, lenteurs nuisibles aux exigences du procès équitable et encombrant les tribunaux, et d'assurer une communication loyale, c'est-à-dire respectueuse du contradictoire.

Ensuite, le juge de la mise en état est au fil du temps devenu un prolongement de la formation de jugement, la manifestation du pouvoir judiciaire lors de l'instruction. Ainsi s'est-il vu recevoir compétence pour trancher les questions de procédure, particulièrement au regard des exceptions de procédure et, désormais, les fins de non-recevoir. En outre, il a reçu compétence en matière de référé. Ces solutions ressortent d'une démarche pragmatique consistant à mettre entre les mains du magistrat en contact avec les parties et connaissant le dossier la charge de répondre aux demandes des parties naissant de l'instruction.

Afin de remplir ces missions, un certain nombre de pouvoirs ont été accordés au juge de la mise en état.

II. Les pouvoirs du juge de la mise en état

Nous présenterons les pouvoirs du juge de la mise en état tout d'abord au regard de sa mission première de mise en état du dossier selon un critère de progression dans l'intensité, ensuite par rapport à ses missions annexes.

A. La mission d'encadrement de la préparation de l'affaire

Premier pouvoir, celui d'entendre les parties, même d'office, et ce contradictoirement sauf à ce qu'une partie ne se présente pas (art. 784). C'est la première condition pour qu'il puisse remplir sa mission, celle-ci nécessitant une discussion entre les parties ou leur représentant «*ad litem*» (art. 780 CPC) et le juge de la mise en état afin qu'il puisse avoir une vision précise de l'état d'avancement du dossier. Il peut ainsi obtenir directement les informations dont il a besoin et réaliser ses autres missions.

Par cet échange avec les parties, il pourra constater une conciliation ou même tenter de les concilier comme l'article 785 du Code de procédure civile lui en donne le pouvoir, conciliation totale ou partielle. Le procès-verbal de conciliation pourra, afin d'être efficace, obtenir l'exécution forcée. Il pourra également homologuer un accord qui interviendrait, lui donnant ainsi force exécutoire. Il peut, en outre, désigner un médiateur.

Surtout, il pourra adresser des «invitations» aux avocats des parties, procédé courtois pour les rappeler à leurs obligations procédurales. Il s'agit, en effet, de leur demander de conclure sur les moyens qui n'en auraient pas encore fait l'objet, de fournir les explications de fait et de droit, nécessaires par l'entremise de conclusions et d'un bordereau de pièces conforment aux exigences de l'article 768 du Code de procédure civile (art. 782). De même, il peut les inviter à communiquer les pièces visées dans les écritures ou sollicitées par la partie adverse. Enfin, il peut aller jusqu'à les inviter, si ce n'est les inciter, à mettre en cause tous les intéressés dont la présence lui paraît nécessaire à la solution du litige (art. 786 CPC).

Si ces invitations ne suffisent pas à faire réagir les avocats, elles peuvent prendre un caractère impératif. Le juge de la mise en état dispose, en effet, d'un pouvoir d'injonction (art. 780). Il fixe alors des délais aux parties pour remplir leurs obligations en termes de communications d'écritures ou de pièces. Afin de déterminer ces délais, l'article 781 du Code de procédure civile précise que le juge de la mise en état prend en compte la nature, l'urgence et la complexité de l'affaire. De même, le juge de la mise en état doit au préalable solliciter l'avis des avocats, afin de se déterminer au plus juste sur la réalité du dossier. Il fixe alors le calendrier des échanges. Le calendrier doit être respecté et il ne peut y être dérogé qu'en cas de cause grave et légitime. Si aucune partie n'a respecté les injonctions qui lui étaient faites, ce sera la radiation qui sera prononcée, le juge considérant que chaque partie s'est désintéressée du procès. Ce dernier ne peut suivre son processus sans la volonté des parties.

B. Les missions annexes

À côté de cette mission d'encadrement, le juge de la mise en état a le pouvoir de procéder aux jonctions et disjonctions d'instance (art. 783 CPC).

Surtout, il peut prendre, même d'office, toute mesure d'instruction dont il contrôle l'exécution (art. 796). Depuis le décret du 24 décembre 2012, un juge chargé du contrôle des mesures d'instructions est alors compétent pour le suivi des mesures prononcées par le juge de la mise en état, sauf si celui-ci en décide autrement (v. Fiche 19).

Il alloue une provision sur le procès ou accorde une provision au créancier lorsque celle-ci n'est pas sérieusement contestable et prononce des mesures provisoires à l'exception des saisies conservatoires, des hypothèques et des nantissements. La condition est que la demande soit postérieure à sa désignation et antérieure à son dessaisissement, à savoir l'ouverture des débats. Mais il peut modifier les décisions antérieures à sa désignation, si cela lui est demandé (art. 789). En somme, il joue le temps de sa saisine également le rôle de juge des référés. Sa capacité à prononcer des mesures provisoires ou conservatoires n'est pas entamée par l'introduction d'une question prioritaire de constitutionnalité (art. 23-2 L. org. 10 décembre 2009).

Par ailleurs, son pouvoir concernant les irrégularités n'a cessé de s'étendre. D'abord compétent pour connaître de certaines exceptions de procédure, il est depuis le décret du 28 décembre 1998 compétent pour toutes les exceptions. Pour autant, en principe, les décisions du juge de la mise en état n'avaient pas l'autorité de la chose jugée.

Depuis le décret du 20 août 2004, le juge de la mise en état est désormais compétent pour les incidents mettant fin à l'instance, que cela soit à titre principal (désistement d'instance, péremption ou caducité) (art. 385 CPC) ou à titre accessoire (transaction, désistement d'action, acquiescement ou encore décès de l'une des parties lorsque l'action n'est pas transmissible) (art. 384 CPC). Or, le prononcé de l'extinction ne peut se concevoir qu'assorti de l'autorité de la chose jugée.

C'est pourquoi le décret du 28 décembre 2005 est venu préciser qu'en ces matières (exceptions de procédure et incidents mettant fin à l'instance) les décisions du juge de la mise en état avaient autorité de la chose jugée.

Avec le décret de 2019, le juge de la mise en état se trouve également compétent relativement aux fins de non-recevoir. L'article 789 6° prévoit le mécanisme. Ainsi, lorsque la fin de non-recevoir nécessite que soit tranchée au préalable une question de fond, le juge de la mise en état statue sur cette question de fond et sur cette fin de non-recevoir. Toutefois, dans les affaires qui ne relèvent pas du juge unique ou qui ne lui sont pas attribuées, une partie peut s'y opposer. Dans ce cas, le juge de la mise en état renvoie l'affaire devant la formation de jugement, le cas échéant sans clore l'instruction, pour qu'elle statue sur cette question de fond et sur cette fin de non-recevoir. Il peut également ordonner ce renvoi s'il l'estime nécessaire. La décision de renvoi est une mesure d'administration judiciaire. Le juge de la mise en état ou la formation de jugement statuent sur la question de fond et sur la fin de non-recevoir par des dispositions distinctes dans le dispositif de l'ordonnance ou du jugement. La formation de jugement statue sur la fin de non-recevoir même si elle n'estime pas nécessaire de statuer au préalable sur la question de fond. Le cas échéant, elle renvoie l'affaire devant le juge de la mise en état.

L'article 794 résume, désormais, les cas dans lesquels les décisions du juge de la mise en état ont l'autorité de la chose juges : exceptions de procédure, fins de non-recevoir et question de fond y étant liés, incidents mettant fin à l'instance).

Le juge de la mise en état prononce ses invitations et ses injonctions par simple mention au dossier. Pour les autres matières d'intervention, il statue par ordonnance motivée. L'opposition n'est pas ouverte à l'égard de ces ordonnances et l'appel ou le pourvoi ne sont, en principe, possibles qu'avec le jugement au fond.

Toutefois, certaines décisions permettent un appel dans les quinze jours à compter de leur notification (art. 795 CPC).

Il s'agit des décisions en matière d'exception de procédure, ou d'incidents mettant fin à l'instance, les fins de non-recevoir, les sursis à statuer, les expertises ainsi que le prononcé de mesures provisoires en matière de divorce ou de séparation de corps, d'expertise (pour une demande de nullité de l'expertise, V. Civ. 2e, 31 janvier 2013, n° 10-16910 et Civ. 1re, 3 avril 2014, n° 12-21484) ou de provisions lorsque leur montant dépasse le taux de compétence en dernier ressort. À noter que dans un premier temps (Civ. 2e, 18 décembre 2008, n° 07-20599) la Cour avait indiqué que cela ne visait que les ordonnances mettant effectivement fin à l'instance pour dans un second temps (Civ. 2e, 11 juillet 2013, n° 12-15994) revenir sur cette position et affirmer que le recours en appel était possible contre l'ordonnance, même lorsqu'elle ne met pas fin à l'instance, si elle statue sur un incident de nature à y mettre fin. La nouvelle rédaction (art. 795) issue du décret de 2019 intègre cette précision en faisant référence « Elles statuent sur un incident mettant fin à l'instance, elles ont pour effet de mettre fin à celle-ci ou elles en constatent l'extinction ».

À noter, enfin, que les demandes adressées au juge de la mise en état le sont par des conclusions qui lui sont spécialement adressées, qui sont donc distinctes des conclusions sur le fond (Civ. 2e, 12 mai 2016, n° 14-28086). Cette précision était d'abord jurisprudentielle, le Code de procédure civile ne prévoyant rien pour le juge de la mise en état alors même qu'il prévoyait ce mécanisme en appel (art. 914 CPC). L'art 49 du décret n° 2017-891 corrige cette incohérence en créant un article 791 explicitant cette obligation de distinguer les conclusions.

III. La communication électronique

L'article 748-1 du Code de procédure civile dispose que: « les envois, remises et notifications des actes de procédure, des pièces, avis, avertissements ou convocations, des rapports, des procès-verbaux ainsi que des copies et expéditions revêtues de la formule exécutoire des décisions juridictionnelles peuvent être effectués par voie électronique dans les conditions et selon les modalités fixées par le présent titre, sans préjudice des dispositions spéciales imposant l'usage de ce mode de communication ». Il s'agissait d'abord d'une possibilité, celle-ci devant devenir à terme une obligation. La communication pour être possible doit répondre aux conditions posées par le Code mais ceci n'est pas suffisant et la mise en œuvre nécessite que des conventions soient établies entre les utilisateurs afin de déterminer l'exact fonctionnement du dispositif (art. 748-2).

Concernant les conditions légales, « les procédés techniques utilisés doivent garantir, dans des conditions fixées par arrêté du garde des Sceaux, ministre de la Justice, la fiabilité de l'identification des parties à la communication électronique, l'intégrité des documents adressés, la sécurité et la confidentialité des échanges, la conservation des transmissions opérées et permettre d'établir de manière certaine la date d'envoi et celle de la réception par le destinataire » selon l'article 748-6. Dès lors, l'utilisation de ce dispositif vaut signature électronique. En outre, le destinataire, sauf si la loi l'y oblige, doit consentir à la communication électronique. Ces éléments renvoient déjà à la nécessaire passation de conventions entre usagers. En outre, la réception de la communication doit donner lieu à un avis électronique de réception adressé par le destinataire, indiquant la date voire l'heure de réception. L'article 748-3 al. 3 précise que « cet avis tient lieu de visa, cachet et signature ou autre mention de réception qui sont apposés sur l'acte ou sa copie lorsque ces formalités sont prévues par le présent code ». Le recours à cet outil permet de se dispenser de l'envoi en plusieurs exemplaires et il n'est évidemment plus question de restitution des éléments matériels.

Pour autant, les documents papiers ne disparaissent pas totalement puisque le juge peut toujours exiger la production papier de l'original. En effet, ceci peut être nécessaire pour apprécier l'authenticité. Toujours dans un souci de pragmatisme, le Code prévoit la possibilité d'exiger une remise papier du jugement assorti de la formule exécutoire.

Concernant la dimension conventionnelle, elle permet de préciser les modalités du recours à la communication électronique et intervient donc entre le président de la juridiction et le bâtonnier. Elle engage alors l'ordre et la juridiction mais ne peut engager les avocats extérieurs au barreau. Ceci serait contraire à l'article 748-2 sur l'accord du destinataire. La question s'est posée de savoir si le fait pour un avocat d'être inscrit sur le réseau virtuel devait être considéré comme une acceptation de son utilisation pour toutes les procédures ou s'il fallait obtenir son accord exprès à chaque nouveau dossier. Le décret du 11 mars 2015 sur la simplification de la procédure civile (n° 2015-282) tranche cette question discutée en jurisprudence en modifiant la rédaction de l'article 748-2. Ainsi, vaut consentement l'adhésion à un réseau de communication électronique.

Par ailleurs, l'objectif est désormais de communiquer avec les parties par mail et les articles 748-8 et 748-9 ont été organisés en ce sens. L'article 748-9 reprend un mécanisme de 2015 prévoyant la possibilité de transmettre les avis, convocations et récépissés aux personnes morales qui avaient donné leur mail. L'article 748-8 étend le dispositif aux personnes physiques avec la création d'un « portail du justiciable », à condition que le destinataire y ait consenti, celui-ci étant informé de l'arrivée du nouveau message par mail comme cela fonctionne déjà avec le RPVA pour les avocats. La différence avec les personnes morales est l'existence d'une plate-forme dédiée alors que l'article 748-9 prévoit simplement une notification par mail.

Reste que l'utilisation des réseaux pose encore de difficultés pratiques et génère son propre contentieux et ce d'autant qu'une meilleure adéquation entre le RPVJ et le RPVA est nécessaire pour une bonne compréhension entre les juridictions et les avocats. Ainsi, il peut arriver qu'un avocat oublie la pièce jointe de son message, à savoir ses conclusions. La question s'est posée de la possibilité de corriger cet oubli. La Cour de cassation a posé deux conditions, qu'un nouvel envoi soit fait avant la clôture de la mise en état et qu'il y ait une indication claire de la présence des conclusions dans le nouveau message (Civ. 2e, 7 janvier 2016, n° 14-28887).

IV. La clôture de la mise en état

Deux cas de figure vont conduire à la clôture de l'instruction.

Dans la première hypothèse, l'affaire se trouve en état d'être plaidée et le président de chambre ou le juge de la mise en état, s'il en a reçu délégation, déclare l'instruction close et rend une ordonnance en ce sens, non motivée et insusceptible de recours (art. 798 CPC).

Mais la clôture peut également être prononcée comme une sanction de la passivité d'une partie soit à la demande de l'adversaire soit d'office par le juge. Cette option prévue à l'article 799 du Code de procédure civile est une simple faculté pour le juge par décision motivée, mais insusceptible de recours.

Si la passivité concerne l'ensemble des parties, ce sera, par contre, la radiation de l'affaire, par ordonnance motivée et toujours insusceptible de recours (art. 801 CPC).

L'intérêt de l'ordonnance de clôture est de figer l'état du dossier ce qui implique qu'aucune pièce ou aucunes conclusions ne puissent être déposées ultérieurement (art. 802 CPC).

Toutefois ce principe connaît des exceptions, le même article prévoit tout d'abord que s'agissant des demandes en intervention volontaire, celles relatives aux loyers, arrérages, intérêts et autres accessoires échus et aux débours si leur décompte ne peut faire l'objet d'aucune contestation sérieuse, ces demandes peuvent être reçues.

Par ailleurs, l'ordonnance peut être révoquée si un élément nouveau, c'est-à-dire postérieur à la clôture, et grave s'est révélé. Précisons que la constitution d'avocat ne constitue pas en soi une cause de révocation. Ainsi, il conviendra de faire une demande de révocation de l'ordonnance de clôture.

Sont également recevables les conclusions qui tendent à la reprise de l'instance en l'état où celle-ci se trouvait au moment de son interruption.

Enfin, si une demande en intervention volontaire est formée après la clôture de l'instruction, l'ordonnance de clôture n'est révoquée que si le tribunal ne peut immédiatement statuer sur le tout.

La jurisprudence a ajouté une exception à l'irrecevabilité des conclusions postérieurement à l'ordonnance de clôture. Afin de garantir le respect du contradictoire, sont recevables les conclusions postérieures ayant pour objet de demander le rejet de conclusions déposées avant la clôture mais tardivement et donc sans laisser la possibilité d'y répondre. Celles-ci sont recevables sans qu'il soit besoin de rouvrir l'instruction (Civ. 1re, 18 décembre 2014, n° 13-19896). Mais les pièces produites la veille de l'ordonnance de clôture peuvent être écartées des débats, quand bien même les conclusions qui en constituaient le support avaient été déclarées recevables (Civ. 2e, 6 décembre 2018, n° 17-17557). Alors qu'à l'inverse, si les conclusions sont irrecevables, les pièces sont automatiquement irrecevables (Ass. Plén., 5 décembre 2014, n° 13-27501).

Quant à savoir qui décide de la réouverture de l'instruction, il s'agit du juge de la mise en état tant que l'affaire n'est pas plaidée, car il n'est dessaisi que par l'ouverture des débats. Il s'agira donc du président d'audience lors de débats.

Enfin, dans le but de limiter les risques de demande de révocation, la durée de la période entre l'ordonnance de clôture et l'ouverture des débats doit être la plus réduite possible. La date d'audience est fixée par le président de chambre ou par délégation par le juge de la mise en état (art. 799).

Le juge de la mise en état fait un rapport oral de l'affaire à l'audience avant les plaidoiries. Exceptionnellement, le rapport peut être fait par le président de la chambre ou un autre juge qu'il désigne.

Le rapport expose l'objet de la demande et les moyens des parties, il précise les questions de fait et de droit, soulevées par le litige et fait mention des éléments propres à éclairer le débat, sans faire connaître l'avis du magistrat qui en est l'auteur (art. 804).

Le juge de la mise en état ou le magistrat chargé du rapport peut, si les avocats ne s'y opposent pas, tenir seul l'audience pour entendre les plaidoiries (art. 805).

V. La procédure participative

La convention de procédure participative qui a pour objet de trouver une issue amiable à un différend est prévue par les articles 2062 à 2068 du Code civil. Elle peut être conclue avant la saisine du juge mais également au cours de l'instance, ce qui conduit à s'intéresser à sa combinaison avec la mise en état.

Rappelons en introduction les éléments essentiels de ce dispositif. La convention a pour objet de chercher un accord que le juge soit saisi ou non de l'instance. Elle peut également viser à mettre l'affaire en état d'être jugée évitant ainsi le passage par le juge de la mise en état. Les parties sont assistées de leurs avocats et la convention est conclue pour une durée déterminée pour les droits dont elles ont la disposition. Son objet et ses modalités y sont définis.

La convention de procédure participative est, à peine de nullité, contenue dans un écrit qui précise :

1. Son terme ;
2. L'objet du différend ;
3. Les pièces et informations nécessaires à la résolution du différend ou à la mise en état du litige et les modalités de leur échange ;
4. Le cas échéant, les actes contresignés par avocats que les parties s'accordent à établir, dans des conditions prévues par décret en Conseil d'État.

L'article 2065 alinéa 2 prévoit que pendant l'exécution de la convention : « En cas d'urgence, la convention ne fait pas obstacle à ce que des mesures provisoires ou conservatoires soient demandées par les parties. » Les parties peuvent donc saisir le juge en cours de négociation. Sinon, l'existence de la convention interdit de saisir la juridiction sauf à ce qu'une partie ne la respecte pas (art. 2065 Code civil).

« Les parties qui, au terme de la convention de procédure participative, parviennent à un accord réglant en tout ou partie leur différend peuvent soumettre cet accord à l'homologation du juge. Lorsque, faute de parvenir à un accord au terme de la convention conclue avant la saisine d'un juge, les parties soumettent leur litige au juge, elles sont dispensées de la conciliation ou de la médiation préalable le cas échéant prévue » sauf en matière prud'homale (art. 2066 Code civil). Ajoutons que la saisine du juge suite à une convention relative à un divorce suit les règles propres à cette matière (art. 2067 Code civil).

Au regard de la procédure, lorsque les parties et leurs avocats justifient avoir conclu une convention de procédure participative aux fins de mise en état, le juge peut, à leur demande, fixer la date de l'audience de clôture de l'instruction et la date de l'audience de plaidoiries. Il renvoie l'examen de l'affaire à la première audience précitée. À défaut de demande en ce sens, le juge ordonne le retrait du rôle (art. 1546-1 CPC).

Ce dispositif était, dans sa première version, incomplet car s'il suspendait l'instance, il ne l'interrompait pas et le délai de péremption continuait à courir (Fiche 16). Ceci était d'autant plus regrettable que la difficulté avait été vue puisque prise en compte à l'article 1546-2 en matière de procédure d'appel, article dont l'application a été différée au 1er septembre 2017. Celui-ci prévoit que l'information donnée au juge interrompt les délais impartis pour conclure et former appel incident jusqu'à l'information donnée de l'extinction de la procédure participative. Il aurait été judicieux de faire de même pour la mise en état en première instance. Le décret du 11 décembre 2019 modifie la rédaction de l'article 392 en prévoyant qu'un nouveau délai court à compter de l'extinction de la convention de procédure participative aux fins de mise en état.

Autre précision apportée, La signature d'une convention de procédure participative aux fins de mise en état vaut renonciation de chaque partie à se prévaloir d'une fin de non-recevoir, de toute exception de procédure et des dispositions de l'article 47 du code relatives à la situation où le juge est partie à l'affaire, à l'exception de celles qui surviennent ou sont révélées postérieurement à la signature de la convention de procédure participative (art. 1546-1 CPC).

Dans le cadre de la convention, mais aussi hors de la convention, le Code prévoit que les avocats peuvent conjointement établir des actes de procédure.

En ce qui concerne la convention participative, l'article 1546-3 vise les hypothèses de ces actes de procédure par avocats par lesquels les parties peuvent notamment :

1. Énumérer les faits ou les pièces qui ne l'auraient pas été dans la convention, sur l'existence, le contenu ou l'interprétation desquels les parties s'accordent ;
2. Déterminer les points de droit auxquels elles entendent limiter le débat, dès lors qu'ils portent sur des droits dont elles ont la libre disposition ;
3. Convenir des modalités de communication de leurs écritures ;
4. Recourir à un technicien selon les modalités des articles 1547 à 1554 ;
5. Désigner un conciliateur de justice ou un médiateur ayant pour mission de concourir à la résolution du litige. L'acte fixe la mission de la personne désignée, le cas échéant, le montant de sa rémunération et ses modalités de paiement ;
6. Consigner les auditions des parties, entendues successivement en présence de leurs conseils, comportant leur présentation du litige, leurs prétentions, les questions de leurs avocats ainsi que leurs réponses et les observations qu'elles souhaitent présenter ;
7. Consigner les déclarations de toute personne acceptant de fournir son témoignage dans le respect de l'article 202 ;
8. Consigner les constatations ou avis donnés par un technicien recueillies ensemble par les avocats.

Selon l'article 1555, la procédure participative s'éteint par :
1. L'arrivée du terme de la convention de procédure participative ;
2. La résiliation anticipée et par écrit de cette convention par les parties assistées de leurs avocats ;
3. La conclusion d'un accord mettant fin en totalité au différend ou au litige ou l'établissement d'un acte constatant la persistance de tout ou partie de celui-ci ;
4. L'inexécution par l'une des parties, de la convention ;
5. La saisine du juge, dans le cadre d'une procédure participative aux fins de mise en état, aux fins de statuer sur un incident, sauf si la saisine émane de l'ensemble des parties.

À l'issue de la convention, qu'elle est pour objet la mise en état ou de trouver un accord, si un accord total est trouvé, celui-ci est soumis au juge (art. 1557 CPC). Rappelons que l'affaire a normalement été radiée. Il faudra donc demander une réinscription au rôle. Si les parties avaient demandé une date soit pour la fin de la mise en état soit pour le jugement, le résultat de la convention doit être présenté soit à la première soit à la seconde de ces dates.

À défaut d'accord total, lorsque la juridiction était déjà saisie, l'affaire est rétablie à la demande de l'une des parties. Cette demande est accompagnée de la convention et des pièces qui ont été échangées dans le cadre de la négociation. Les points d'accord et ceux encore litigieux sont indiqués dans la demande. Logiquement, elle précise également les moyens de fait et droit des parties ainsi que les pièces aux soutiens de ces points litigieux. Rien n'interdit à ce que de nouveaux échanges et moyens soient présentés par la suite.

Dans les cas où la juridiction n'avait pas encore été saisie, l'affaire est renvoyée directement en formation de jugement (sauf en matière prud'homale qui doit respecter la phase de conciliation et en matière de divorce) (art. 1558 et 1559 CPC). Il est interdit aux parties de modifier leurs prétentions, « si ce n'est pour actualiser le montant d'une demande relative à une créance à exécution successive, opposer un paiement ou une compensation ultérieure ou faire juger les questions nées de l'intervention d'un tiers ou de la survenance ou de la révélation d'un fait postérieur à l'établissement de l'accord. Les parties ne peuvent modifier le fondement juridique de leur demande ou soulever de nouveaux moyens qu'en vue de répondre à l'invitation du juge de fournir les explications de fait ou de droit qu'il estime nécessaires à la solution du litige. » (art. 1561 CPC).

Enfin, si aucun accord n'est trouvé, l'avocat de la partie la plus diligente dispose de trois mois à compter du terme de la convention pour saisir la juridiction par requête en informant la partie adverse et son avocat et en l'informant de la nécessité de se constituer dans les 15 jours si la procédure se tient devant le tribunal judicaire.

- **À retenir**

- La mise en état n'est pas automatique, elle dépend de la complexité du dossier.
- Le juge de la mise en état est un magistrat appartenant à la formation de jugement.
- Son rôle est de veiller au déroulement loyal et prompt des échanges entre les parties.
- Il peut prendre des mesures d'instructions et des mesures provisoires.
- Il décide de la clôture de l'instruction soit que l'affaire soit en état d'être jugée soit qu'une partie n'ait pas réalisé les actes demandés dans les délais.
- Aucune communication n'est possible postérieurement à cette clôture.
- Une convention de procédure participative peut conduire au retrait de l'affaire le temps qu'un accord soit recherché.
- Le juge peut homologuer l'accord des parties et être saisi sur les points restant à trancher.
- Ce retrait interrompt le délai de péremption.
- Les demandes visant les intérêts, notamment, peuvent être déposées.
- Les conclusions tendant au rejet de conclusions déposées tardivement mais avant la clôture, sont recevables postérieurement à la clôture.
- L'ordonnance peut être révoquée pour présenter un fait nouveau et grave.

Pour en savoir plus

- AMRANI-MEKKI, « Les modes amiables de résolution des différends dans la loi de modernisation de la justice du XXIe siècle », *Gaz. Pal.* 31 janvier 2017.
- TARZIA, « Les Pouvoirs d'office du juge civil en matière de preuves », *Mélanges R. Perrot*, Dalloz, 1996, p. 469.
- VERDUN, « Le Magistrat de la mise en état, juge d'exceptions », *Gaz. Pal.* 29 avr. 2000.
- WATREMET, « L'Appel des ordonnances du juge de la mise en état en matière d'incidents : les hésitations des juges du fond », *Gaz. Pal.* 30 mars 2008, p. 2, Doctr.
- MIKALEF-TOUDIC et ORIF (dir.), « L'instruction du procès civil », *Gaz. Pal.* 25-29 déc. 2015.

POUR S'ENTRAÎNER : QUESTIONS

1. **Qu'est-ce que l'instruction en matière civile ?**
2. **Le juge de la mise en état peut-il se prononcer sur une fin de non-recevoir ?**

CORRIGÉ

1. L'instruction dans les matières civiles doit être profondément distinguée de l'instruction pénale. Nous sommes ici au sein d'une procédure accusatoire, l'apport de la preuve repose sur l'initiative des parties et non sur celle du juge. Dès lors, l'instruction, appelée mise en état, se résume à organiser le contrôle des échanges entre les parties par un juge, afin de garantir leur loyauté et leur promptitude afin de respecter les obligations de contradictoire et de délai raisonnable.
2. Le juge de la mise en état ne pouvait se prononcer sur une demande de fin de non-recevoir, à l'inverse des exceptions de procédure. L'explication était qu'il s'agissait là d'une compétence de la formation de jugement puisqu'il s'agissait de se prononcer sur la recevabilité de l'action ce qui en fait une question mêlée de forme et de fond. Or, le juge de la mise en état ne saurait être compétent pour trancher des questions tenant au fond du droit. Mais le décret du 11 décembre 2019 est venu lui accorder ce pouvoir en modifiant l'article 789 et tenter de combiner ce pouvoir avec la dimension particulière que peut avoir la fin de non-recevoir. Ainsi, si le juge de la mise en état peut statuer sur cette question de fond et sur cette fin de non-recevoir. Dans les affaires qui ne relèvent pas du juge unique ou qui ne lui sont pas attribuées, une partie peut s'y opposer. Dans ce cas, le juge de la mise en état renvoie l'affaire devant la formation de jugement, le cas échéant sans clore l'instruction, pour qu'elle statue sur cette question de fond et sur cette fin de non-recevoir. Il peut également ordonner ce renvoi s'il l'estime nécessaire. Le mécanisme essaye donc de tenir compte des aspects de forme et de fond que représentent une fin de non-recevoir.

Fiche 10

Les débats

• Définitions

Publicité : principe selon lequel, dans un but de transparence, la justice est rendue publiquement.

Oralité des débats : le fait pour les parties d'exposer oralement leurs prétentions à l'audience.

Les débats sont la phase de discussion orale du procès dans le but de présenter aux juges les arguments de chaque partie en vue de leur permettre de trancher le litige. Ils sont régis par deux principes, d'une part leur caractère public **(I)** et d'autre part l'oralité **(II)** des échanges entre les parties et les juges. Il convient non seulement de présenter ces deux aspects mais également de décrire le déroulement de l'audience de jugement depuis l'ouverture des débats jusqu'à leur clôture **(III)**, afin de mettre en relief le rôle de chacun des acteurs du procès. Devant la technicité grandissante des règles de droit, un débat oral n'apporte toujours une plus-value. La pratique s'est déjà répandue de déposer les dossiers sans les plaider. Le décret du 11 décembre 2019 organise une procédure sans audience de plaidoirie. Il s'agit de débats sans débats **(IV)**.

I. La publicité

A. Le principe

Le Code de procédure civile pose à deux reprises le principe selon lequel « les débats sont publics, sauf les cas où la loi exige (ou permet) qu'ils aient lieu en chambre du conseil » (art. 22 et 433 al. 1er CPC).

Ceci signifie qu'en principe, le public peut assister aux débats bien que les intérêts en jeu ne le concernent pas directement, voire même absolument pas. La raison de cette exigence tient en l'idée que la publicité apporte une garantie de bonne justice pour les plaideurs. En effet, le caractère public doit conduire à ce que les débats soient menés conformément aux règles, du fait du contrôle découlant de la présence d'un public. Le Conseil d'état en a fait un principe général du droit judiciaire (CE, 4 oct. 1974, D. 1975.369 note AUBY, *JCP* 1975. II. 17967, note DRAGO, *RTD civ.* 1975.354, obs. NORMAND).

B. Les exceptions

Ce principe connaît des exceptions comme les articles qui le posent l'envisagent. En effet, certaines matières ou circonstances justifient que l'audience se tienne à huis clos.

Dès lors, plusieurs textes imposent l'exclusion du public en matière de divorce et de séparation. De même, en matière gracieuse, la publicité est écartée (art. 434).

Mais le Code de procédure civile laisse aussi au juge la possibilité d'ordonner le huis clos en dehors des cas légaux.

Ainsi l'article 435 du Code de procédure civile dispose que le juge « peut décider que les débats auront lieu ou se poursuivront en chambre du conseil s'il doit résulter de leur publicité une atteinte à l'intimité de la vie privée, ou si toutes les parties le demandent, ou s'il survient des désordres de nature à troubler la sérénité de la justice ». De ces trois hypothèses, seule la dernière appelle une illustration. On peut envisager les désordres de nature à troubler la sérénité de la justice, comme les manifestations du public en faveur de l'une des parties.

Par ailleurs, l'article 446 du même code pose que l'exigence de publicité des débats doit être respectée à peine de nullité, cette nullité devant être soulevée avant la clôture des débats. La même règle s'applique aux cas d'exclusion de la publicité par un texte spécial. La difficulté d'application de ce texte vient du fait que la demande de nullité revient à s'opposer à la position prise par le juge devant ce même juge.

II. L'oralité

A. Distinction entre l'oralité des débats et l'oralité de la procédure

Il convient tout d'abord de ne pas confondre l'oralité des débats et l'oralité de la procédure. Le Code de procédure civile prévoit, par exception, que la procédure est orale dans les affaires de moins de 10 000 € et pour certains types de litiges. Ce qui signifie, en principe, que les parties vont se contenter de débattre publiquement de leur litige sans qu'il leur soit demandé de rédiger préalablement des conclusions. Ce mécanisme empreint d'un souci de simplicité et de rapidité, ainsi que d'économies pour les parties, s'avère aujourd'hui difficilement compatible avec les exigences du procès équitable prévu par la Convention européenne de sauvegarde des droits de l'Homme relativement au respect du contradictoire qui suppose une communication préalable des éléments de fait et de droit entre les parties. Ceci conduit à une prise en considération toujours plus importante des échanges écrits dans les procédures orales. Ce mouvement débuté en 2010, se poursuit et permet aujourd'hui de mener une procédure orale par le biais d'écrits lorsque toutes les parties sont représentées ou assistées d'avocats. Un décret de 2017 va même jusqu'à imposer la formulation de ces conclusions en procédure orale. Également, le décret de 2019 réformant les modes de saisine prévoit que l'assignation comme la requête, qui peuvent être utilisés en procédure orale, exposent, donc forcément par écrit, les éléments du litige. Nous développerons cet aspect dans la fiche qui traite de la procédure orale (v. Fiche 24).

L'oralité des débats ne vise à l'inverse que la phase d'audience de jugement en complément des échanges de pièces et de conclusions préalables.

B. Intérêt de l'oralité des débats

L'oralité doit permettre à chaque partie de faire une présentation orale de ses arguments et de sa vision du dossier. Certains points sont, en effet, parfois difficiles à restituer par le biais d'écrits. En outre, une présentation orale permet d'attirer l'attention des juges sur les points essentiels et aussi délicats du dossier. Enfin, cela permet aux magistrats d'interroger les parties et d'obtenir directement les compléments ou éclaircissements nécessaires à la compréhension et donc à la résolution du litige.

Afin d'accroître encore l'utilité et l'efficacité de l'audience, l'article 785 du Code de procédure civile prévoit la possibilité de recourir à un rapport préalable. En effet, « Le juge de la mise en état (Fiche 9) fait un rapport oral de l'affaire à l'audience avant les plaidoiries. Exceptionnellement, le rapport peut être fait par le président de la chambre ou un autre juge qu'il désigne ». L'objet de ce rapport est de présenter à la formation de jugement, les demandes et moyens des parties avant que celles-ci ne prennent la parole. S'agissant d'une simple présentation, le magistrat en charge du rapport doit s'abstenir de donner son avis sur le dossier afin de ne pas influencer ses pairs et fausser les débats.

Le principe de l'oralité étant établi, il convient dès lors de s'intéresser à sa mise en œuvre concrète au travers de l'étude du déroulement de l'audience.

III. Le déroulement des débats

A. Les débats

Première observation, les débats ont lieu devant une formation, en principe, composée de plusieurs magistrats en nombre impairs. On parle alors de collégialité, de formation collégiale. La raison d'être de cette règle tient en ce que la pluralité d'opinions, de points de vue sur une affaire doit conduire à une solution la plus objective souhaitable. L'issue de l'affaire n'est pas laissée à l'avis d'un seul, qui même étant un magistrat se devant de trancher le litige conformément aux règles de droit applicables n'en demeure pas moins un homme avec ses opinions et sa subjectivité.

À noter, le cas spécifique de la formation prud'homale qui est paritaire, comprenant autant de conseillers employeurs et salariés. Le risque est alors d'aboutir à un partage de voix d'où l'existence dans cette hypothèse d'une seconde audience, dite audience de départage au sein de laquelle siège la formation initiale complétée par un juge du tribunal d'instance.

Toutefois, des raisons pratiques ont conduit au développement des audiences à juge unique. Le juge de la mise en état ou celui chargé du rapport peut, avec l'accord des avocats, tenir seul l'audience dont il rendra ensuite compte aux autres membres de la formation (art. 786 CPC).

En formation collégiale et *a fortiori* à juge unique, l'audience est dirigée, menée par un président d'audience. Il veille au bon ordre de l'audience, donne et reprend la parole, ordonne toute mesure permettant le respect de la régularité de la procédure et de la sérénité des débats.

L'audience doit permettre aux parties de présenter leurs arguments, c'est-à-dire de plaider. L'audience de plaidoirie peut alors être précédée de la présentation du rapport préalable. Ensuite ou à défaut immédiatement, le président d'audience donne la parole au demandeur et à l'issue de sa plaidoirie, la parole sera donnée au défendeur. Le demandeur aura la possibilité de demander à nouveau la parole afin de réagir aux propos de son contradicteur, ce qui donnera alors la possibilité pour la défense de répondre, celle-ci devant toujours pouvoir répondre en dernier lieu.

Les plaidoiries sont présentées par les avocats. Mais les parties, ce qui est rare, peuvent souhaiter s'exprimer personnellement, leur avocat les assistant. En effet, l'article 18 du Code de procédure civile pose le principe selon lequel elles peuvent se défendre elles-mêmes. Le risque est alors que l'inexpérience et la passion ne conduisent à des débordements. Aussi, le président d'audience « a la faculté de leur retirer la parole si la passion ou l'inexpérience les empêche de discuter leur cause avec la décence convenable ou la clarté nécessaire (sic) » (art. 441 al. 2 CPC). Mais qu'il s'agisse de la plaidoirie de l'avocat ou des observations de la partie en personne, les propos devront rester mesurés et respectueux de la justice. Si les plaideurs bénéficient d'une impunité au regard des arguments avancés afin de leur permettre de défendre au mieux leur cause, ceci ne doit pas dégénérer en des propos insultants ou inutilement exagérés. Des peines disciplinaires sont mêmes prévues à l'encontre des avocats irrespectueux (art. 438 et 439 CPC et art. 675 et s. CPP).

En outre, la juridiction peut avoir à entendre les témoins des parties (v. Fiche 19), tout comme elle peut interroger directement les parties (art. 442).

B. L'issue des débats

« Lorsque la juridiction s'estime éclairée, le président fait cesser les plaidoiries ou les observations présentées par les parties pour leur défense» (art. 440 al. 3 CPC). Au préalable, le président d'audience indique souvent aux parties, le temps qui leur est imparti pour présenter leurs observations et ce afin de faire passer l'ensemble des dossiers appelés dans le temps imparti.

À noter qu'après les échanges entre les parties, le ministère public peut être amené à s'exprimer afin de donner son avis sur l'application de la loi. L'avis peut être donné par écrit ou à l'oral. Dans le premier cas, des conclusions doivent être déposées avant l'audition des parties. Toutefois, ce dispositif semble grandement insuffisant à respecter le contradictoire au regard du temps laissé aux parties pour étudier et répondre aux arguments du ministère public (Fiche 8). Dans le second cas, il s'exprime après les plaidoiries, ce qui ne permet pas aux parties de répondre à ses observations.

Lorsque la juridiction s'estime suffisamment éclairée, elle prononce la clôture des débats. L'affaire est alors mise en délibéré, c'est-à-dire renvoyée à l'étude par les juges à huis clos. Cette étude peut être immédiate et donner lieu au prononcé d'un jugement le jour même. Mais pour l'essentiel, elle est renvoyée à une date ultérieure en fonction de l'agenda de la juridiction.

La clôture des débats interdit tout nouveau dépôt de conclusions ou de pièces. Les parties ont eu tout le temps nécessaire pour échanger, l'audience étant le moment ultime de leur argumentation.

Toutefois, l'article 445 du Code de procédure civile prévoit la possibilité, non pas de conclure mais de transmettre à la juridiction des « notes en délibéré ». Ceci ne peut avoir lieu que pour répondre aux arguments du ministère public ou à la demande de la juridiction. Dans le premier cas, cela permet de limiter l'atteinte au respect du contradictoire, dans l'autre, cela permet aux juges de bénéficier d'un complément d'information sur un point décidé à l'audience, donc en présence de la partie adverse, sans avoir à rouvrir les débats, donc sans rallonger la durée du procès.

S'agissant justement de réouverture des débats, plusieurs situations sont envisageables. Tout d'abord, le président doit rouvrir les débats lorsque les parties « n'ont pas été à même de s'expliquer contradictoirement sur les éclaircissements de droit ou de fait qui leur avaient été demandés » (art. 444 al. 1er CPC) ou encore lorsque la composition de la juridiction a changé (art. 444 al. 2 CPC). Ensuite, il a la possibilité de rouvrir les débats à chaque fois qu'un élément nouveau est porté à sa connaissance, sous-entendu un élément d'une importance justifiant cette réouverture.

IV. La procédure sans audience

L'article L 212-5-1 du Code de l'organisation judiciaire prévoit la possibilité d'organiser une procédure sans recourir à une audience de plaidoiries devant le tribunal judiciaire. Cette possibilité est prévue tant en procédure écrite qu'en procédure orale, qu'il y ait ou non des avocats, même si en pratique le dispositif a surtout vocation à être utilisé par ces derniers.

En procédure écrite, le demandeur peut faire la demande de procédure sans audience dans son assignation (art. 753) ou dans sa requête (art. 757), même si la requête aux fins de saisine ne vise pas la procédure écrite (ici, le texte est mal rédigé).

Le défendeur devra alors accepter cette procédure lors de sa constitution d'avocat (art. 764). Le président du tribunal fixera alors une date pour le dépôt des dossiers au greffe et informera, à l'expiration de ce délai, les parties du nom des juges de la chambre qui seront amenés à délibérer et de la date à laquelle le jugement sera rendu (art. 778).

Lorsqu'il y a eu mise en état, donc dans l'hypothèse d'une procédure écrite introduite par une requête conjointe, le juge de la mise en état déclare l'instruction close dès que l'état de celle-ci le permet et fixe la date pour le dépôt des dossiers au greffe de la chambre. Le greffier en avise les parties et, le cas échéant, le ministère public (art. 799).

En procédure orale, la demande de procédure sans audience peut être faite à tout moment. Ceci conduit à ce que la procédure ne soit plus du tout orale mais écrite puisqu'il n'y aura pas d'audience. Les parties formulent donc leurs prétentions et moyens par écrit.

Dans tous les cas, le tribunal peut décider de tenir une audience s'il estime qu'il n'est pas possible de rendre une décision au regard des preuves écrites ou si l'une des parties en fait la demande.

Ce dispositif doit permettre de clarifier le recours au dépôt de dossiers dans l'ensemble des procédures et s'inscrit dans un mouvement global de développement de l'écrit en procédure civile.

• À retenir

- La publicité signifie que l'audience de jugement se déroule publiquement.
- Il s'agit d'un principe général du droit judiciaire devant garantir le bon déroulement de l'instance.
- Par exception, l'audience peut se tenir à huis clos, soit que la loi le prévoit en considération de la matière de l'affaire, soit que le juge le décide pour des raisons de vie privée, à la demande de l'ensemble des parties ou si la sérénité de la justice est menacée.

- Les débats permettent à chaque partie d'exposer sa cause oralement devant la formation de jugement et d'apporter ainsi un éclairage vivant aux conclusions.
- Les débats se tiennent, en principe, devant une formation collégiale.
- Ils sont menés par un président d'audience qui veille au respect des règles et qui en conséquence organise la prise de parole.
- Les parties s'expriment à tour de rôle, en premier le demandeur, en dernier le défendeur.
- Le ministère public intervient à la suite des plaidoiries.
- Le président prononce la clôture des débats lorsqu'il estime la juridiction suffisamment éclairée sur le dossier.
- Des notes en délibéré peuvent être adressées à la formation de jugement soit pour répondre aux arguments du ministère public, soit à la demande des juges afin de préciser un point.
- Aucunes conclusions ne peuvent être déposées après le prononcé de la clôture.
- Si les parties n'ont pu débattre contradictoirement ou si la composition de la formation de jugement a changé, les débats doivent être rouverts.
- Si un élément nouveau apparaît au dossier, le président peut décider la réouverture des débats.
- La procédure peut maintenant se faire sans débats même en procédure orale.
- Pour qu'une procédure sans audience ait lieu, il faut l'accord de chaque partie. La procédure est alors totalement écrite mais le tribunal peut décider de tenir une audience s'il estime qu'il n'est pas possible de rendre une décision au regard des preuves écrites ou si l'une des parties en fait la demande.

Pour en savoir plus

- MAUGAIN, SCHREIBER, MOURRE-SCHREIBER, BOLZE, BLERY, KEBIR, TANI, TORRICELLI-CHRIFILE, « réforme de la procédure civile », Dalloz actualité, 20 janvier 2020.
- CADIET, « Construire ensemble des débats utiles », *Mélanges Buffet*, LPA 2004.
- LIEVREMONT, « Le Débat en droit processuel », PUAM, 2001, préf. Croze, *Mélanges J. Buffet*, Petites Affiches, 2004.
- TUFFREAU, « Vers une organisation rationnelle de l'audience ? », *Gaz. Pal.* 22-24 juin 2003.

POUR S'ENTRAÎNER : QUESTIONS

1. **Quelles situations peuvent conduire le président d'audience à renoncer à la publicité des débats ?**
2. **Quel est l'effet de la clôture des débats ?**

CORRIGÉ

1. En principe, les débats doivent être publics. C'est ce qu'on appelle la publicité des débats. Toutefois certains domaines ou certaines circonstances requièrent la discrétion et donc le huis clos. La loi prévoit les domaines pour lesquels la publicité est écartée. Mais le juge dispose également d'une faculté de prononcer le huis clos dans certaines circonstances. Il s'agit des dossiers touchant à la vie privée, de la demande de l'ensemble des parties et enfin lorsque des comportements sont à craindre qui nuiraient à la sérénité de la justice, comme le cas d'une manifestation d'une partie de l'assistance en faveur de l'une des parties.
2. La clôture des débats est prononcée par le président d'audience et conduit à ce que l'affaire soit mise en délibéré pour être jugée. Dès lors, l'affaire est figée et aucune pièce ni aucunes conclusions ne peuvent être transmises postérieurement. Toutefois, soit pour répondre aux arguments du ministère public, soit à la demande de la juridiction, des notes peuvent être produites en délibéré. Par ailleurs, si un fait nouveau et important apparaît les débats peuvent être rouverts. Il serait, en effet, inutile à la juridiction de se prononcer sur une affaire en omettant un élément de fait qui pourrait conduire à une autre solution. Enfin, si les parties n'ont pas eu l'occasion de s'exprimer contradictoirement sur un point sur lequel leurs explications étaient attendues ou si la composition a changé, les débats sont rouverts.

Fiche 11

Les exceptions de procédure et de nullité

I. La nature des exceptions de procédure
II. Le régime des exceptions de procédure
III. Le cas particulier des exceptions pour nullité de fond

- **Définitions**

Exceptions de procédure : moyens procéduraux par lesquels sont soulevés les manquements aux règles de procédure.

Exception d'incompétence : moyen procédural par lequel est soulevée l'incompétence de la juridiction saisie.

Exception de litispendance : moyen procédural par lequel est soulevé le fait que l'affaire est déjà pendante devant une autre juridiction.

Exception de connexité : moyen procédural par lequel est demandée la jonction d'instances ayant un lien suffisant.

Exception dilatoire : moyen procédural permettant d'obtenir un délai.

Exception de nullité : moyen procédural par lequel est soulevée la nullité de forme ou de fond d'un acte.

Si l'objet du procès est de répondre à des demandes concernant une contestation portant sur un droit substantiel ou encore sur sa reconnaissance, ce que l'on appelle les demandes au fond, le procès connaît également des demandes relatives aux aspects procéduraux. Les règles de procédure pour être respectées, doivent permettre qu'on les invoque devant le juge. À côté donc du fond de l'affaire, il peut exister des demandes propres à l'instance. Il ne s'agit pas pour autant de parler de demandes de forme, tant les règles de procédure tirent leur raison d'être de droits fondamentaux, en particulier celui du procès équitable. Ces demandes relatives au procès sont connues sous deux formes, d'une part les exceptions de procédure et d'autre part les fins de non-recevoir (v. Fiche 12). S'agissant des exceptions de procédure, il s'agit de moyens purement procéduraux permettant de bloquer au moins un temps le déroulement du procès. Il convient d'envisager ce qui définit leur nature **(I)** afin de comprendre les spécificités de leur régime **(II)**. Enfin, une place particulière doit être réservée à l'exception de nullité de fond, c'est-à-dire touchant à un caractère substantiel d'un acte, qui touchant à un aspect de fond du dossier reçoit un traitement spécial **(III)**.

I. La nature des exceptions de procédure

A. Le principe

« Constitue une exception de procédure tout moyen qui tend soit à faire déclarer la procédure irrégulière ou éteinte, soit à en suspendre le cours » (art. 73 CPC). Ce n'est donc pas le principe de l'action qui est visé mais bien la procédure, d'où l'expression « exception de procédure » (pour illustration jurisprudentielle, voir la décision de la 3e civile du 16 mars 2010, n° 09-13187, *RTD civ.* 2010, p. 374, note R. Perrot). L'action ne vise qu'à contester la régularité de la procédure suivie. Ceci conduira à ce que la procédure soit provisoirement paralysée voire qu'elle disparaisse quitte à être réintroduite si les délais d'actions ne sont pas dépassés.

B. Les cas prévus par le Code de procédure civile

L'ancien Code de procédure civile prévoyait une liste des cas d'exceptions. Mais déjà cette liste apparaissait comme indicative et non limitative. Le nouveau Code de procédure civile, devenu le Code de procédure civile, s'est contenté de poser le principe des exceptions de procédure sans établir de liste. Toutefois, le code s'intéresse particulièrement à cinq situations. Il s'agit des exceptions d'incompétence, de litispendance et de connexité, dilatoires et de nullité.

- S'agissant des exceptions d'incompétence, nous avons précédemment eu l'occasion de traiter cette question au titre de la compétence de la juridiction d'élection. Nous n'opérerons alors qu'un renvoi à ces développements (v. Fiches 4 et 5).
- L'exception de litispendance, prévue à l'article 100 du Code de procédure civile, suppose qu'une même affaire ait été portée devant deux juridictions. Il ne saurait y avoir deux jugements pour un même litige. Aussi, la juridiction saisie en second, ou de degré inférieur doit se dessaisir de l'affaire au profit de l'autre juridiction, soit à la demande de l'une des parties, soit d'office.
- Dans un même ordre d'idée, l'exception de connexité vise l'hypothèse plus commune où il existe un lien entre des affaires différentes portées devant une ou plusieurs juridictions. Elles méritent, dans un souci de bonne justice, d'être jointes pour être traitées ensemble. Il peut alors être demandé à une juridiction de se dessaisir au profit d'une autre (art. 101 CPC).
- Les exceptions dilatoires prévues aux articles 108 à 111 du Code de procédure civile reposent sur l'obligation faite au juge de suspendre l'instance lorsqu'une partie, qui le demande, jouit d'un délai pour faire un inventaire,

ou dispose d'un bénéfice de discussion ou de division, ou d'un autre délai d'attente prévu par la loi. L'exception dilatera le temps du procès.

- Enfin dans les régimes expressément prévus par le code, se trouvent les exceptions de nullité. Il convient ici de distinguer entre les nullités de forme et celles de fond, qui feront l'objet d'un développement propre (v. *infra*).

En ce qui concerne les exceptions de forme, c'est-à-dire l'hypothèse d'un acte de procédure ne respectant pas les formalités exigées, l'article 114 du Code de procédure civile pose deux conditions cumulatives.

La première condition tient en ce qu'un texte doit prévoir la nullité sauf en cas d'inobservation d'une formalité substantielle ou d'ordre public. En effet, « aucun acte de procédure ne peut être déclaré nul pour vice de forme si la nullité n'en est pas expressément prévue par la loi, sauf en cas d'inobservation d'une formalité substantielle ou d'ordre public ». Cette précision vient mettre fin aux hésitations antérieures. La règle « pas de nullité sans texte » a donc été précisée par le nouveau Code de procédure civile.

La seconde condition est que le demandeur doit prouver l'existence d'un grief et ce même si l'irrégularité porte sur une formalité substantielle ou d'ordre public. Dès lors la nullité ne peut être soulevée par le juge.

C. Les autres cas

En dehors de ces hypothèses, d'autres situations peuvent être imaginées, l'article 73 n'offrant qu'une définition générale. Ainsi, la règle selon laquelle « le pénal tient le civil en l'état » participe des exceptions de procédure en ce qu'elle répond à leur définition. En effet, il s'agit d'un événement venant suspendre l'instance le temps que le juge pénal se prononce. Cette règle qui devait éviter des jugements contradictoires a entraîné un rallongement des procédures conduisant à des réformes permettant de l'écarter. Ce fut d'abord la loi du 10 juillet 2000 qui l'a exclue en matière de fautes non intentionnelles et ensuite la loi du 5 mars 2007 modifiant la rédaction de l'article 4 du code de procédure pénale. La règle ne s'applique plus que pour les demandes en réparation du préjudice découlant de l'infraction.

De même la péremption d'instance est considérée comme participant aux exceptions de procédure. Elle en suit, par conséquent, le régime et à ce titre, comme il sera dit plus tard, doit être soulevée dès sa réalisation et donc devant le juge ou le conseiller de la mise en état.

La qualification de l'évocation d'une clause de conciliation a, par contre, posé problème (s'agissant de la conclusion d'une convention participative, nous renvoyons à la Fiche 9). D'abord envisagée comme une exception de procédure, elle est désormais conçue comme une fin de non-recevoir (Ch. Mixte. 14 février 2003). Dans une première conception, il était considéré que la clause constituait une cause de suspension. Mais c'était sans compter sur la réussite de la clause et donc la disparition de l'objet du litige. La solution présente semble donc plus en accord avec la finalité de la clause de conciliation. Le respect de la clause est important car il n'y a pas de possibilité de régularisation en cours de procédure par le recours à la clause. Celle-ci doit donc nécessairement être mise en œuvre avant la saisine (Ch. Mixte, 12 décembre 2014, n° 13-19684). Cette exigence de respect d'une clause de conciliation vaut à l'égard de toute instance judiciaire, même devant le juge de l'exécution lorsqu'il est saisi d'une procédure de saisie immobilière (Civ. 1re, 1er octobre 2014, n° 13-17920). L'objectif est clairement de favoriser le recours aux issues amiables. Mais celui-ci se heurte à l'organisation des délais puisque seule une véritable médiation ou conciliation conventionnelle peut suspendre le délai de prescription à l'exclusion donc de simples pourparlers (Civ. 1re, 1er mai 2014, n° 13-13406).

II. Le régime des exceptions de procédure

A. Le principe

L'article 74 du Code de procédure civile pose la base du régime applicable aux exceptions de procédure. « Les exceptions doivent, à peine d'irrecevabilité, être soulevées simultanément et avant toute défense au fond ou fin de non-recevoir. Il en est ainsi alors même que les règles invoquées au soutien de l'exception seraient d'ordre public. » Le régime posé est strict et se comprend toutefois, tant il apparaît inutile d'instruire un dossier irrecevable. La solution est pragmatique. La juridiction ne sera pas occupée par une affaire dont elle peut faire l'économie à la lecture des premières écritures.

Concrètement, cela nécessite que celui qui invoque l'exception la soulève avant toute autre demande par des conclusions d'incident avant ses conclusions sur le fond (sur l'hypothèse d'une péremption d'instance, civ. 2e, 15 octobre 2015, n° 14-19811).

La dimension pratique de cette question s'est également posée dans le cadre des procédures orales. Le fait de déposer des conclusions empêchait-il de soulever à l'audience une exception de procédure ? Seuls les éléments prononcés à l'audience ayant une valeur devant la juridiction, la réponse fut négative. On peut toutefois critiquer cette solution en ce qu'elle n'offre pas l'efficacité du principe posé par l'article 74, l'instance se déroulant jusqu'à l'audience avant de finalement se trouver bloquée. Le décret n° 2010-1165 du 1er octobre 2010 est, toutefois, venu reconnaître la possibilité de se référer à des conclusions écrites. Ce dispositif doit logiquement conduire à appliquer l'article 74 du Code de procédure civile. Ceci est, à l'évidence, renforcé par le décret n° 2017-892 du 6 mai 2017 lorsque des écrits ont été pris, puisque le juge ne sera saisi que de ce qui figure dans les conclusions.

B. Les adaptations

Le principe posé par l'article 74 nécessite également des adaptations en fonction des situations.

Le bénéficiaire d'un délai selon l'article 111 du Code de procédure civile ne peut dès l'introduction de l'instance faire valoir l'ensemble des exceptions de procédure. Ce n'est qu'à l'issue de l'exception dilatoire qu'il pourra invoquer les autres.

S'agissant des exceptions de connexité, la demande peut être faite en tout état de cause, c'est-à-dire à tout moment dans le déroulement du procès, sauf si son caractère tardif démontre une intention dilatoire (art. 103).

Au regard des nullités de forme, le principe est encore qu'elles doivent être soulevées au tout début de l'instance, s'agissant d'exceptions de procédure. Mais la cause de la nullité peut provenir d'un acte produit au cours de l'instance, la règle a donc dû être adaptée. Ainsi, « la nullité des actes de procédure peut être invoquée au fur et à mesure de leur accomplissement » (art. 112). Cela signifie que celui qui conteste la régularité d'un acte doit dès sa production, soulever l'exception de nullité, avant d'apporter toutes nouvelles conclusions au fond.

Enfin, se pose le cas particulier des nullités de fond.

III. Le cas particulier des exceptions pour nullité de fond

La cause de la nullité étant par nature plus importante qu'une nullité de forme, la sanction est plus sévère. L'article 119 du Code de procédure civile, pose que « les exceptions de nullité fondées sur l'inobservation des règles de fond relatives aux actes de procédure doivent être accueillies sans que celui qui les invoque ait à justifier d'un grief et alors même que la nullité ne résulterait d'aucune disposition expresse ».

L'article 117 du Code de procédure civile dresse la liste des irrégularités de fond. Il s'agit de celles affectant la validité de l'acte. Sont visés, le défaut de capacité d'ester en justice, le défaut de pouvoir d'une partie ou de capacité d'un représentant. Cette liste est considérée comme limitative par la jurisprudence (Cass. Ch. Mixte 7 juillet 2006), mais le débat reste ouvert sur la pertinence de cette position.

Le régime des nullités pour vice de fond suit également la logique de leur nature. Ainsi, la nullité peut être invoquée en tout état de cause sous réserve toutefois de la soulever lorsqu'on en a connaissance. Celui qui attendrait délibérément serait passible de dommages-intérêts du fait de son intention dilatoire (art. 118).

La nullité est relevée d'office par le juge si la règle est d'ordre public (art. 120), il s'agit d'une simple faculté lorsque le vice concerne la capacité d'ester en justice.

• **À retenir**

- L'action ne vise qu'à contester la régularité de la procédure suivie.
- Bien que le Code de procédure civile fixe le principe sans établir de liste, on peut identifier cinq situations classiques d'exceptions dont le régime est prévu par la loi.
- On distingue les exceptions de compétence, de litispendance et de connexité, dilatoires et de nullité.
- Les exceptions de compétence consistent en la contestation de la compétence de la juridiction saisie.
- L'exception de litispendance vise à ce qu'une juridiction se dessaisisse au profit d'une autre déjà saisie du dossier.
- L'exception de connexité vise à rassembler plusieurs affaires qui ont un lien suffisant au sein de la même juridiction.
- Les exceptions dilatoires consistent en ce qu'une partie bénéficie d'un délai lui permettant de suspendre l'instance.
- Les exceptions de nullités visent les irrégularités de forme et de fond des actes de procédure.
- Les exceptions doivent, à peine d'irrecevabilité, être soulevées simultanément et avant toute défense au fond ou fin de non-recevoir.
- Des exceptions peuvent être soulevées après une exception dilatoire et aussi en cours d'instance pour les exceptions de connexité et les nullités de fond.

Pour en savoir plus

- SANSONE, « les sanctions en procédure civile », thèse Aix-Marseille, 10 décembre 2019.
- BRETZNER, « Exceptions d'incompétence et oralité des débats : le triomphe de la parole sur l'écrit ? », *Gaz. Pal.* décembre 1997, Doct. 222.
- LARONDE-CLERAC, « La Pratique jurisprudentielle des nullités en procédure civile », *Dr. et Proc.* 2004/6.309.
- LOBIN, « La Notion de grief dans les nullités des actes de procédure », *Mélanges Vincent*, p. 233 et s.

POUR S'ENTRAÎNER : QUESTIONS

1. **Comment évoquer une exception de procédure avant toute défense au fond dans une procédure orale ?**
2. **L'existence d'une clause de conciliation constitue-t-elle une exception de procédure ?**

CORRIGÉ

1. Dans la procédure devant le tribunal de grande instance, on imagine que le défendeur soulèvera l'exception dans ses premières conclusions. Ceci n'est évidemment pas possible au sein d'une procédure orale. Le défendeur devra alors dès sa prise de parole faire valoir l'exception. Mais auparavant, il est fréquent qu'il y ait eu un échange de conclusions. La question est alors de savoir si les conclusions doivent contenir l'exception. La Cour de cassation a fait prévaloir l'oralité sur le fonctionnement des exceptions de procédure pour retenir que seule l'audience de plaidoirie est prise en compte pour apprécier le moment auquel est formulée la demande. Mais le décret du 1er octobre 2010 reconnaît l'existence possible d'écrits dans les procédures orales. Ceci devrait justifier l'exigence que l'exception soit soulevée dès les premières conclusions. Mieux, le décret du 6 mai 2017 lie le juge aux demandes figurant dans les écritures ce qui exclurait la possibilité d'invoquer l'exception à l'oral lors de l'audience.
2. Initialement, l'existence d'une clause de conciliation constituait une exception de procédure. Ainsi était-il considéré que l'instance devait être suspendue le temps de faire jouer cette clause. Mais cette conception négligeait l'issue possible de la clause, à savoir la disparition du litige et donc de l'objet de l'instance. Par conséquent, la chambre mixte de la Cour de cassation a tranché la qualité de l'action en faveur de la fin de non-recevoir dans une décision du 14 février 2003.

Fiche 12

Les fins de non-recevoir

- **Définitions**

Fins de non-recevoir: tout moyen qui tend à faire déclarer l'adversaire irrecevable en sa demande sans examen au fond.

Clause de conciliation: clause par laquelle les parties décident de rechercher une conciliation avant toute action en justice.

Estoppel: sanction d'origine anglo-saxonne des arguments contradictoires d'une partie.

Les fins de non-recevoir constituent une forme de défense particulière puisque se situant entre les demandes au fond et les exceptions de procédure. Elles se rapprochent de la défense au fond en ce qu'elles visent des éléments liés à l'action et non à l'instance, comme l'intérêt à agir ou la qualité. Mais elles sont proches des exceptions de procédure en ce qu'elles conduisent à ne pas discuter du fond de l'affaire. Cette nature mixte pose parfois des difficultés de qualification de certaines demandes. Le principe des fins de non-recevoir est posé par l'article 122 du CPC qui les définit comme tout moyen qui tend à faire déclarer l'adversaire irrecevable en sa demande sans examen au fond. La proximité avec les exceptions de procédure est ici évidente. Il s'agira d'observer les situations qui répondent à cette définition **(I)** avant d'en apprécier le régime **(II)**.

I. Les formes des fins de non-recevoir

A. Les cas légaux

L'article 122 du Code de procédure civile donne une définition des fins de non-recevoir et apporte des exemples. Sont visés, le défaut de qualité, le défaut d'intérêt, la prescription, le délai préfixe et la chose jugée.

Mais cette liste n'est pas limitative. L'article 122 précise clairement «tel le...». D'autres situations peuvent donc être envisagées.

Des législations spéciales ont pu prévoir des situations particulières de fins de non-recevoir. Ainsi en est-il en matière de droit de la famille en cas de procédure de divorce. La procédure de réconciliation offre le caractère d'une fin de non-recevoir. En outre, des fins de non-recevoir sont prévues en matière de filiation. De même, l'action de celui qui ne publie pas sa demande au bureau des hypothèques ne peut avoir lieu en ce qu'il s'agit d'obtenir la nullité ou la résolution de droits immobiliers. Enfin, la procédure de surendettement des particuliers peut se voir opposer une fin de non-recevoir en cas de mauvaise foi du particulier.

B. Les cas contractuels

À côté des cas légaux, des situations contractuelles constituant des fins de non-recevoir existent.

Nous avons déjà évoqué le cas des clauses de conciliation préalable (v. Fiche 11). Après une hésitation avec la qualification d'exception de procédure, la chambre mixte a finalement retenu celle de fin de non-recevoir (Ch. Mixte, 17 février 2003). Cette solution doit être approuvée en ce qu'elle prend en considération l'ensemble des effets d'une clause de conciliation à savoir la possibilité d'entente entre les parties conduisant non pas à suspendre l'instance mais à en faire disparaître l'objet. Il convient d'ajouter que le juge n'a aucunement l'obligation de relever ce motif d'office et que la clause ne saurait faire obstacle à la saisine du juge des référés, si la situation l'impose.

Par ailleurs, les contrats d'assurance instituent classiquement des fins de non-recevoir afin de permettre la réalisation de la phase de propositions transactionnelles par l'assureur avant toute saisine judiciaire.

C. Les cas jurisprudentiels

Enfin, la jurisprudence a pu reconnaître des cas de fins de non-recevoir. Il en est ainsi avec l'estoppel. Il s'agit d'un mécanisme anglo-saxon, fondé sur une préoccupation d'équité. Concrètement, le demandeur ne peut agir en contradiction avec une précédente position, et plus précisément une précédente demande (Cass. 2e civ., 22 juin 2017, n° 15-29202), et ce afin de nuire à autrui. Ainsi, celui qui demande la reconnaissance de la validité d'un contrat ne peut ensuite en contester l'existence dans le but de nuire à l'autre partie.

D. Nature des fins de non-recevoir

La liste des fins de non-recevoir n'est donc pas figée que leur nature soit légale, contractuelle ou judiciaire. Or, la proximité existante entre la notion de fin de non-recevoir et celle d'exception de procédure conduit à devoir s'interroger systématiquement sur la juste qualification de l'action.

En effet, la confusion est fréquente entre les deux notions, malgré des définitions permettant de les distinguer théoriquement. En outre, le législateur entretient les doutes par des qualifications parfois mal à propos.

Ainsi, ce dernier est venu maladroitement parler de fin de non-recevoir dans des domaines donnant normalement lieu à des exceptions de procédures concernant des mentions obligatoires.

La jurisprudence connaît également son lot d'hésitations. Ceci concerne essentiellement des problèmes d'indications à l'acte de personnes ne pouvant agir, ou tout simplement d'omission d'indication. Ces situations intéressent tout autant la qualité pour agir que les nullités pour vice de forme ou de fond, ces dernières ressortant des exceptions de procédure.

II. Le régime des fins de non-recevoir

A. Distinction par rapport aux exceptions de procédure

Les fins de non-recevoir présentent deux différences majeures par rapport aux exceptions de procédure, que la différence d'esprit entre ces matières explique parfaitement.

D'une part, « les fins de non-recevoir peuvent être proposées en tout état de cause, à moins qu'il en soit disposé autrement et sauf la possibilité pour le juge de condamner à des dommages-intérêts ceux qui se seraient abstenus, dans une intention dilatoire, de les soulever plus tôt » (art. 123). Si les exceptions de procédure doivent être soulevées avant toute défense au fond afin d'éviter des débats inutiles à une procédure devant être stoppée, au moins provisoirement, les fins de non-recevoir visent la possibilité d'agir et la découverte d'un empêchement ne permet plus la poursuite de l'instance quel que soit son degré d'avancement. Mais c'est au moment de la découverte de l'empêchement que la fin de non-recevoir doit être soulevée.

D'autre part, « à moins qu'une disposition expresse ne le précise, le plaideur qui soulève une fin de non-recevoir n'a pas à justifier de l'existence d'un grief » (art. 124). En effet, il s'agit ici de viser des conditions de recevabilité de l'action et pas simplement de respecter des règles de procédure visant à protéger les droits de la défense des parties.

B. Rôle du juge

Par ailleurs, selon les cas, le juge devra ou pourra soulever la fin de non-recevoir. Traditionnellement, cette compétence revenait au juge du fond. Désormais, elle ressort de la compétence du juge de la mise en état (Fiche 9).

Le juge devra soulever d'office la fin de non-recevoir lorsque celle-ci a un caractère d'ordre public et en particulier, lorsque la forclusion d'un plaideur résulte de ce qu'il a laissé passer le délai dans lequel il aurait dû exercer une voie de recours ou de l'absence d'ouverture d'une voie de recours (art. 125 al. 1er). Mais si le Code de procédure civile vise expressément ces deux cas, il ne s'agit que d'un accent mis sur ces situations et en rien une liste limitative. En matière d'état des personnes, les fins de non-recevoir doivent être relevées d'office du fait du caractère d'ordre public de la matière.

Le juge aura la simple faculté du relever dans les hypothèses de défaut de qualité, défaut d'intérêt et de chose jugée.

C. Le respect du contradictoire

Lorsqu'il relèvera une fin de non-recevoir, le juge devra respecter le contradictoire en demandant à chaque partie sa position sur la question.

Lorsque la fin de non-recevoir est retenue, tout n'est pas nécessairement clos. En effet, il est souvent possible de remédier à la cause de la fin de non-recevoir. L'article 126 alinéa 2 du Code de procédure civile permet une régularisation à tout moment de la cause justifiant la fin de non-recevoir.

En première instance, la régularisation doit intervenir avant la clôture de la mise en état pour la procédure de droit commun et avant la clôture des débats concernant les procédures orales.

La régularisation peut également intervenir au niveau de l'appel par l'intervenant ayant qualité pour agir au côté de la personne dont la qualité pour agir est contestée.

Quoi qu'il en soit la régularisation doit intervenir avant la forclusion.

• À retenir

- Les fins de non-recevoir visent tout moyen qui tend à faire déclarer l'adversaire irrecevable en sa demande sans examen au fond.
- Elles sont désormais de la compétence du juge de la mise en état.
- Elles ont une nature mixte, entre exception de procédure et moyen de défense au fond, car elles conduisent à évincer le débat mais en se fondant sur les conditions de l'action.
- Les fins de non-recevoir se composent principalement du défaut de qualité, du défaut d'intérêt, de la prescription, du délai préfix et de la chose jugée.
- Cette liste n'est pas limitative et connaît des développements légaux, contractuels et jurisprudentiels.
- La fin de non-recevoir peut être invoquée en tout état de cause et sans avoir à justifier d'un grief.
- Le juge a l'obligation de la soulever lorsqu'elle a un caractère d'ordre public, simple faculté dans les autres cas.

- La cause de fin de non-recevoir peut être régularisée, même en appel, avant que la forclusion ne joue.

Pour en savoir plus

- SANSONE, « Les sanctions en procédure civile », thèse Aix-Marseille, 10 décembre 2019.
- BOLARD, « Le Moyen contraire aux précédentes écritures », *Mélanges J. Buffet*, Petites Affiches, 2004.
- JAHEL, « Fin de non-recevoir et ordre processuel », *Mélanges S. Guinchard*, Dalloz, 2010, p. 723.
- MAZEAUD, « La Confiance légitime et l'estoppel », *RID comp.* 2006-2, p. 363.

POUR S'ENTRAÎNER : QUESTIONS

1. **Le juge doit-il relever d'office les fins de non-recevoir ?**
2. **Pourquoi les fins de non-recevoir peuvent-elles être soulevées en tout état de cause ?**

CORRIGÉ

1. L'article 125 du Code de procédure civile dispose que le juge doit relever d'office les fins de non-recevoir relevant de l'ordre public et en particulier en cas de dépassement du délai de forclusion ou d'absence de voie de recours. Mais il ne s'agit que d'exemples et la jurisprudence est venue rappeler que le critère est celui de l'ordre public, conduisant ainsi au relevé d'office en matière d'état des personnes. Lorsque l'ordre public n'est pas en jeu, le juge dispose alors d'une simple faculté de soulever d'office la fin de non-recevoir.
2. Les fins de non-recevoir visent à empêcher le déroulement d'une instance alors qu'une condition de validité de l'action serait absente. L'instance découlant du droit d'agir, toute remise en cause de ce droit agit sur le procès en cours. Aussi, dès que le motif d'opposition est connu il doit jouer. La fin de non-recevoir se distingue ici de l'exception de procédure qui ne vise que l'instance et non l'action, aussi doit-elle être soulevée avant toute défense au fond. La fin de non-recevoir doit être devant le juge de la mise en état, s'il en a été désigné un.

Fiche 13

Les incidents relatifs aux personnes

I. Les dispositions communes aux interventions
II. Les spécificités de l'intervention volontaire
III. Les spécificités de l'intervention forcée

- **Définitions**

Intervention volontaire : participation d'un tiers dans un procès en vue de soutenir une partie ou de faire valoir ses propres demandes.
Intervention forcée : mise en cause d'un tiers dans un procès en cours.
Tierce opposition : recours formé par un tiers contre une décision de justice visant à faire réformer en ce qu'il le concerne le jugement rendu.

Les incidents relatifs aux personnes peuvent viser les parties comme le personnel de justice. Nous laisserons de côté, les incidents relatifs aux magistrats et avocats pour nous concentrer sur les personnes. Il va s'agir de la modification des parties à l'instance, c'est-à-dire de l'ajout de parties comme demandeurs ou défendeurs. On parle alors d'intervention. L'intervention est l'adjonction d'un tiers à une instance en cours, tiers devenant par son intervention partie à l'affaire. Le terme d'intervention a donc un sens étroit et ne vise pas la participation au procès de toute personne, qu'il s'agisse de témoins ou d'experts. Ceux-ci ne constituent pas des parties et leur présence ne conduit donc pas à créer un incident relativement à l'instance. À l'inverse, l'on conçoit eu égard aux règles régissant les parties, combien une modification de celles-ci nécessite également la mise en place de dispositions rigoureuses. L'intervention peut être volontaire ou forcée. L'intervention suit donc un régime propre **(I)** surtout adapté selon qu'elle soit volontaire **(II)** ou forcée **(III)**.

I. Les dispositions communes aux interventions

L'évidence commande que l'intervenant soit un tiers à l'instance, qu'il n'ait donc été parti ou représenté au sein de l'instance. L'intervenant doit alors avoir qualité et intérêt à agir (v. Fiche 8). Surtout l'intervention doit se rattacher aux prétentions des parties avec un lien suffisant pour justifier d'être traitée au sein de la même instance (art. 325). L'appréciation de ce lien relève de l'appréciation souveraine des juges du fond.

L'intervention peut se faire en tout état de cause, sans quoi le dispositif perdrait grandement de son intérêt. Afin, toutefois d'éviter des retards excessifs dans le procès, l'article 326 du Code de procédure civile prévoit que le juge statue alors d'abord sur la cause principale et ensuite sur l'intervention.

II. Les spécificités de l'intervention volontaire

A. Notion

L'intervention volontaire est le fait pour une personne de décider de se joindre à l'instance. Son objectif peut être alors de faire reconnaître que le droit objet du litige lui appartient, ou plus largement de veiller à la conservation de ses intérêts. Sur ce dernier point, en principe, la relativité de la chose jugée devrait protéger les tiers, mais les relations sont parfois tellement imbriquées qu'elles peuvent nécessiter une participation à un procès opposant des tiers qui n'en sont pas moins proches dans leurs intérêts de l'intervenant. La tierce opposition (v. Fiche 38) offre également une protection pour le tiers mais l'intervention lui offre la possibilité de faire valoir son opinion avant le jugement, ce qui est toujours préférable à une intervention *a posteriori*, le juge étant alors moins enclin à modifier sa position.

B. Les types d'interventions

L'intervention volontaire peut être faite à titre principal ou accessoire.

L'intervention *principale* consiste à former une demande propre, distincte de celles des parties déjà en cause. L'auteur de la demande doit donc avoir le droit d'agir relativement à cette prétention (art. 329).

L'intervention *accessoire* est de moindre importance en ce qu'elle consiste à venir appuyer l'une des parties dans ses démonstrations (art. 330). L'exigence du droit à agir relativement à l'objet de la demande n'est donc pas requise et l'intérêt suffit. S'agissant du fait qu'il n'y a pas de demande propre à l'intervenant, celui-ci pourra se désister unilatéralement, à l'inverse de l'intervenant à titre principal.

C. Modalités

L'intervenant doit constituer avocat celui-ci rédige une requête exposant les moyens et les buts de l'intervention. Il communique sa constitution et sa requête accompagnée des pièces aux avocats des parties en présence.

L'intervention accessoire peut se faire même après la clôture de la mise en état (v. Fiche 9) à la condition que l'intervention n'impose pas la réouverture et donc que l'affaire puisse être jugée en l'état. Dès lors, l'intervention principale impliquera la réouverture de l'instruction (art. 803 al. 2).

Lorsque la demande est faite à titre principal, l'avocat de l'intervenant participe aux débats comme demandeur. À l'inverse, lors d'une intervention accessoire, sa qualité dépend de celle de la partie qu'il appuie et il ne peut prendre de conclusions autres que celles de cette partie.

Par ailleurs, seule l'intervention volontaire à titre accessoire est admise devant la Cour de cassation.

D. Effets de l'intervention

Concernant les effets, le désistement du demandeur et l'acquiescement du défendeur s'imposent à celui intervenant accessoirement à leurs prétentions. À l'inverse, les désistements et acquiescements sont sans effet sur l'intervenant à titre principal.

L'interruption de la prescription par la demande principale joue également pour l'intervention alors que son irrégularité n'affecte pas l'intervention.

III. Les spécificités de l'intervention forcée

A. Intérêts de l'intervention

L'intervention forcée permet à une partie de joindre à l'instance une personne que l'on cherche à condamner ou à l'égard de laquelle on veut rendre le jugement effectif. Il peut s'agir du souhait d'un demandeur qui au cours de l'instance s'aperçoit que le défendeur n'est pas la seule personne devant répondre de son dommage ou encore le souhait d'un défendeur qui considérerait ne pas être le seul débiteur d'une obligation. Ainsi, l'intervention forcée couvre-t-elle plusieurs situations.

L'intervention forcée peut, tout d'abord, prendre la forme d'une mise en cause, c'est-à-dire une action visant une personne afin d'obtenir sa condamnation. Cette démarche signifie que celui qui met en cause aurait pu agir à titre principal contre le tiers, comme l'exige l'article 331 alinéa 1er du Code de procédure civile.

Ensuite, et la situation est courante, l'intervention forcée sert d'appel en garantie. Celui qui bénéficie d'une garantie appelle son garant. S'il s'agit d'une garantie simple, le garanti reste partie au procès mais s'il s'agit d'une garantie formelle, le garant devant alors défendre le garanti, le garanti peut demander à être mis hors de cause. Mais il peut également rester partie à l'instance pour la défense de ses droits ou à la demande du créancier pour la préservation des siens.

Enfin, l'intervention peut prendre la forme d'une déclaration de jugement ou d'arrêt commun afin de rendre la décision opposable au tiers et lui fermer ainsi la possibilité d'une tierce opposition.

B. La mise en œuvre de l'intervention

L'intervention est en principe une demande mais lorsqu'elle émane du défendeur initial, il s'agit d'une défense au fond.

L'intervention se fait par citation, selon les règles applicables à la juridiction.

Le tribunal compétent reste celui saisi du litige en ce qui concerne la question territoriale, mais le tiers mis en cause peut soulever l'incompétence matérielle ou encore une clause compromissoire.

La décision de mettre en cause revient aux parties et certains articles les y incitent. Ainsi, l'article 1670 du Code civil indique que l'acquéreur d'un bien, en cas de faculté de rachat, peut exiger que tous les covendeurs ou tous les cohéritiers soient mis en cause.

Surtout l'article 332 alinéa 1er du Code de procédure civile permet au juge d'*inviter* les parties à mettre en cause tous les intéressés dont la présence lui paraît nécessaire à la solution du litige. L'article 786 prévoit la même disposition pour le juge de la mise en état. Cette faculté n'est pas anodine. L'invitation offre des indications sur l'orientation de l'opinion de la juridiction relativement au litige. Les parties invitées ont alors tout intérêt à mettre en cause, sauf à ce qu'elles souhaitent justement laisser à l'écart une personne et que l'invitation du juge révèle cette volonté.

Le tiers appelé doit disposer du temps nécessaire à la préparation de sa défense ce qui implique que des conclusions soient prises à son encontre.

Cette possibilité de se défendre conduit à s'interroger sur la possibilité de recourir à l'intervention forcée en appel. En effet, qu'une personne n'intervienne qu'au niveau de l'appel de son propre chef, elle renonce alors au double degré de juridiction. Mais qu'une action soit lancée contre une personne sans qu'elle puisse bénéficier du double degré pose problème. Pourtant l'article 555 du Code de procédure civile prévoit cette hypothèse si l'évolution du litige implique la mise en cause. La Cour de cassation par une décision de l'Assemblée plénière est encore venue préciser que l'évolution du litige n'est caractérisée que par la révélation d'une circonstance de fait ou de droit, née du litige ou postérieure à celui-ci, modifiant ses données (11 mars 2005).

• À retenir

- L'instance peut être modifiée par l'ajout de personnes jusqu'alors tiers au procès, il s'agit d'interventions.
- L'intervention peut être volontaire ou forcée.

- L'intervention volontaire provient d'une initiative du tiers de vouloir participer au procès.
- L'intervention volontaire peut être principale, lorsque le tiers forme des demandes, ou accessoire, lorsqu'il vient en appui de demandes existantes.
- L'intervention forcée est à l'initiative des parties, afin de faire condamner un tiers ou de lui rendre la décision opposable.
- L'intervention peut se faire en tout état de cause, même en appel.
- L'intervention forcée en appel doit toutefois être justifiée par une évolution du litige découlant du jugement ou postérieure à celui-ci.

Pour en savoir plus

- GIVERDON et AVRIL, « Intervention en appel », *Gaz. Pal.* 1986, 1. Doctr. 121.

POUR S'ENTRAÎNER : QUESTIONS

1. **Quel est l'intérêt de l'intervention ?**
2. **Que peut opposer le tiers afin d'échapper à une intervention forcée ?**

CORRIGÉ

1. L'intervention peut intéresser une partie ou un tiers. Lorsqu'elle intéresse une partie, il s'agira d'une intervention forcée consistant soit pour le demandeur à joindre à l'instance de nouveaux défendeurs soit pour le défendeur à faire un appel en garantie ou à mettre une cause une autre personne. Lorsqu'elle intéresse un tiers, on parle d'intervention volontaire. Bien que l'autorité de la chose jugée soit relative et que les tiers bénéficient de la tierce opposition à l'encontre des jugements qui leur feraient grief, l'adage selon lequel il vaut mieux prévenir que guérir justifie qu'ils puissent intervenir en cours d'instance pour faire valoir leurs arguments, soit pour obtenir des décisions les concernant (il s'agira d'une intervention principale), soit pour venir en appui aux demandes de l'une des parties (il s'agira d'une intervention accessoire).
2. Le tiers peut opposer l'incompétence matérielle du tribunal ou encore une clause compromissoire. Surtout, s'il est mis en cause en appel, il peut arguer que le litige n'a connu aucune évolution depuis le prononcé du jugement qui justifie son intervention.

Fiche 14

Les incidents relatifs à l'objet

• **Définitions**

Demandes additionnelles: demandes s'ajoutant aux demandes initiales quelles proviennent du demandeur ou du défendeur.

Demandes reconventionnelles: prétentions propres au défendeur, autres que le seul rejet des prétentions du demandeur.

L'étendue de l'instance est fixée par les demandes initiales contenues dans l'acte de saisine, à savoir l'assignation ou la requête (v. Fiches 6 et 7). Ces demandes permettent de trancher les questions de compétence de juridiction, d'intérêt et de qualité pour agir. Pour que les réponses alors apportées conservent leur valeur, il convient que l'objet du litige garde sa physionomie. Il serait alors tentant de figer le débat aux demandes initiales afin d'éviter toute dénaturation. Pourtant, l'évolution du litige et l'intérêt des parties peuvent nécessiter que les demandes se modifient dans le temps. L'objet peut donc subir des incidents du fait de ces modifications. Il s'agit des demandes incidentes (art. 63). Celles-ci sont susceptibles de provenir du demandeur, on parlera alors de demandes additionnelles **(I)** ou du défendeur, il s'agira alors de demandes reconventionnelles **(II)**.

I. Les demandes additionnelles

L'article 65 du Code de procédure civile définit les demandes additionnelles comme des prétentions nouvelles qui modifient les prétentions antérieures, soit en les augmentant, soit en les restreignant.

Le risque des demandes nouvelles est de changer la nature de l'objet du litige, ce qui pourrait conduire à l'incompétence de la juridiction saisie ou encore à l'incapacité de la personne en demande. Ces nouvelles demandes doivent donc être encadrées. C'est la raison pour laquelle l'article 70 du Code de procédure civile impose qu'elles « se rattachent aux prétentions originaires par un lien suffisant ». Il doit donc y avoir un lien de connexité entre les demandes initiales et celles additionnelles. Le traitement de cette connexité mérite des précisions. En effet, toutes les juridictions ne peuvent appréhender cette question de la même manière. Les tribunaux d'instance et de grande instance peuvent traiter de toutes les questions même si elles ne ressortent pas de leur compétence sauf lorsque la compétence exclusive d'une autre juridiction est prévue. Les autres juridictions, qui ont une compétence exclusive, ne peuvent traiter des questions ne relevant pas de leur compétence, sauf à ce que les demandes soient indivisibles. La Cour de cassation admet alors la prorogation de compétence.

Lorsque la demande vise une compensation, l'alinéa 2 de l'article 70 du Code de procédure civile pose la recevabilité même en l'absence de lien suffisant, sauf la faculté pour le juge de disjoindre si l'incident est de nature à trop retarder la marche de l'instance.

Or ce cas, toutes les fois que le lien ne sera pas suffisant, la demande sera irrecevable et nécessitera l'ouverture d'une instance distincte. L'appréciation de ce lien relève de l'appréciation souveraine des juges du fond. Toutefois, le juge n'a pas à vérifier d'office la recevabilité de la demande additionnelle. Cette solution vaut également pour les demandes reconventionnelles.

La demande se fera par acte d'avocat à avocat sous forme donc de conclusions. Mais lorsqu'elle vise une partie défaillante ou un tiers, elle doit respecter les formes de l'introduction d'instance. En appel, elle l'est par voie d'assignation.

II. Les demandes reconventionnelles

A. Notion

« Constitue une demande reconventionnelle la demande par laquelle le défendeur originaire prétend obtenir un avantage autre que le simple rejet de la prétention de son adversaire » (art. 64).

La demande reconventionnelle se distingue donc de la défense au fond. Elle a la nature de demande principale. Le procès initié par le demandeur peut être ainsi l'occasion pour le défendeur de faire valoir ses propres demandes et donc de devenir à son tour demandeur. La demande reconventionnelle se différencie de la défense au fond en ce qu'elle apporte un avantage à son auteur qui va au-delà du simple rejet des prétentions du demandeur principal. Mais si, sur le principe, l'idée est simple, son application peut parfois susciter des difficultés.

Ainsi, en matière de cautionnement, la demande de la caution de voir reconnaître la responsabilité de la banque garantie conduisait à s'interroger sur l'existence d'un avantage pour le défendeur autre que le rejet. Après des hésitations entre la première chambre civile et la chambre commerciale, la chambre mixte a répondu sans trancher la question considérant que « les demandes reconventionnelles et les moyens de défense étant formés de la même manière à l'encontre des parties à l'instance, les juges du fond doivent répondre à la demande [...] quelle qu'en soit la qualification procédurale » (Ch. Mixte, 21 février 2003). La solution ne saurait satisfaire sauf à nier la différence de nature entre une défense au fond et une demande reconventionnelle. Il ressort de ce questionnement que les demandes reconventionnelles peuvent être mêlées de défense au fond, elles ont pour but à la fois de rejeter les demandes et d'octroyer un avantage ou bien être des demandes indépendantes de celles du demandeur principal. Il existe donc des demandes reconventionnelles hybrides et d'autres simples.

À titre d'exemple de demande hybride, l'on peut citer le cas classique de la demande en annulation d'un contrat qui permet également de faire rejeter une demande d'exécution.

B. Recevabilité

Tout comme les demandes additionnelles, les demandes reconventionnelles doivent pour être recevables, se rattacher aux demandes originaires avec un lien suffisant, toujours en application de l'article 70 du Code de procédure civile.

Entre demandes reconventionnelles et additionnelles, la surenchère est à craindre. Raison pour laquelle la règle selon laquelle *reconvention sur reconvention ne vaut* est posée. Mais cette interdiction n'a pas d'effet à l'égard des demandes reconventionnelles du demandeur portant sur le même titre que la demande du défendeur, sinon il pourra toujours présenter des demandes additionnelles.

Ainsi la Cour de Cassation est venue rappeler (Civ. 2e, 10 janvier 2013, n° 10-28735) que « les demandes reconventionnelles, en première instance comme en appel, peuvent être formées tant par le défendeur sur la demande initiale que par le demandeur initial en défense aux prétentions reconventionnelles de son adversaire ».

Mais cette solution est, peut-être, limitée par une position postérieure de la Cour (Civ. 2e, 23 février 2017, n° 16-12859). Celle-ci, dans une décision relative à l'appel, considère que la demande reconventionnelle n'est recevable que si elle se rattache à la seule demande originaire des demandeurs, c'est-à-dire les demandes initiales. Dès lors, il est difficile d'envisager la recevabilité d'une demande reconventionnelle fondée sur la demande du défendeur. Concrètement, ceci ne limite pas les possibilités de demandes additionnelles en première instance pour les demandeurs. Par contre, ceci conduit à réduire le champ du questionnement du juge en appel, ce qui s'inscrit dans la logique de la réforme du 6 mai 2017 qui suivit l'arrêt (V. également Fiche 36 relative aux effets de l'appel).

C. Sort des demandes reconventionnelles en cas d'irrecevabilité des demandes principales

Enfin, se pose la question du sort des demandes reconventionnelles lorsque les demandes principales sont irrecevables. Les demandes reconventionnelles suivent-elles le même sort ? La distinction entre les demandes hybrides et les demandes simples présente ici tout son intérêt. S'il s'agit d'une demande hybride, l'irrecevabilité de la demande principale lui ôte tout objet car sa raison d'être provenait de cette demande. À l'inverse, lorsque la demande reconventionnelle peut recevoir une réponse alors même que la demande principale disparaît, l'irrecevabilité de la demande principale ou le désistement de son auteur ne fait pas disparaître la demande reconventionnelle dont le juge demeure saisi.

- **À retenir**

  - Les demandes additionnelles émanent du demandeur à l'instance et viennent modifier les demandes initiales.
  - Les demandes reconventionnelles émanent du défendeur et ont pour but de lui octroyer un avantage autre que le rejet des prétentions adverses. Elles peuvent émaner du demandeur en défense contre les demandes reconventionnelles du défendeur.
  - Les demandes reconventionnelles ont la nature de demandes et non de moyen de défense.
  - Les demandes additionnelles et reconventionnelles doivent avoir avec les demandes initiales un lien suffisant pour être recevables.
  - Elles sont recevables en appel.
  - L'irrecevabilité des demandes principales n'entraîne celle des demandes reconventionnelles que si la disparition des demandes initiales leur fait perdre leur objet.

Pour en savoir plus

- SANTA-CROCE, « De quelques difficultés de qualification en droit judiciaire privé », *Liber Amoricum Cyrille David*, LGDJ 2005, 409.

POUR S'ENTRAÎNER : QUESTIONS

1. **À quelle condition les demandes additionnelles sont-elles recevables ?**
2. **Quelle est la nature des demandes reconventionnelles ?**

CORRIGÉ

1. Les demandes additionnelles ne sont recevables que si elles ont un lien suffisant avec les demandes initiales. Ce lien est souverainement apprécié par les juges du fond. Toutefois, il convient de distinguer les possibilités d'acceptation de ces demandes selon les compétences des juridictions. Les tribunaux de grande instance, d'instance et les juridictions de proximité peuvent connaître de toute question sauf compétence exclusive d'une autre juridiction. Les autres juridictions ne peuvent connaître que des questions se rattachant à leur compétence.
2. Les demandes reconventionnelles sont des demandes et non un moyen de défense au fond. Elles sont donc soumises aux mêmes conditions. Mais l'objectif d'une demande reconventionnelle est souvent d'être une contre-attaque face aux demandes initiales. On distingue donc les demandes reconventionnelles simples, qui sont une demande propre au défendeur mais liée à l'objet de l'instance, et les demandes hybrides, qui n'ont d'objet que par rapport aux demandes initiales et dont le sort suit celui de ces demandes si elles sont irrecevables. Rappelons que la Cour de cassation considère que ne sont recevables que les demandes reconventionnelles qui ont un lien avec les demandes initiales.

Fiche 15

Les incidents affectant provisoirement l'instance

- **Définitions**

Jonction d'instances : fait de joindre des instances existantes.
Disjonction d'instances : fait de séparer les demandes d'une instance sur plusieurs instances.
Interruption d'instance : interruption du lien d'instance par la survenance d'un événement lié aux parties ou à leurs représentants.
Suspension d'instance : suspension du cours du procès du fait d'un événement sans lien avec les parties ou à leurs représentants.

Certains événements vont affecter l'instance soit provisoirement soit définitivement. Les événements qui vont affecter provisoirement l'instance conduisant à en retarder l'issue ressortent de plusieurs causes qui vont conduire à une classification, du fait de régimes différents. On constate tout d'abord que la connexité existant entre des instances va conduire à les rassembler ou au contraire l'absence de lien va nécessiter une division de l'instance. Il s'agira des jonctions et disjonction d'instances. En second lieu, un événement affectant l'une des parties va conduire à ce que l'instance soit interrompue. Enfin, lorsqu'un événement affecte l'instance sans être lié aux parties, il y aura suspension de l'instance.

I. Les jonctions et disjonctions d'instances

A. Les jonctions

Lorsque des affaires soumises à une même juridiction présentent un lien de connexité suffisant, le juge peut les joindre. Selon l'article 367 du Code de procédure civile : « Le juge peut, à la demande des parties ou d'office, ordonner la jonction de plusieurs instances pendantes devant lui s'il existe entre les litiges un lien tel qu'il soit de l'intérêt d'une bonne justice de les faire instruire ou juger ensemble».

L'initiative de la mesure peut donc émaner autant des parties que du juge.

La situation peut viser des instances différentes liant les mêmes parties sur des points ayant un lien ou encore des affaires dans lesquelles une même partie est visée par plusieurs autres pour de mêmes demandes, tel l'exemple d'un employeur visé par plusieurs actions de ses salariés tendant aux mêmes fins.

B. Les disjonctions

Le même article en son second alinéa prévoit l'hypothèse inverse à savoir la disjonction d'instance lorsque le juge considérera que les demandes doivent recevoir des traitements séparés notamment par rapport à une question de durée raisonnable du procès lorsque de nouvelles demandes risquent de prolonger exagérément l'instance en cours et que ces questions peuvent être traitées à part.

La jonction comme la disjonction sont des mesures d'administration judiciaire selon l'article 368 du Code de procédure civile contre lesquelles il ne peut être exercé aucun recours.

II. Les causes d'interruption de l'instance

A. Les événements

L'instance se trouve interrompue lorsqu'un événement affecte l'une des parties ou son représentant. Cette modification dans la situation des parties anéantit le lien d'instance ce qui interrompt le procès. Pour autant, l'instance n'a pas complètement disparu. Elle reprendra par l'accomplissement des formalités dites de reprise d'instance.

Les articles 369 et 370 du Code de procédure civile listent les situations conduisant à cette interruption de l'instance. Deux textes sont nécessaires car ces événements se distinguent entre ceux qui interrompent par eux-mêmes le procès et ceux qui nécessitent une notification pour prendre effet.

S'agissant des événements qui interrompent l'instance par eux-mêmes, l'on trouve :

- la majorité d'une partie ;
- la cessation de fonction de l'avocat lorsque la représentation est obligatoire ;
- l'effet d'un jugement qui prononce le redressement judiciaire dans les causes où il emporte assistance ou dessaisissement du débiteur.
- La conclusion d'une convention de procédure participative aux fins de mise en état y compris en cas de retrait du rôle.

Il convient d'ajouter un nouveau cas en appel d'interruption automatique avec l'article 1546-2 en matière de conclusion de convention de procédure participative qui prévoit l'interruption le temps de l'exécution de la convention.

En ce qui concerne les événements affectant l'instance du fait de leur notification à l'autre partie, il s'agit :

- du décès d'une partie lorsque l'action est transmissible ;
- de la cessation de fonction du représentant légal d'un mineur ou de la personne chargée de la protection juridique d'un majeur ;
- du recouvrement ou de la perte par une partie de la capacité d'ester en justice.

B. La mise en œuvre

Dans tous les cas, l'événement doit avoir lieu avant l'ouverture des débats, c'est-à-dire avant la prise de parole du demandeur à l'audience de jugement (art. 371).

L'instance étant interrompue, le juge n'en est pas moins toujours saisi de l'affaire. Aussi peut-il inviter les parties à lui faire part de leurs initiatives en vue de reprendre l'instance et de radier l'affaire à défaut de diligences dans le délai qu'il détermine (art. 376 al. 2). De manière plus exceptionnelle, le juge peut également en application de l'alinéa 3 du même article demander au ministère public de recueillir les renseignements nécessaires à la reprise de l'instance.

Si un jugement ou un acte devait intervenir après l'interruption, il serait considéré comme non avenu. Cette règle s'appliquant même pour les actes passés en force de chose jugée. Toutefois, la partie au profit de laquelle l'interruption est prévue peut expressément ou tacitement, par l'application de l'acte, le confirmer.

La reprise de l'instance se fait dans les formes prévues pour la présentation des moyens de défense si elle est volontaire et sinon par voie de citation, selon l'article 373 du Code de procédure civile. Elle reprend alors son cours au point où elle s'était interrompue (art. 374). Ceci a conduit à s'interroger sur l'application des délais. La question était de savoir si pour le calcul du délai pour conclure en appel l'on devait prendre en considération le temps écoulé préalablement à l'interruption ou faire courir un nouveau délai. La cour de cassation, dans le souci de maintenir un véritable accès au juge, a privilégié le calcul d'un nouveau délai à la reprise de l'instance (Civ. 2e, 4 juin 2015, n° 13-27218).

III. Les causes de suspension de l'instance

Il s'agit d'événements étrangers à la situation personnelle des parties ou de leurs représentants. Ce n'est pas la seule différence avec les causes d'interruption. L'événement fait obstacle à la poursuite de l'instance, mais sa disparition permet une reprise sans qu'il soit besoin d'une formalité de reprise.

L'article 377 du Code de procédure civile prévoit ces événements. Il s'agit des sursis à statuer, des radiations et des mesures de retrait du rôle.

A. Le sursis à statuer

S'agissant du sursis à statuer, l'article 378 du Code de procédure civile dispose que « la décision de sursis suspend le cours de l'instance pour le temps ou jusqu'à la survenance de l'événement qu'elle détermine ».

La survenance de l'événement suffit. L'absence de connaissance de cette survenance par une partie est sans effet (civ 2e, 3 sept. 2015, n° 14-11091).

La décision de surseoir peut être attaquée par un appel qui doit être autorisé par le premier président de la cour d'appel, ce dernier contrôlant le motif légitime du demandeur. La partie qui veut faire appel saisit le premier président, qui statue selon la procédure accélérée au fond. L'assignation doit être délivrée dans le mois de la décision.

S'il accueille la demande, le premier président fixe, par une décision insusceptible de pourvoi, le jour où l'affaire sera examinée par la cour, laquelle est saisie et statue comme en matière de procédure à jour fixe ou comme il est dit à l'article 948 pour la procédure sans représentation obligatoire.

Concernant les décisions rendues en dernier ressort, le pourvoi en cassation est possible pour violation de la règle de droit (art. 380-1).

Lorsque le motif du sursis disparaît, l'instance reprend à l'initiative des parties ou du juge.

B. La radiation de l'affaire

En ce qui concerne la radiation de l'affaire, il s'agit d'un moyen de sanction pour le juge de la passivité des parties. Elles ont la charge de faire avancer l'instance. Leur inaction est contraire à ce rôle et encombre inutilement les tribunaux. Par exemple, le juge (art. 470) ou le juge de la mise en état (art. 801) peuvent supprimer l'affaire du rang des affaires en cours pour défaut de comparution des parties.

Les parties sont informées de la mesure par lettre simple à leur domicile ainsi que leur représentant. Le courrier indique le motif de la radiation.

S'agissant d'une mesure d'administration judiciaire, elle n'est susceptible d'aucun recours.

Quant à la reprise de l'instance, l'article 383 du Code de procédure civile pose qu'« à moins que la péremption ne soit acquise, l'affaire est rétablie, en cas de radiation, sur justification de l'accomplissement des diligences dont le défaut avait entraîné celle-ci ».

C. Le retrait du rôle

S'agissant du retrait du rôle, la méthode est identique à la radiation par la suppression du rôle de l'affaire mais la cause en est différente. La radiation sanctionne la passivité des parties, le retrait est la conséquence de leur accord. Ainsi l'article 382 du Code de procédure civile prévoit, depuis le décret du 28 décembre 1998 (n° 98-1231) que « le retrait du rôle est ordonné lorsque toutes les parties en font la demande écrite et motivée ». L'intérêt de ce mécanisme est essentiellement d'offrir du temps (mais le délai de péremption continue de courir, v. Fiche 16) aux parties pour négocier une transaction ce qui conduira alors à la clôture définitive de l'instance. Cette logique de lier le retrait du rôle à un accord des parties explique pourquoi il est également prévu un retrait du rôle en cas de conclusion d'une convention de procédure participative, avec interruption, cette fois, de la péremption jusqu'à l'issue de la convention en première instance ou en appel.

Tout comme la radiation, il s'agit d'une mesure d'administration judiciaire donc sans recours possible et la reprise se fait à l'initiative commune ou d'une seule des parties, si la péremption n'est pas acquise.

• À retenir

- Le juge peut, à la demande des parties ou d'office, ordonner la jonction de plusieurs instances pendantes devant lui s'il existe entre les litiges un lien tel qu'il soit de l'intérêt d'une bonne justice de les faire instruire ou juger ensemble.
- L'instance se trouve interrompue lorsqu'un événement affecte l'une des parties ou son représentant. Elle l'est également par la conclusion d'une convention de procédure participative.
- L'instance reprendra par l'accomplissement des formalités dites de reprise d'instance.
- Certains événements interrompent d'eux-mêmes l'instance, d'autres nécessitent une notification à la partie adverse.
- Les événements interrompant d'eux-mêmes l'instance sont la majorité d'une partie, la cessation de fonction de l'avocat dans une procédure avec représentation obligatoire, l'effet d'un jugement prononçant la mise en redressement judiciaire et la conclusion d'une convention participative.
- Les événements nécessitant une notification sont le décès d'une partie si l'action est transmissible, la cessation de fonctions du représentant légal d'un

mineur ou de la personne chargée de la protection juridique d'un majeur et le recouvrement ou la perte de la capacité d'ester en justice d'une partie.

- La suspension d'instance consiste en des événements étrangers à la situation personnelle des parties ou de leurs représentants.
- Ces événements sont le sursis à statuer, la radiation et le retrait du rôle.
- Le sursis à statuer est susceptible d'appel ou de pourvoi en cassation mais alors seulement pour violation de la loi.
- La radiation sanctionne la passivité des parties, aucun recours n'est possible et l'instance reprend par l'accomplissement des diligences requises sous réserve que la péremption ne soit pas acquise.
- Le retrait se fait à la demande de toutes les parties et doit être motivée ou lorsqu'une convention de procédure participative est conclue. L'instance reprend à la demande de l'une des parties.

Pour en savoir plus

- PEROCHON, « À propos de la réforme de la liquidation judiciaire par l'ordonnance du 18 décembre 2008 », *Gaz. Pal.* 8-10 mars 2009, 3.
- ATIAS, « Le changement de représentant d'une personne morale en cours d'instance », *D.* 2013, 186.

POUR S'ENTRAÎNER : QUESTIONS

1. **Quelle est la différence entre une radiation et un retrait du rôle ?**
2. **Quelle est la différence entre une mesure interruptive et une mesure suspensive ?**

CORRIGÉ

1. Radiation et retrait consistent tous deux à supprimer l'affaire de celles inscrites sur le rôle des affaires. Mais si la technique est la même, la cause en est différente. La radiation est une mesure d'administration judiciaire venant sanctionner la passivité des parties. Elles se désintéressent de l'affaire alors la juridiction aussi. Le retrait est à l'inverse une mesure demandée par les parties ensemble au juge afin, généralement, d'avoir du temps pour négocier un accord. Le fait de conclure une convention de procédure participative reprend cette idée et conduit donc également au retrait du rôle de l'affaire. L'instance reprendra par l'exécution des diligences pour la radiation et à la simple demande d'une partie pour le retrait.

2. Les mesures interruptives sont liées aux parties ou à leurs représentants. Elles interrompent automatiquement ou suite à une notification l'instance. Il s'agit par exemple du décès de l'une des parties ou de la cessation de fonction de l'avocat lorsque la procédure est à représentation obligatoire. Les mesures suspensives sont extérieures aux parties et à leurs représentants. Il s'agit du sursis à statuer, de la radiation et du retrait du rôle. Les effets diffèrent puisque l'interruption anéantira les délais déjà écoulés, alors que la suspension ne fera qu'en suspendre le cours et n'aura pas d'effet sur le délai de péremption, sauf la situation particulière du sursis à statuer.

Fiche 16

Les incidents affectant définitivement l'instance

- **Définitions**

Péremption d'instance : extinction de l'instance du fait de l'inaction des parties pendant deux ans.

Désistement d'instance : acte par lequel une partie renonce à la poursuite de l'instance.

Acquiescement : acceptation du bien-fondé des prétentions de l'autre et renonciation à action, quand l'acquiescement porte sur la demande. Acceptation du jugement et renonciation aux voies de recours, lorsqu'il porte sur le jugement.

Caducité : acte devenu sans effet par la survenance d'un événement ou le terme d'un délai.

Diligence : comportement de nature à faire progresser le procès.

L'issue normale d'un procès est un jugement venant trancher le litige. Toutefois, l'instance peut ne pas aller jusqu'à cette issue. En fait, de nombreux événements peuvent conduire à mettre un terme à l'instance avant la survenance d'un jugement. Les parties peuvent parvenir à un accord et à la signature d'une transaction. L'une d'elles peut reconnaître le bien-fondé de l'argumentation adverse et soit acquiescer à l'action soit se désister de l'action. L'instance peut également prendre fin du fait du décès d'une partie lorsque l'action n'est pas transmissible.

Le juge constate alors l'extinction de l'instance par voie de conséquence, par une décision de dessaisissement en application de l'article 384 alinéa 2 du Code de procédure civile. En outre, lorsque l'extinction a pour cause un accord des parties, le juge peut à leur demande donner force exécutoire à cet accord (art. 384 al. 3).

Dans toutes ces circonstances, l'instance prend fin accessoirement à l'action, mais il est possible que l'instance s'éteigne à titre principal par l'effet soit d'une péremption, soit d'un désistement soit encore d'un acquiescement à celle-ci. C'est dans ce cadre que l'on parle d'incidents affectant définitivement l'instance. Ce qui n'empêchera nullement, sauf acquiescement et désistement d'action, l'introduction d'une nouvelle instance, sauf à ce que celle-ci soit prescrite.

Nous allons aborder successivement ces trois cas. Nous ne détaillerons pas le cas particulier de la caducité de la citation, qui peut être invoquée dans les cas prévus par la loi et qui nécessite de réintroduire l'instance, comme dans le cas classique de la non-saisine du juge dans les délais suite à l'assignation.

I. La péremption d'instance

Le procès civil est la chose des parties. Il leur appartient de prendre les initiatives permettant de le faire progresser jusqu'à son issue. Dès lors, le fait de n'accomplir aucun acte de procédure pendant un certain temps permet d'en conclure qu'elles se désintéressent du procès, la juridiction n'ayant pas à pallier cette carence. Inutile alors d'encombrer le rôle du tribunal par une affaire dont les parties ne s'occupent plus. La péremption d'instance est le moyen de sanctionner ce comportement, ou devrait-on dire cette absence de comportement des parties.

La péremption est posée par l'article 386 du Code de procédure civile : « l'instance est périmée lorsqu'aucune des parties n'accomplit de diligences pendant deux ans ».

Toute la difficulté de cette notion repose sur la notion de « *diligence* ». Le terme couvre à tout le moins les actes de procédure, comme le fait de déposer de nouvelles conclusions. Précisons « nouvelles » car le fait de déposer les mêmes conclusions n'apporte rien à l'affaire. En effet, le sens d'une diligence est de faire avancer le procès. La notion est donc plus large que celle d'acte de procédure. La cour de cassation pose qu'il s'agit des *démarches de nature à faire progresser l'affaire* (3e civ., 20 déc. 1994, *Bull. civ.* III, n° 227). Charge ensuite aux juges d'apprécier au cas par cas ce qui est susceptible de répondre à cette exigence.

Ainsi a-t-il été jugé que le fait d'adresser un courrier à un expert afin de le presser à rendre son rapport constitue une diligence. À l'inverse, le dépôt de conclusions alors que l'affaire avait été radiée du rôle de la Cour d'appel pour défaut d'exécution alors qu'il n'y a pas eu d'exécution depuis, n'est pas une diligence (Civ. 2e, 1er septembre 2016, n° 15-14551).

Ce n'est donc pas la nature de la démarche mais sa finalité qui importe pour recevoir la qualification de diligence.

Un problème a été soulevé concernant la demande d'aide juridictionnelle. Celle-ci constituait-elle une diligence ? La Cour de cassation (2e Ch. civ., 19 mai 1998, n° 96-17349) écartait cette hypothèse. « Une demande d'aide juridictionnelle ne constitue pas une diligence au sens de l'article 386 du nouveau Code de procédure civile ». La solution avait le mérite de la clarté. Mais sous l'influence du droit d'accès au juge prévu par l'article 6-1 de la Convention européenne de sauvegarde des droits de l'Homme, les demandes de prise en considération de l'aide juridictionnelle sont réapparues et ont abouti à ce que la chambre sociale d'abord (28 janvier 2009, n° 07-42287) et surtout la deuxième chambre civile (19 novembre 2009, n° 08-16698) acceptent de prendre en compte la demande d'aide juridictionnelle. « La demande d'aide juridictionnelle interrompt le délai de péremption ».

Plus originale, l'hypothèse d'une diligence accomplie dans une autre instance. La Cour de cassation a pu affirmer qu'en cas de dépendance directe et nécessaire entre deux instances, les diligences accomplies dans l'une interrompaient la péremption de l'autre (Civ. 2e, 11 juillet 2013, n° 12-15994).

Quoi qu'il en soit, il faut que la diligence émane de l'une des parties. Ainsi, le fait pour un expert de déposer son rapport ne constitue pas une diligence.

Encore faut-il que les parties aient la possibilité d'agir. Ceci exclut les situations de sursis à statuer ou encore de clôture des débats. Mais pendant longtemps, le fait qu'une juridiction se déclare incompétente et renvoie à une autre juridiction laissait courir la péremption alors même que le greffe de la juridiction compétente n'avait mis à la charge des parties aucune diligence. Cette solution critiquable et critiquée, retenue par les trois chambres civiles entre 2000 et 2002 fut enfin abandonnée par la 2e chambre civile dans une décision du 15 janvier 2009 (n° 07-22074).

Quant à la date de départ du délai de deux ans, il convient de prendre en compte la dernière diligence accomplie. Dès lors la question de la qualification de diligence se pose d'abord pour savoir quand le délai commence à courir et ensuite pour savoir si une démarche a pu l'interrompre. C'est alors toutes les démarches qui doivent être analysées.

La péremption joue également contre les personnes protégées et les incapables, charge pour eux de se retourner contre leurs représentants légaux (art. 391).

Cette règle connaît des dérogations en matière sociale, pour laquelle il faut que les diligences aient été décidées par la juridiction à la charge de l'une des parties, et en matière de sécurité sociale. Plus précisément, le délai de péremption débutera à la notification de la radiation, celle-ci indiquant la démarche à réaliser et s'effectuant par lettre simple (Soc. 28 février 2012, n° 10-26562 et 19 octobre 2016, n° 15-16120).

La suspension de l'instance n'interrompt en principe pas la péremption, sauf si la suspension a une durée déterminée ou liée à la survenance d'un événement. À l'inverse, l'interruption d'instance emporte celle de la péremption. L'article 392 précise même le cas de la convention de procédure participative aux fins de mise en état suite à laquelle court un nouveau délai alors que l'article 369 prévoit expressément le cas de la convention participative comme cause interruptive d'instance.

Le délai dépassé, il appartient à la partie qui y a intérêt, et on se doute il s'agira du défendeur, de relever la péremption avant tout autre moyen, c'est-à-dire avant toute reprise du débat au fond ou tout moyen de procédure (Civ. 2e, 15 octobre 2015, n° 14-19811). Le juge peut relever d'office la péremption après avoir invité les parties à présenter leurs observations (art. 388 CPC).

Ces conditions respectées, la péremption est de droit et évidemment aucune démarche postérieure ne peut la remettre en cause.

La péremption « emporte seulement extinction de l'instance sans qu'on puisse jamais opposer aucun des actes de la procédure périmée ou s'en prévaloir » (art. 389). Une nouvelle instance sans référence avec celle éteinte peut donc être initiée si l'action est toujours ouverte.

Si la péremption intervient en appel ou lors d'une opposition, le jugement déféré reçoit la force de chose jugée même sans notification (art. 390).

Les frais resteront à la charge de celui qui a introduit l'instance (art. 393).

II. Le désistement d'instance

Le désistement consiste à renoncer à l'instance sans attendre le jugement.

Il convient tout d'abord de distinguer le désistement d'instance d'autres situations avant de s'attarder sur son régime.

A. Distinctions

Le désistement d'instance doit être distingué du désistement d'acte de procédure et de celui d'action.

Le désistement d'acte de procédure est le fait de renoncer à se prévaloir d'un acte fait ou fait accompli, tel par exemple une expertise. Il n'est pas nécessaire d'obtenir l'accord de l'adversaire en ce cas.

Le désistement d'action est un acte grave par lequel le titulaire du droit renonce à son exercice. Il suppose donc le droit de disposer du droit et ne suppose pas non plus l'accord de l'adversaire. Cette décision interdira toute nouvelle instance, le titulaire ayant renoncé à se prévaloir de son droit d'agir.

Quant au désistement d'instance, « le demandeur peut, en toute matière se désister de sa demande en vue de mettre fin à l'instance » (art. 394). Le désistement peut donc avoir lieu en première instance, en appel ou lors d'une opposition.

L'article 400 du Code de procédure civile prévoit tout de même que la règle de l'article 394 s'applique sauf dispositions contraires. Des exceptions sont donc possibles. Ainsi, le désistement d'appel contre un jugement de divorce rendu contre un majeur protégé, ou contre un conjoint dont les facultés mentales sont gravement altérées est nul. Constatons le caractère limité de ces exceptions.

B. Régime

Le désistement émane de celui qui fait des demandes, demandeur ou défendeur auteur de demandes reconventionnelles. La procédure diverge selon que le désistement a lieu en première instance, d'une part, ou en appel ou opposition, d'autre part.

Lorsque le désistement a lieu en première instance, celui qui se désiste doit obtenir l'accord du défendeur. Cette règle posée par l'article 395 alinéa 1er du Code de procédure civile connaît toutefois deux limites importantes, d'une part, l'accord n'est pas requis lorsque le défendeur n'a opposé aucune défense même procédurale, d'autre part et surtout, le défendeur ne peut s'opposer que s'il dispose d'un motif légitime à ce que l'action soit poursuivie, ce qui laisse supposer son intention de faire des demandes reconventionnelles (art. 396).

En appel ou en opposition, le Code de procédure civile pose la règle inverse, en ce que l'acceptation du défendeur n'est pas requise, sauf à ce que l'autre partie ait elle-même formé des demandes (art. 401 et 402).

On peut s'étonner de cette apparente complexité, alors que la question se pose dans les mêmes termes à chaque fois. Il s'agit toujours de recevoir le désistement sauf à ce que l'autre partie souhaite ou ait formé des demandes propres.

En ce qui concerne *la forme*, le Code se montre peu exigeant et le désistement tant écrit que verbal est recevable. Même le désistement et l'acceptation tacites sont possibles, la question étant alors d'établir la réalité de la volonté.

Enfin, concernant *les effets*, le désistement conduit à l'extinction de l'instance, le demandeur pouvant toujours introduire ultérieurement une nouvelle procédure si son droit à agir n'est pas éteint.

Si le désistement a lieu en appel, cela équivaut à un acquiescement au jugement de première instance, sauf si l'autre partie décide alors d'interjeter appel.

Celui qui se désiste supporte logiquement les frais de l'instance.

III. L'acquiescement à l'instance

Il existe deux types d'acquiescements, l'acquiescement à la demande et celle au jugement.

L'*acquiescement à la demande* consiste en la reconnaissance du bien-fondé des prétentions de l'autre et renonciation à l'action. L'*acquiescement au jugement* emporte accord à son propos et donc renonciation aux voies de recours.

Si l'acquiescement au jugement peut toujours avoir lieu, celui à la demande n'est possible que pour les droits dont la disposition est libre et donc à l'exception des droits touchant à l'ordre public.

L'acquiescement ne répond à aucune règle de forme particulière, et peut même être implicite lorsque la partie laisse expirer le délai pour l'exercice de la voie de recours ou encore exécute spontanément un jugement non exécutoire. Il est à noter la position rigoureuse de la Cour de cassation en la matière. En effet, même si un appel a été interjeté, le fait d'exécuter par la suite le jugement sans réserve vaut acquiescement (Soc., 21 janvier 2014, n° 12-18427).

L'acquiescement au jugement termine l'instance, celui à la demande peut se prolonger par un jugement convenu constatant l'accord des parties.

- **À retenir**

  - L'instance est périmée si aucune des parties n'accomplit la moindre diligence pendant deux ans.
  - Une diligence est une démarche de nature à faire progresser l'affaire.
  - La péremption peut intervenir par une diligence accomplie dans une autre instance, s'il existe une dépendance directe et nécessaire entre les deux instances.
  - La péremption doit être demandée par l'une des parties avant tout autre moyen de défense.
  - La péremption peut être soulevée d'office par le juge sous réserve de respecter le contradictoire.
  - Le désistement d'instance doit être distingué de ceux d'acte de procédure et d'action.
  - Le désistement doit être accepté en première instance par la partie adverse mais celle-ci ne peut s'opposer qu'avec un motif légitime.
  - Le désistement ne nécessite pas l'acceptation de la partie adverse en appel ou en opposition sauf si elle a formulé des demandes propres.
  - L'acquiescement peut viser la demande ou le jugement.
  - Le désistement et l'acquiescement peuvent être implicites en fonction du comportement des parties.
  - L'exécution sans réserve du jugement, alors même que l'on aurait formé appel, vaut acquiescement.

Pour en savoir plus

- ATIAS, « La Péremption d'instance entre deux eaux : sanction des parties et gestion du rôle », *D.* 2004, 2874.
- LE CALVEZ, « Regard hétérogène sur la péremption d'instance », *Mélanges J. Normand*, Litec, 2003, p. 291.
- DJOUDI, « La Constatation de l'acquiescement implicite au jugement », *D.* 1996, chron. 91.

POUR S'ENTRAÎNER : QUESTIONS

1. **Quel est l'intérêt de la péremption d'instance ?**
2. **Pourquoi solliciter l'acceptation de l'autre partie lors d'un désistement d'instance ?**

CORRIGÉ

1. La péremption d'instance met en lumière le rôle moteur des parties dans le procès civil. Elles ont la charge de son avancée. Aussi lorsque les parties sont inactives, la juridiction doit considérer qu'elles se sont désintéressées de l'affaire et peut donc en libérer le rôle. Le procès civil règle des différends entre des intérêts privés, à propos desquels seules les parties ont la charge de veiller. En outre, il est d'un souci de bonne administration de la justice de débarrasser du rôle les affaires dont les parties se désintéressent, quitte à ce qu'elles réintroduisent une nouvelle instance si elles se sentent à nouveau concernées.
2. L'instance représente dans un schéma classique une demande contestée par un défendeur. Aussi le choix du demandeur de se désister de l'instance devrait être toujours du goût du défendeur. Or, le procès initié par le demandeur peut également être l'occasion de demandes reconventionnelles propres au défendeur, ce dernier n'a donc pas toujours intérêt à ce désistement.

Fiche 17

Les incidents affectant l'écrit

I. **Les incidents concernant les actes sous seing privé**

II. **Le faux concernant les actes authentiques**

- **Définitions**

Actes sous seing privé : acte établi par les parties et comportant leurs signatures.
Actes authentiques : acte reçu par un officier public.
Vérification d'écriture : procédure permettant de vérifier l'origine d'un document.
Procédure de faux : procédure permettant de constater qu'un document est un faux.

Le contentieux s'organise pour l'essentiel autour d'écrits. Ceux-ci peuvent donc être sujets à contestation quant à leur provenance ou leur véracité. S'il s'agit de vérifier la provenance de l'acte, on procédera à une « vérification d'écriture ». Si le contenu même de l'écrit est contesté, il s'agira alors de mettre en œuvre une procédure de « faux ».

Ces actions peuvent être mises en œuvre soit dans le cadre d'une instance, au sein de laquelle l'écrit sert à prouver une prétention, soit faire l'objet d'une action principale, souvent le préalable d'une action future sur le fond du droit.

La vérification d'écriture et le faux peuvent affecter les actes sous seing privé. Les actes authentiques ne peuvent, eu égard à leur formation, que faire l'objet de la procédure de faux.

Ces possibilités conduisent à des règles de compétence particulières.

Ainsi, lorsqu'il s'agit d'une vérification d'écriture d'un acte sous seing privé, seul le tribunal judiciaire sera compétent si l'action est menée à titre principal, alors que le juge saisi du litige tranchera cette question si elle est incidente (art. 285).

Concernant l'inscription de faux d'un acte authentique, la question sera de la compétence du tribunal judiciaire, que l'action soit menée à titre principal ou accessoire, pouvant justifier d'un recours à une question préjudicielle. Si la question est soulevée en appel, la cour d'appel tranchera (art. 286).

I. Les incidents concernant les actes sous seing privé

Comme annoncé, deux procédures sont envisageables concernant les actes sous seing privé, la vérification d'écriture et le faux.

A. La vérification d'écriture

En ce qui concerne la vérification d'écriture, celle-ci peut être accessoire à l'instance ou demandée à titre principal.

- S'agissant de la vérification demandée dans le cadre d'un procès en cours, « si l'une des parties dénie l'écriture qui lui est attribuée ou déclare ne pas reconnaître celle qui est attribuée à son auteur, le juge vérifie l'écrit contesté à moins qu'il ne puisse statuer sans en tenir compte. Si l'écrit contesté n'est relatif qu'à certains chefs de la demande, il peut être statué sur les autres » (art. 287) :
  - La question est alors de savoir comment le juge va concrètement vérifier l'authenticité du document. Le premier moyen est de comparer l'écrit à d'autres documents émanant du même auteur, quitte à enjoindre les parties de produire ces documents ou encore d'ordonner la communication d'écrits détenus par des tiers. Le juge peut également demander à la partie à qui l'écrit est attribué de rédiger un écrit sous la dictée afin de comparer les écritures. Si cela ne suffit pas, la comparution ou le recours à un expert est également envisageable. Enfin, des règles particulières dirigent le contrôle des écrits et signatures électroniques.
  - La décision du juge prendra la forme d'un jugement définitif ayant donc autorité de la chose jugée.
  - Si l'écrit est attribué à la partie qui l'a dénié, cette dernière sera condamnée à une amende civile maximale de 1 000 € ainsi qu'à des dommages-intérêts.
- S'agissant de la vérification à titre principal, il s'agit d'une exception à l'interdiction des actions préventives dont la procédure est déterminée par la présence ou non du défendeur :
  - Si le défendeur comparait, deux hypothèses sont possibles. Dans la première, il reconnaît l'écrit et le juge donne alors acte au demandeur. Dans la seconde, il ne reconnaît pas l'écrit et le juge procède alors comme en matière de vérification d'écriture.
  - Si le défendeur ne comparait pas, là encore il existe deux hypothèses. Si le défendeur a été cité à personne, l'écrit est tenu pour reconnu. Dans le cas contraire, il sera procédé à la vérification d'écriture.

B. Le faux

En ce qui concerne l'accusation de faux, le Code distingue encore selon que celle-ci soit menée à titre accessoire ou principal.

Le faux soulevé accessoirement à l'instance est régi par l'article 299 du Code de procédure civile qui renvoie aux articles 287 à 295 à savoir ceux portant sur la vérification d'écriture.

Lorsque le faux fait l'objet de la saisine, l'assignation doit comporter les moyens et faire sommation au défendeur d'indiquer s'il souhaite se prévaloir de l'écrit en cause. Si le défendeur dit ne pas souhaiter en user, le juge en donne acte au demandeur, interdisant donc l'utilisation de l'écrit dans un litige futur. Si le défendeur ne comparait pas ou répond souhaiter user de l'acte, le juge procède comme en matière de vérification d'écriture.

II. Le faux concernant les actes authentiques

Le fait que l'acte soit passé devant un officier public conduit à exclure la question de la vérification d'écriture, ce dernier ayant vérifié l'identité de l'auteur, et à considérer l'accusation de faux avec une particulière gravité. C'est la raison pour laquelle le ministère public doit être informé de la procédure d'inscription de faux (art. 303).

Concrètement, il sera procédé comme en matière de vérification d'écriture et celui qui aurait prétendu l'acte faux à tort sera redevable d'une amende civile maximale de 10 000 € voire de dommages-intérêts.

Plus précisément, le Code distingue encore selon les actions accessoires ou principales en inscription de faux.

Si l'inscription de faux est soulevée à titre accessoire, seul le tribunal judiciaire ou la cour d'appel peut juger de la question ce qui va nécessiter un sursis à statuer, sauf si la pièce peut être écartée et qu'il soit statué sans en tenir compte.

En outre, l'accusation peut conduire à une procédure au pénal conduisant encore à un sursis à statuer, sauf toujours s'il peut être jugé de l'affaire sans tenir compte de la pièce.

L'inscription de faux est portée devant le greffe par un acte remis par la partie ou son mandataire muni d'un pouvoir spécial, acte comprenant un exposé des moyens. L'acte est remis en double exemplaire, l'un restant au greffe et l'autre, destiné au défendeur, est visé par le greffier. L'acte est alors adressé par avocat ou par signification dans le mois du dépôt au greffe.

Le juge procède alors comme en matière de vérification d'écriture. Si l'écrit est reconnu faux, le jugement est mentionné en marge de l'acte lorsqu'il est passé en force de chose jugée.

Si l'inscription de faux est demandée à titre principal, l'affaire est portée devant le tribunal judiciaire. L'assignation doit contenir la sommation faite au défendeur de dire s'il souhaite se prévaloir de l'acte. Si le défendeur indique ne pas souhaiter en user, le juge en donne acte au demandeur, dans le cas contraire, il est procédé à la vérification de l'acte.

• À retenir

- L'origine d'un écrit ou son authenticité peut être contestée. Dans le premier cas, on parlera de vérification d'écriture, dans le second de faux.
- Le tribunal judicaire est en principe compétent pour trancher ces questions.
- Les procédures distinguent entre les actes sous seing privé et les actes authentiques.
- Les actes sous seing privé peuvent faire l'objet d'une vérification ou d'une action en faux, à l'inverse des actes authentiques qui ne connaissent de l'inscription de faux.
- Les demandes peuvent être incidentes ou principales, lorsqu'elles sont principales, il est demandé au défendeur d'indiquer s'il souhaite user de l'acte litigieux.

Pour en savoir plus

— DEHARO, « L'écrit dans les procédures judiciaires », *Gaz. Pal.* 6-8 mars 2005, 2.

POUR S'ENTRAÎNER : QUESTIONS

1. **Comment peut-on vérifier l'auteur d'un écrit ?**
2. **Pourquoi distinguer les procédures selon la nature de l'acte ?**

CORRIGÉ

1. Le juge dispose d'un certain nombre de moyens à sa disposition pour vérifier l'auteur d'un acte. En premier lieu, il va chercher à comparer l'écrit incriminé avec d'autres documents dont il est certain qu'ils émanent de la personne supposée auteur. Il peut même enjoindre les parties de lui communiquer ces documents. À défaut, il peut faire écrire un texte de la main de l'auteur supposé et encore de faire comparaître personnellement les parties ou décider une mesure d'instruction, comme la nomination d'un expert.
2. Les actes authentiques sont réservés aux décisions à risques pour lesquelles il est prévu le passage devant un officier public afin qu'il contrôle les auteurs et leur volonté. La question de l'identité de l'auteur ne se pose donc pas et l'accusation de faux est ici particulièrement grave puisqu'elle peut conduire à mettre en cause la responsabilité de l'officier. Ceci explique des procédures distinctes entre les actes sous seing privé et les actes authentiques.

Fiche 18

Les mesures d'instruction – règles générales

- **Définition**

Mesures d'instruction : tout procédé utilisé par le juge afin de compléter les preuves apportées par les parties.

Les mesures d'instruction sont toutes les mesures qui vont permettre de rapporter la preuve d'un fait ou d'en avoir une analyse. Cette définition va plus loin que l'article 143 du Code de procédure civile qui pose que les mesures d'instruction sont destinées à permettre la preuve de faits dont dépend la solution du litige. En effet, une expertise ou l'avis d'un sachant ne se limite pas au constat des faits mais offre également des outils pour leur compréhension. La définition du Code permet toutefois d'attirer l'attention sur le fait qu'une mesure d'instruction n'a pas de raison d'être si elle n'est pas nécessaire à la solution du litige. Avant d'aborder les différentes mesures d'instruction (v. Fiche 19), il convient d'appréhender comment celles-ci sont décidées **(I)** et mises en œuvre **(II)**.

I. Les décisions

A. Le recours aux mesures d'instruction lors du procès

La décision de prendre une mesure d'instruction revient au juge, soit d'office, soit à la demande de l'une des parties.

La première caractéristique des mesures d'instruction est leur caractère subsidiaire. En effet, en matière civile, il appartient à chaque plaideur d'établir les faits au soutien de ses prétentions. Le caractère accusatoire de la procédure civile impose cette charge sur les parties. Dès lors, l'article 146 du Code de procédure civile prévoit qu'en aucun cas une mesure d'instruction ne peut être ordonnée en vue de suppléer la carence de la partie dans l'administration de la preuve.

C'est pourquoi également toute décision suppose que le juge en apprécie l'opportunité. Il doit vérifier que la mesure est nécessaire pour trancher le litige, ce que rappelle l'article 144 conditionnant son recours au fait que le juge ne dispose pas d'éléments suffisants pour statuer.

C'est dans ces conditions qu'il faut appréhender la possible demande de l'une des parties ou l'initiative du juge. Une partie sera tentée de solliciter une mesure d'instruction afin d'établir un fait qu'elle n'a pas les moyens de prouver. Concernant le juge, c'est à défaut d'éléments convaincants ou suffisamment clairs qu'il décidera de prendre une mesure d'instruction.

C'est alors logiquement que le Code impose que la mesure prise soit celle juste suffisante pour permettre de trancher le litige et donc la plus simple et la moins coûteuse (art. 147).

Mais le Code n'enferme pas le juge dans le recours à une seule mesure d'instruction. Les articles 148 et 149 lui offrent la possibilité de prendre simultanément plusieurs mesures, quitte à décider par la suite de renoncer à une mesure ou d'en restreindre une autre. Le juge adapte les mesures aux besoins de l'affaire.

Le juge décide également du moment de la mesure et la demande d'une partie peut intervenir à tout moment. Il s'agit de décider de la mesure lorsque son recours apparaît nécessaire ce qui ne ressort pas forcément dès l'origine de l'instance.

B. Le recours aux mesures d'instruction en l'absence de procès

Mais ce qui est propre à ce type de démarche c'est qu'elle peut être entreprise hors de tout procès et ce en prévision d'un éventuel futur procès. L'article 145 dispose que « s'il existe un motif légitime de conserver ou d'établir avant tout procès la preuve de faits dont pourrait dépendre la solution d'un litige, les mesures d'instruction légalement admissibles peuvent être ordonnées à la demande de tout intéressé, sur requête ou en référé ». Si la référence au référé suppose une situation d'urgence, le domaine de l'article 145 n'est pas enfermé dans ce schéma et la possibilité de recourir à une requête ouvre son recours à des actions préparatoires à une future action au fond. Dans cette hypothèse, il convient de relever l'originalité du mécanisme qui déroge au respect du principe du contradictoire (v. Fiche 2). Cette dérogation est nécessaire à l'efficacité de l'action. En effet, il s'agit principalement d'aller chercher chez une potentielle partie adverse une pièce compromettante qu'elle serait tentée de faire disparaître si elle était appelée à discuter de la mesure. En outre, il convient de noter que le principe du contradictoire n'est pas complètement sacrifié puisque la personne visée par la mesure peut saisir le juge l'ayant prononcée et lui demander d'y renoncer (v. Fiche 23).

Dans ces situations, les décisions prononçant des mesures d'instruction conduiront à la rédaction d'une ordonnance s'il s'agit d'une requête ou d'un jugement si la demande est formée en référé alors que la décision prise en cours d'instance ne ferait l'objet que d'une mention au dossier. Dans ce cas, les parties sont informées verbalement de la décision du juge, ou par lettre simple pour celles absentes à l'audience.

La question se pose alors des voies de recours ouvertes contre ces décisions. L'opposition est exclue et l'appel comme la cassation ne peuvent être envisagés qu'avec le recours contre le jugement au fond, sauf dérogations légales spécialement prévues (comme en matière d'expertise), ce qui prive le recours de beaucoup de son intérêt.

II. Application et nullités

A. L'application

Concernant l'application de la mesure, l'article 155 du Code de procédure civile pose que le juge qui l'a prononcé doit en garder le contrôle. Évidemment cette formule ne pose aucune difficulté lorsque le juge exécute lui-même l'instruction en se déplaçant sur les lieux sources du litige, mais la situation est rare en pratique. En fait, cette formule présente surtout un intérêt lorsqu'un autre juge est appelé à exécuter la mesure. Ceci peut arriver pour des raisons d'éloignement. Le juge décidant de la mesure pourra alors charger un autre magistrat de sa réalisation. Pour ce faire, il adressera à la juridiction sollicitée une commission rogatoire (technique organisée par les articles 730 à 732 du Code de procédure civile si la mesure doit se réaliser en France et 733 à 735 si la mesure doit être réalisée à l'étranger). Mais le juge qui l'a ordonnée restera celui en charge de décider des moyens de sa réalisation.

Le juge décidera donc du moment et du lieu de l'opération si nécessaire. Les parties devront alors apporter leur concours à sa réalisation et, pour ce faire, seront convoquées soit par lettre recommandée avec accusé de réception soit par remise à leur représentant d'un bulletin, soit encore verbalement si elles sont présentes.

De même, le ministère public peut être présent et ce même s'il n'est pas partie principale à l'affaire.

Les mesures qui se déroulent devant la juridiction le sont publiquement ou en chambre du conseil selon les mêmes règles que le débat au fond.

Les difficultés d'exécution peuvent être relevées par les parties, le technicien ou même le juge et portées devant le juge qui a décidé la mesure ou devant celui chargé du contrôle de son exécution.

Les règles de notification ainsi que les voies de recours sont les mêmes que celles présidant à la prise de décision.

B. Les nullités

Enfin, en ce qui concerne les nullités des mesures d'instruction, ce sont les règles de nullité des actes de procédure qui s'appliquent mais avec toutefois des spécificités qui ont pour but de permettre la régularisation de la mesure. Ainsi, il n'y aura pas de nullité, si en définitive la mention omise à l'acte a bien été respectée en pratique. En outre, le juge peut régulariser l'acte ou faire recommencer la mesure pour la mettre en conformité.

Rappelons qu'il a été jugé qu'une demande de nullité d'une expertise décidée par le juge de la mise en état, si elle est soumise au régime des nullités de procédure et donc doit être soulevée avant toute défense au fond, n'est pas pour autant une exception de procédure et ne ressort donc pas de la compétence exclusive du juge de la mise en état (Civ. 2e, 31 janvier 2013, n° 10-16910 et Civ. 1re, 30 avril 2014, n° 12-21484).

• À retenir

- Les mesures d'instruction sont subsidiaires, la charge de la preuve reposant en premier lieu sur les parties.
- Le juge contrôle l'opportunité d'une mesure et doit recourir à celle suffisante, la plus simple et la moins onéreuse.
- Les recours contre ses décisions ne peuvent avoir lieu qu'avec celui contre le jugement au fond sauf disposition spéciale contraire.
- Une mesure d'instruction peut être décidée hors de tout procès en vue de le préparer par voie de requête ou de référé.
- Le juge ayant décidé la mesure en contrôle l'application mais peut aussi confier à un autre magistrat cette application.
- Les hypothèses de nullité peuvent être régularisées par le juge en charge de la mesure.
- La demande de nullité d'une expertise doit être formée avant toute défense au fond mais n'est pas pour autant une exception de procédure relevant de la seule compétence du juge de la mise en état.

Pour en savoir plus

- THERY, « Les Finalités du droit de la preuve en droit privé », *Droits* 1996.24.
- FOULON et STRICKLER, « Le Constat sur requête avant tout procès », *Dr. et Procédures*, mars-avril 2006.

POUR S'ENTRAÎNER : QUESTIONS

1. **Qui peut solliciter une mesure d'instruction ?**
2. **Quand doit être sollicitée une mesure d'instruction ?**

CORRIGÉ

1. Les parties peuvent demander au juge de prendre une mesure d'instruction car bien qu'elles aient la charge de rapporter la preuve des faits allégués leurs moyens d'instruction sont limités. Il est donc nécessaire de leur reconnaître cette faculté afin de faire entrer dans le débat des éléments nécessaires à sa compréhension mais qui nécessitent la mise en œuvre de moyens spécifiques. Par ailleurs, le juge peut d'office décider une mesure s'il se considère insuffisamment éclairé par les éléments fournis par les parties pour trancher le litige.
2. La souplesse caractérise les règles sur le moment du prononcé puisque celui-ci peut avoir lieu à tout moment. Il importe surtout que la mesure puisse être décidée lorsqu'elle apparaît utile. Or, en pratique, ce n'est qu'en fonction de l'avancée des débats que cette nécessité apparaît. En outre, les mesures d'instruction ont l'originalité de pouvoir être décidées hors de tout procès et ce justement en vue d'un futur procès. L'objectif est alors essentiellement d'aller quérir une preuve chez un futur adversaire pour ensuite s'en servir dans un procès. Ceci implique un effet de surprise et donc de renoncer au contradictoire dans le cadre d'une procédure sur requête, la personne visée pouvant ensuite saisir le juge afin qu'il modifie sa position.

Fiche 19

Les mesures d'instruction – différentes mesures

I. **Les mesures réalisées par le juge**
II. **La comparution personnelle des parties**
III. **Les témoignages**
IV. **Les mesures réalisées par un technicien**
V. **Le serment judiciaire**

- **Définitions**

Attestation : témoignage produit par écrit, selon les formes de l'article 202 du Code de procédure civile.

Enquête : mesure par laquelle le juge, d'office ou à la demande d'une partie, recueille les déclarations de témoins.

Constatation : mesure confiée à un huissier ou à un technicien ayant pour but d'établir des faits ou de rapporter des déclarations.

Consultation : mesure confiée à un technicien sur un point technique ne nécessitant pas d'investigations.

Expertise : mesure nécessitant une investigation.

Serment décisoire : demande d'une partie à une autre d'affirmer la réalité d'un fait.

Serment supplétoire : serment demandé par le juge.

Comme évoqué précédemment (v. Fiche 18), les mesures d'instructions sont des techniques permettant d'apporter au juge les éléments de fait et les explications nécessaires à la solution du litige. Les mesures d'instruction offrent un éventail partant des hypothèses les plus simples pour englober également des formules techniques. On peut dans cet esprit de graduation des mesures des plus simples aux plus complexes, distinguer quatre situations, mettant en jeu d'abord le juge lui-même **(I)**, puis les parties **(II)**, faisant ensuite appel aux tiers **(III)** pour enfin solliciter l'avis d'un spécialiste **(IV)**. Une place particulière doit être laissée au serment judiciaire **(V)**.

I. Les mesures réalisées par le juge

A. La mise en œuvre

Ordonnateur de la mesure, le juge peut être le réalisateur de celle-ci. Concrètement, il va s'agir pour le juge d'opérer personnellement des vérifications. L'article 179 dispose ainsi qu'il peut procéder « aux constatations, évaluations, appréciations ou reconstitutions qu'il estime nécessaire, en se transportant si besoin est sur les lieux ». Il peut même se faire assister d'un expert lors de ses recherches comme le prévoit l'article 181 du Code de procédure civile. Il peut à cette occasion entendre les parties comme n'importe quelle personne dont l'audition peut être utile.

Ces investigations doivent respecter le principe du contradictoire (v. Fiche 2). Il ne lui est pas permis de mener des recherches hors de l'attention des parties.

En conséquence, celles-ci sont conviées à suivre le juge dans ses investigations. Ceci permet au juge de procéder immédiatement si elles sont présentes, ou de devoir les informer du lieu, de la date et de l'heure de celles-ci (art. 179 et 180).

La technique de la vérification personnelle apparaît comme la plus simple mais elle est pourtant peu utilisée. Ceci peut apparaître étonnant et ce d'autant que le Code impose au juge de choisir la mesure la plus simple et la moins onéreuse. Deux raisons pratiques expliquent cet état de fait. D'une part, la nature des litiges permet rarement qu'une telle mesure soit prise. D'autre part, les constatations réclament pour l'essentiel le déplacement du juge hors des murs du palais de justice ce qui représente une perte de temps difficilement acceptable.

B. L'issue de la mesure

À l'issue de son enquête, le juge dresse un procès-verbal, sauf à ce qu'il s'agisse d'un jugement immédiat et en dernier ressort. Alors une mention dans le jugement suffira (art. 182).

S'agissant de vérifications personnelles, le juge ne saurait donc déléguer à un autre cette prérogative, tout juste peut-il charger un autre magistrat de la formation de jugement, mais aucune commission rogatoire n'est envisageable. Mais un juge ayant reçu à exécuter une autre mesure par commission rogatoire peut faire des vérifications personnelles.

II. La comparution personnelle des parties

A. Le principe

La procédure de droit commun devant le tribunal de grande instance prévoit la représentation obligatoire des parties. La technicité des affaires impose cette règle. Pour autant, il peut être utile voire indispensable d'entendre les parties s'exprimer et permettre au juge d'obtenir de leur part des éclaircissements sans le filtre de l'avocat. Leur comparution personnelle est donc prévue par les articles 184 à 198 du Code de procédure civile et ce afin qu'il y soit recouru en toute matière.

La comparution se fera devant la formation de jugement ou devant le magistrat chargé de l'instruction de l'affaire. Le juge de la mise en état peut aussi décider que la comparution aura lieu devant la formation de jugement.

Les juges peuvent solliciter la comparution de toutes les parties ou bien encore d'une seule. Même les incapables peuvent avoir à comparaître, ainsi que leurs représentants légaux. En ce qui concerne, les personnes morales, ce sont les représentants qui sont visés mais le juge peut également faire comparaître tout membre de la personne morale dont les dires sont utiles à l'affaire.

B. La mise en œuvre

Le juge peut solliciter la présence de la personne qui sera entendue en audience publique ou en chambre du conseil selon les circonstances. Mais il peut également se déplacer auprès de la personne si son état de santé, notamment, ne permet pas sa venue au palais de justice.

Lors de l'audition, les parties répondent sans lire de projet préparé par leur conseil et peuvent être amenées à être interrogées en présence d'un technicien ou confrontées à des témoins. Le juge pose les questions mais peut aussi se faire la voix des autres parties si nécessaire, sachant que même si une seule partie est interrogée, les autres sont présentes.

Lors de l'audition, les parties peuvent avoir plusieurs attitudes. Dans l'idéal, elles sont présentes et répondent aux questions. Mais elles peuvent refuser de comparaître ou encore refuser de répondre. Il appartient alors au juge d'en tirer toutes les conséquences. En outre, la comparution vaut commencement de preuve par écrit, ce qui permettra au juge de retenir ensuite les témoignages ou les présomptions de fait dans des matières où l'écrit est normalement obligatoire.

À l'issue de l'audition, un procès-verbal est dressé et il est demandé à la partie ayant déposé de le signer ou de le certifier conforme à ses propos. Si la partie refuse, le refus est indiqué sur le procès-verbal.

III. Les témoignages

Les témoignages peuvent être reçus par écrit ou à l'oral. Il s'agira tout d'abord des attestations et ensuite des enquêtes.

A. Les attestations

Concernant les attestations, l'article 202 du Code de procédure civile en fixe les règles d'établissement.

L'attestation doit indiquer l'identité de l'auteur et une copie d'une pièce d'identité doit être jointe à l'attestation. Doivent également être indiqués les liens de parenté, d'alliance, de subordination ou d'intérêts communs avec les parties.

Le document doit faire apparaître qu'il est établi en vue de sa production en justice et que son auteur a donc connaissance de la sanction encourue en cas de faux témoignage.

L'auteur relate ensuite les faits dont il a été témoin, date et signe l'attestation.

Cette mesure est généralement laissée à l'initiative des parties mais le juge peut la solliciter. Le rôle moteur des parties à l'instance conduit à ce que cela soit rarement le cas.

B. L'enquête

Concernant l'enquête, on distingue deux techniques entre l'enquête ordinaire et celle sur-le-champ.

Elles sont ordonnées par le juge d'office ou à la demande d'une des parties. Surtout, il convient de préciser que la contre-enquête est de droit. L'article 204 du Code de procédure civile prévoit, en effet, que « la preuve contraire peut être rapportée par témoins sans nouvelle décision », précision faite que ce droit ne vise que la contradiction des faits exposés en faveur de l'adversaire ; s'il s'agit d'établir d'autres faits, une décision du juge s'impose.

Toute personne peut être entendue même si l'article 205 semble exclure celles frappées d'incapacité de témoigner en justice. En effet, ces dernières témoignent mais ne prêtent pas serment. Seuls en fait, les descendants ne peuvent témoigner dans une instance de divorce.

Celui qui est requis doit témoigner sauf à obtenir une dispense relativement à un intérêt légitime, tel qu'un secret professionnel ou être un parent ou allié en ligne directe lorsqu'il s'agit d'une action en divorce.

L'audition se déroule alors en présence des parties et de leurs avocats, mais exceptionnellement, le juge peut inviter une partie à se retirer même si elle aura immédiatement connaissance de la teneur des déclarations.

Les témoins sont entendus séparément afin qu'aucun ne soit influencé. Le témoin appelé doit décliner son identité, nom, prénom, date et lieu de naissance, domicile et profession. Tout comme en matière d'attestation, il doit préciser ses liens pouvant exister avec les parties. Il prête ensuite serment de dire la vérité et le juge lui rappelle la sanction du faux témoignage. Les personnes qui n'ont pas la capacité pour témoigner, généralement du fait de leur âge, sont toutefois informées que si elles ne prêtent pas serment, elles doivent tout de même dire la vérité !

Lors de l'audition, le témoin ne peut lire un projet de réponses et il ne doit pas être interrompu, ni interpellé ou influencé par les parties. Si les parties souhaitent intervenir et poser des questions au témoin, elles doivent soumettre au juge leurs questions, ce dernier en appréciant l'opportunité. C'est alors le juge qui reprendra à son compte les questions des parties.

Après avoir témoigné, le témoin reste à la disposition du juge jusqu'à la clôture des débats ou de l'enquête, si besoin était de le faire revenir pour préciser certains points.

Un procès-verbal est évidemment dressé à l'issue des dépositions. Chaque témoin signe ses déclarations. À défaut, il sera fait mention du refus de signer sur le procès-verbal, comme il peut être fait mention également du comportement du témoin pendant l'audience.

- En ce qui concerne plus spécifiquement *l'enquête ordinaire*, il s'agit de celle ne se déroulant pas immédiatement à la suite de la prise de décision de la mesure. Si l'initiative provient d'une partie, elle doit préciser les faits dont elle entend rapporter la preuve. Le juge devra ensuite fixer dans sa décision les modalités et le calendrier de l'enquête, ainsi que les noms, prénoms et demeures des personnes à entendre. En pratique, les parties n'ont pas toujours la possibilité d'indiquer tous ces éléments au juge pour qu'il rédige sa décision. C'est la raison pour laquelle il est possible que le juge les autorise à se présenter avec les témoins au jour fixé, ceux-ci se faisant alors connaître auprès du greffe. Ils peuvent également se présenter au greffe dans un délai fixé par le juge pour se faire connaître. De même, le juge qui ordonne d'office l'enquête peut ne pas avoir tous les renseignements sur les témoins et demander aux parties, soit de se présenter avec eux, soit de les faire connaître préalablement au greffe. Le greffe doit alors les convoquer en respectant un délai minimum de huit jours. La convocation précise que le fait de ne pas comparaître ou de refuser de prêter serment, sans motif légitime, peut conduire à la condamnation à une amende civile. Il appartient donc en toute logique au témoin d'informer la juridiction s'il a un empêchement le jour fixé, afin d'obtenir un délai ou même que le juge se déplace pour recevoir sa déposition.
- Concernant *l'enquête sur-le-champ*, cette procédure n'est encadrée que par l'article 231 du Code de procédure civile qui dispose que « le juge peut, à l'audience ou en son cabinet, ainsi qu'en tout lieu à l'occasion de l'exécution d'une mesure d'instruction, entendre sur-le-champ les personnes dont l'audition lui paraît utile à la manifestation de la vérité ».

IV. Les mesures réalisées par un technicien

Trois mesures d'instruction sont envisageables, les constatations, la consultation et l'expertise.

Cette dernière étant la plus sophistiquée, la plus longue et la plus onéreuse, elle doit être utilisée en dernier recours lorsqu'aucune autre mesure n'est suffisante.

A. Le choix du technicien

Le choix du technicien ainsi que la détermination de sa mission ressortent de la liberté du juge. Selon l'article 232, «le juge peut commettre toute personne de son choix pour éclairer par des constatations, par une consultation ou par une expertise sur une question de fait qui requiert les lumières d'un technicien». Il existe certes des listes établies auprès des juridictions mais elles ne sont qu'indicatives, le juge pouvant parfaitement faire un choix extérieur à celles-ci. Le juge peut donc tout autant changer de technicien, comme accroître ou réduire la mission initiale. (art. 236).

En outre, le juge peut suivre les opérations, demander des explications et fixer des délais. Enfin, le juge n'est jamais lié par les conclusions du technicien, même si en pratique le juge pourra difficilement s'en départir. Les conclusions du technicien ne sont qu'un avis pour le juge.

Point important pour ce dernier, le juge fixe la rémunération en considération de la mission sans que le technicien ne puisse recevoir d'autres sommes des parties.

Le technicien peut également refuser la mission ou encore être récusé par l'une des parties.

Le technicien est une personne physique ou morale. Dans ce dernier cas, le représentant légal de la personne morale désigne celui qui réalisera la mesure et soumet son nom au juge pour agrément. Le technicien a alors l'obligation de réaliser lui-même la mesure et ce dans les délais impartis et «avec conscience, objectivité et impartialité» (art. 237) s'il était besoin de le préciser.

Afin de réaliser au mieux sa mission, le technicien peut recueillir des informations écrites ou orales de toutes personnes à condition qu'elles soient identifiées et que leurs liens éventuels avec les parties soient précisés. Il peut également demander communication de documents aux parties ou à des tiers, mais ne peut l'exiger. Le juge sera alors sollicité pour ordonner ces communications.

B. Les mesures

Plus précisément en ce qui concerne les trois formes d'interventions des techniciens, abordons-les par ordre de complexité.

- Les *constatations* sont prévues par l'article 249 du Code de procédure civile, en ce qu'il prévoit simplement que le juge «peut charger la personne qu'il commet de procéder à des constatations» ce qui exclut tout avis. Le constatant consigne ses observations par écrit à moins que le juge ne décide une présentation orale à l'audience.

- Concernant la *consultation*, il s'agit d'ajouter aux constatations un avis du consultant. Mais à la différence des constatations, la consultation est en principe communiquée oralement sauf si le juge demande un écrit (art. 257, al. 2).
- Enfin l'*expertise* mérite une attention particulière.

Le juge doit, selon l'article 265 du Code de procédure civile, lorsqu'il décide une expertise, exposer les circonstances qui nécessitent la mesure, nommer l'expert, énoncer sa mission et fixer le délai de celle-ci. Si l'expert désigné ne figure pas sur la liste des experts judiciaires, le juge doit justifier son choix. Il s'agit d'une condition ajoutée par le décret du 24 décembre 2012 (n° 2012-1451), qui modifie également les conditions d'inscriptions puisque sont désormais pris en compte les compétences acquises au sein de l'Union européenne et l'intérêt manifesté à la collaboration au service public de la justice. Par ailleurs, la liste doit tenir compte des besoins des juridictions de son ressort afin de fixer le nombre le plus juste d'experts.

Le greffier notifie à l'expert la décision, ce dernier devant sans délai indiquer s'il entend l'accepter ou la refuser. S'il l'accepte, il peut immédiatement prendre connaissance de l'ensemble du dossier.

Cette décision par dérogation aux règles générales des mesures d'instruction (v. Fiche 18) peut faire l'objet d'un appel s'en attendre le jugement au fond. L'article 272 prévoit, en effet, qu'elle «peut être frappée d'appel indépendamment du jugement sur le fond sur autorisation de premier président de la cour d'appel s'il est justifié d'un motif grave et légitime». À noter que la partie qui veut faire appel saisit le premier président qui statue selon la procédure accélérée au fond. L'assignation doit être délivrée dans le mois de la décision.

S'il fait droit à la demande, le premier président fixe le jour où l'affaire sera examinée par la cour, laquelle est saisie et statue comme en matière de procédure à jour fixe ou comme il est dit à l'article 948 si la procédure est sans représentation obligatoire.

Si le jugement ordonnant l'expertise s'est également prononcé sur la compétence, l'appel est formé, instruit et jugé selon les articles 83 à 89 du Code de procédure civile.

Le coût de l'expertise est supporté par les parties. À ce titre, une somme est consignée. Afin d'éviter au maximum les difficultés quant à l'aléa du coup de l'expertise, il est prévu que l'expert puisse prélever un acompte sur cette provision et surtout qu'il informe sans délai le juge du risque de dépassement. Ce dernier apprécie alors s'il convient de consigner une somme complémentaire. Si celle-ci est ordonnée et non consignée, l'expert peut déposer son rapport en l'état et n'exécutera aucune nouvelle mesure.

L'expertise se déroule en présence des parties, mais le juge peut, comme le ministère public, également y assister. Le juge pourra alors consigner dans un procès-verbal ses constatations, les explications de l'expert et les interventions des parties. Le ministère public pourra solliciter que ses dires soient relatés dans l'avis de l'expert.

Afin de réaliser sa mission, l'expert peut demander communication de tout document et en cas de refus, solliciter le juge. Si le refus persiste, ce dernier en tirera toutes les conséquences de droit.

La complexité de cette mesure d'instruction a conduit à ce que soit instauré au sein de chaque TJ un «juge chargé de contrôler l'exécution des mesures d'instructions» (art. R. 213-12-1 COJ). Le président du TJ désigne un ou plusieurs juges à cette fonction, désignation qui reçoit l'avis de l'assemblée générale des magistrats du siège. Au regard de la répartition de compétences entre ce juge et le juge de la mise en état, ce dernier ayant compétence exclusive pour les mesures d'instruction, il est prévu que le juge chargé du contrôle est compétent pour les mesures décidées par le juge de la mise en état, sauf si ce dernier souhaite conserver cette compétence.

L'expert établit un rapport qui doit tenir compte des observations des parties. Ce rapport unique, même en présence de plusieurs experts désignés, peut être remplacé par un exposé oral si la question le permet. À l'inverse, si le rapport apparaît obscur, le juge peut demander des précisions à l'oral à l'expert. Lors de ce dépôt, l'expert opère sa demande de rémunération. Les parties sont destinataires comme la juridiction, du rapport et de la demande de rémunération. Elles peuvent dans un délai de quinze jours communiquer leurs observations écrites sur cette demande, charge au juge de fixer la rémunération en considération des diligences de l'expert, du respect des délais et de la qualité du travail fourni.

V. Le serment judiciaire

Héritage d'un autre temps, le serment judiciaire participe d'une logique, d'un état d'esprit même qui s'accommode mal au procès moderne. Le serment se divise entre le serment décisoire et le serment supplétoire.

Le serment est fait par la partie en personne à l'audience (art. 321).

Le *serment décisoire* est déféré par l'une des parties à l'autre. Si elle le prête, la preuve est acquise pour elle, sinon elle est acquise pour l'adversaire ! À ce petit jeu, celui à qui le serment est déféré peut le référer, c'est-à-dire le renvoyer à son auteur ! Il peut être recouru immédiatement contre le serment sans attendre le juge au fond et celui qui fait un faux serment s'expose aux sanctions pénales.

Le *serment supplétoire* est déféré d'office par le juge lorsqu'il y a commencement de preuve.

- **À retenir**

- Les mesures d'instruction peuvent viser le juge, les parties, les tiers ou encore un technicien.
- Le juge peut faire lui-même des constatations en se rendant au besoin sur les lieux.
- Le juge peut faire comparaître personnellement les parties.
- Le juge peut solliciter des témoignages écrits ou oraux, comme les parties peuvent fournir des attestations.
- Le juge peut recourir à un technicien, soit pour faire une constatation, soit pour une consultation, soit encore pour une expertise.
- La constatation n'emporte aucun avis.
- La consultation ajoute un avis au constat.
- L'expert est librement désigné par le juge qui définit sa mission et sa durée.
- La mission peut être modifiée dans son contenu ou sa durée par le juge.
- Appel immédiat peut être formé contre la décision d'opérer une expertise.

Pour en savoir plus

- JACQUIN, « L'impartialité objective de l'expert judiciaire et sa récusation », *Gaz. Pal.*, 1er février 1996.
- MARGANNE, « L'expert judiciaire et le droit – À propos de l'article 238 », *JCP* 2007.I.103.
- JULIEN, « Principe de la contradiction et expertise », *Mélanges J. Buffet*, Petites Affiches/LGDJ, 2004, p. 293.
- MOURRE, « Réflexions sur le serment décisoire », *Gaz. Pal.*, 14 juin 1994.

POUR S'ENTRAÎNER : QUESTIONS

1. **Quelles sont les difficultés liées aux attestations ?**
2. **Quel risque représente la comparution personnelle des parties ?**

CORRIGÉ

1. L'article 202 du Code de procédure civile impose de préciser dans l'attestation les liens parentaux, d'alliance, de subordination ou encore les intérêts communs pouvant exister entre le témoin et les parties. Or, dans bon nombre d'affaires, les témoins ont été témoins parce que justement ils ont un lien avec l'une des parties. Le juge doit-il pour autant écarter ces attestations ? Comment alors juger du comportement d'un salarié sur son lieu de travail si les attestations des autres salariés sont irrecevables ? Elles ne seront pas irrecevables mais certainement suspectes, compliquant la tâche ardue du juge de pouvoir se faire une opinion entre des présentations diamétralement opposées de la réalité.
2. On peut s'interroger sur l'intérêt de la comparution personnelle des parties alors que la procédure de droit commun impose la représentation obligatoire par un avocat. Cette technique permet au juge d'interroger directement les acteurs du procès, surtout sans le filtre de leur avocat. Le discours doit y gagner en spontanéité et en précision sur les éléments de fait. Le risque est alors pour celui qui comparait de faire des déclarations allant à l'encontre de ses intérêts, certaines paroles pouvant ruiner la stratégie définie avec l'avocat et surtout par l'avocat.

Fiche 20

Les procédures accélérées

- **Définitions**

Procédure à jour fixe : en procédure écrite ordinaire, le président du tribunal peut, en cas d'urgence, autoriser le demandeur, sur sa requête, à assigner le défendeur à jour fixe. Il désigne, s'il y a lieu, la chambre à laquelle l'affaire est distribuée.

Renvoi à l'audience : envoi du dossier à l'audience de jugement après que le juge l'a estimé en état d'être jugé.

La procédure habituelle avec mise en état ne se justifie par toujours, soit que l'affaire soit simple, soit que l'urgence nécessite un traitement accéléré. Deux possibilités sont prévues par le Code de procédure civile, la procédure à jour fixe et le renvoi à l'audience.

La procédure à jour fixe, comme son nom l'indique, consiste à obtenir l'autorisation d'assigner l'adversaire à une date précise (ce qui est désormais la règle) et ce dans un bref délai **(I)**.

Le renvoi à l'audience signifie que le juge va considérer que l'affaire est suffisamment avancée pour être renvoyée directement à une audience de jugement sans qu'il soit nécessaire de saisir le juge de la mise en état **(II)**.

I. La procédure à jour fixe

La procédure à jour fixe est une procédure d'urgence tout comme le référé (v. Fiche 22). Mais le référé conduit à prendre des mesures provisoires, alors que la procédure à jour fixe conduit à un jugement définitif ayant autorité de la chose jugée (v. Fiche 30).

A. La procédure

Cette procédure est considérée comme exceptionnelle et nécessite une autorisation du président du tribunal. L'article 840 impose alors que le demandeur doit déposer une requête qui « doit exposer les motifs de l'urgence, contenir les conclusions du demandeur et viser les pièces justificatives ».

Ceci permettra aussi au président de fixer la date de l'audience qui peut être antérieure au délai de comparution de la procédure usuelle tout en respectant tout de même un délai suffisant pour que l'adversaire prépare sa défense (art. 844).

Muni de cette décision, le demandeur va pouvoir dresser son assignation sans mention du délai de comparution, mais avec la date et l'heure auxquelles l'affaire est fixée. L'assignation indique aussi que le défendeur peut aller consulter les pièces au greffe, qu'il doit communiquer avant l'audience les siennes et qu'il doit constituer avocat.

L'assignation est ensuite déposée au greffe avant la date d'audience prévue sans quoi elle est caduque.

B. L'audience

Lors de l'audience, deux situations peuvent alors se présenter, selon que le défendeur comparaisse ou pas.

S'il comparait, l'article 844 prévoit que l'affaire est plaidée sur-le-champ et ce même en l'absence de conclusions écrites du défendeur. Toutefois si l'affaire apparaît finalement complexe, elle peut être renvoyée à une autre audience, voire être renvoyée devant le juge de la mise en état.

S'il ne comparait pas, la procédure de renvoi à l'audience est utilisée.

II. Le renvoi à l'audience

Concernant le renvoi à l'audience, on parle aussi de circuit court par opposition à la procédure habituelle qualifiée de circuit long.

Cette procédure vise la situation qui vient d'être mentionnée (l'article 778 prévoit le renvoi à l'audience des affaires dans lesquelles le défendeur ne comparaît pas, à moins que le juge n'ordonne une réassignation) mais également les assignations normales et les requêtes conjointes (v. Fiche 21), et intervient chaque fois que l'affaire est en état d'être jugée ou du moins presque en état d'être jugée.

Lors de l'appel des causes ou à l'audience fixée par le juge, il est apprécié de l'état de l'affaire. Soit celle-ci nécessite du fait de sa complexité une mise en état, soit elle peut être plaidée et le juge la renvoie donc à l'audience de plaidoiries. L'article 778 précise, en effet, que le président renvoie « à l'audience les affaires qui, après les explications des avocats et au vu des conclusions échangées et des pièces communiquées, lui paraissent prêtes à être jugées sur le fond».

Si les échanges de conclusions ont pu avoir lieu ou que seul un dernier échange est nécessaire, le renvoi est ordonné. Le fait que l'assignation vaille conclusions et que les délais de comparution permettent au défendeur de répondre rend cette hypothèse plausible en pratique. Surtout, en matière de requête conjointe (v. Fiche 21), l'assignation valant conclusions pour les deux parties, un tel schéma est probable.

Le renvoi peut se faire pour l'audience le jour même ou à une date ultérieure en fonction de l'encombrement de l'audience.

Si l'affaire n'est pas encore en état, le circuit long est normalement utilisé, mais une partie peut demander un renvoi à l'audience si l'état d'avancement du dossier le permet. S'il y a renvoi à la mise en état, le greffe informe les avocats constitués.

• À retenir

- La procédure à jour fixe est une procédure exceptionnelle justifiée par l'urgence qui doit être autorisée par le président du tribunal.
- L'assignation connaît des règles de forme adaptées à la nature de cette procédure.
- Le renvoi à l'audience se fait lorsqu'à l'issue de l'appel de causes, il apparaît que l'affaire est en état ou presque en état d'être jugée sans qu'il soit besoin de passer par le juge de la mise en état.

Pour en savoir plus

– RACINE, «La Technique de la passerelle», *Mélanges P. Julien*, Edilaix, 2003, p. 354.

POUR S'ENTRAÎNER : QUESTIONS

1. **Comment se fixe la date dans la procédure à jour fixe ?**
2. **Quelles sont les options possibles à l'issue de la première audience où est appelée l'affaire ?**

CORRIGÉ

1. L'assignation doit être précédée d'une requête sollicitant l'autorisation du juge. C'est à l'occasion de l'ordonnance qui suit la requête que le juge fixera la date et l'heure de la future audience, charge ensuite au demandeur d'assigner le défendeur et de déposer son assignation au greffe afin que l'affaire soit régulièrement appelée.
2. Lors de la première conférence, le juge écoute les positions des avocats pour savoir quel est l'état d'avancement du dossier. Si l'affaire est en état d'être plaidée, le juge peut la renvoyer à l'audience de plaidoiries le jour même ou à une date ultérieure. Si elle est presque en état, l'une des parties peut demander le renvoi à l'audience, le délai permettant un ultime échange entre les parties. Enfin, si l'affaire nécessite une instruction, elle est renvoyée devant le juge de la mise en état.

Fiche 21
La requête conjointe

• **Définitions**

Requête conjointe : saisine du juge formée conjointement par les parties.
Amiable compositeur : possibilité donnée à un juge ou un arbitre de trancher le litige en équité dans le respect des règles d'ordre public.

Le procès renvoie à une idée de conflit, d'opposition entre un demandeur qui attaque un défendeur. Le principe du contradictoire doit d'ailleurs faire en sorte que la lutte que vont se livrer les adversaires soit loyale (v. Fiche 2). Mais le procès ne s'inscrit pas nécessairement dans un cadre aussi conflictuel. Les parties peuvent connaître d'une difficulté mais sans pour autant que le conflit soit total. Elles peuvent chercher à s'entendre et constater qu'une partie de leur litige nécessite l'intervention d'un tiers. L'arbitrage est alors une option envisagée mais le recours au juge est également possible. Les parties connaissent les tenants du litige et souhaitent alors le soumettre ensemble au juge. C'est dans cet esprit que s'inscrit la requête conjointe.

Cette logique originale conduit à des règles de forme particulières **(I)** et à une utilisation plus souple que l'assignation habituelle **(II)**.

I. Les formes

La requête conjointe est un acte introductif au même titre que l'assignation. Elle doit donc respecter un certain nombre de règles formelles.

En premier lieu, la requête est logiquement exonérée de la mention du délai de comparution puisque les deux parties sont présentes à l'acte.

Elle doit contenir l'identité des parties. S'agissant des personnes physiques, elle comporte les noms, prénoms, professions, domiciles, nationalités, dates et lieux de naissance de chaque partie. S'agissant de personnes morales, elle indique leurs dénominations, leurs formes, leurs sièges sociaux et les organes qui les représentent légalement.

Lorsque l'obligation de recherche de conciliation ou de médiation existe (Fiche 7), elle doit également indiquer les diligences entreprises en vue de parvenir à la résolution amiable du litige, sauf justification d'un motif légitime ou en raison de la matière considérée notamment au regard de l'ordre public.

Elle porte mention du tribunal saisi et des avocats représentants les parties, chacun d'eux devant signer l'acte.

Tout comme une assignation, elle précise l'objet de la demande en exposant les éléments de fait et de droit de chaque partie. Précisons que tout comme en matière d'assignation, lorsque le litige concerne un immeuble, il convient de le désigner à l'acte (v. Fiche 7). Là encore en parallèle avec l'assignation, elle prévoit les modalités de comparution devant la juridiction et la précision que, faute pour le défendeur de comparaître, il s'expose à ce qu'un jugement soit rendu contre lui sur les seuls éléments fournis par son adversaire. Cette précision commune à tous les modes de saisine et prévue à l'article 54 du Code de procédure civile n'a ici pas de sens puisque la saisine est commune.

Les pièces sont mentionnées, mais à la différence des autres mentions l'omission de cette dernière n'entraîne pas l'irrecevabilité de la requête.

La requête est datée et signée des parties, voire de leurs avocats devant le tribunal judiciaire.

II. L'utilisation

Le contexte diffère grandement de l'assignation traditionnelle aussi certains aménagements sont possibles.

Tout d'abord, l'article 12 prévoit que les parties peuvent demander au juge de trancher en amiable compositeur pour les droits dont elles ont la libre disposition. De même, elles peuvent le lier par les qualifications qu'elles retiennent. Ceci permet aux parties de conserver la maîtrise de l'affaire et de ne pas remettre en cause les points sur lesquels elles sont tombées d'accord, tout en respectant l'ordre public.

Ensuite, les parties peuvent opter pour un juge unique plutôt qu'à la formation collégiale.

La requête doit ensuite être déposée au greffe du tribunal sans qu'il soit la peine de se référer au délai sanctionné par la caducité de l'assignation (v. Fiche 7).

La juridiction alors saisie ce sont les règles normales de procédure qui s'appliquent avec convocation des parties et traitement de l'affaire entre circuit court ou long selon l'état du dossier (v. Fiches 9 et 20).

• À retenir

- La requête conjointe est un acte introductif d'instance formé conjointement par les différentes parties.
- Les règles de formes de l'assignation sont adaptées à ce mode particulier, toutes les parties étant déjà informées de l'existence de l'affaire.
- Les parties doivent justifier d'une recherche préalable d'une solution amiable.
- Sur le fond, ce mode de saisine permet d'adapter le rôle du juge comme en matière arbitrale, les parties pourront lui demander de trancher en amiable compositeur ou encore de respecter les qualifications sur lesquelles elles sont déjà parvenues à un accord.

Pour en savoir plus

- « Le divorce judiciaire par consentement mutuel », Code de procédure civile, art. 1088 à 1105.

POUR S'ENTRAÎNER : QUESTIONS

1. **Quel est l'intérêt d'une requête conjointe ?**
2. **Quelles sont les règles de forme de la requête ?**

CORRIGÉ

1. La requête conjointe permet un procès avec un préalable d'entente de la part des parties. Elles ont conscience des questions à résoudre et veulent les soumettre au juge afin qu'il parvienne à trancher les points que la négociation ne serait pas parvenue à résoudre. Cette configuration répond à une véritable attente et permet d'offrir les atouts d'un arbitrage sans avoir à y recourir sachant que cette technique se montre surtout adaptée aux litiges commerciaux.
2. S'agissant d'un acte introductif, les règles de rédaction sont calquées sur celles de l'assignation mais avec des variantes. En effet, nul besoin ici d'indiquer un délai de comparution puisque toutes les parties sont présentes à l'acte. À l'inverse la requête devra non seulement mentionner l'identité de toutes les parties mais aussi porter leurs signatures sans quoi l'acte sera irrecevable. Pour le reste, les règles prévues pour les assignations s'appliquent, à savoir l'identification de la juridiction, l'objet du litige et les éléments de fait et de droit ainsi que les pièces justificatives.

Fiche 22

La procédure de référé

• **Définition**

Référé : procédure accélérée et contradictoire pour les affaires urgentes ou ne présentant pas de difficultés sérieuses.

Le référé est la procédure visant à prendre des mesures urgentes ou dont l'évidence ne nécessite pas le recours à la procédure habituelle. Cette procédure est prévue devant le président du tribunal, tout comme l'ordonnance sur requête (v. Fiche 23). Toutefois, cette procédure a vocation à s'appliquer devant toutes les juridictions d'où des variantes dans l'organisation. On parle alors de juge des référés comme le juge de l'urgence et de l'évidence. L'objectif est de bénéficier d'une procédure accélérée, du moins relativement par rapport à la procédure classique. Nous allons étudier la mise en œuvre de cette procédure avant d'appréhender les pouvoirs du juge en cette matière spécifique.

I. La procédure en référé

L'article 485 dispose que la demande « est portée par voie d'assignation à une audience tenue à cet effet aux jours et heures habituels des référés ». L'urgence commande donc de ne pas avoir à respecter les délais normaux de comparution. Mais le Code ne confond pas urgence et précipitation et l'article 486 exige de la part du juge qu'il s'assure qu'un temps suffisant se soit écoulé entre l'assignation et l'audience pour que la partie assignée ait pu préparer sa défense. Le contradictoire doit donc être respecté et ce, en toutes circonstances (v. Fiche 2).

Mais l'urgence conduit à un régime d'assignation très particulier puisque l'article 485 prévoit également que si « le cas requiert célérité, le juge des référés peut permettre d'assigner, à heure indiquée, même les jours fériés ou chômés, soit à l'audience, soit à son domicile portes ouvertes » ! Mais même dans ces hypothèses extrêmes, le principe du contradictoire doit s'appliquer et le juge doit donc veiller au respect d'un délai suffisant, aussi bref fut-il.

A. Les renvois

Lorsque les parties comparaissent devant le juge cela n'aboutit pas nécessairement à ce qu'il se prononce sur les demandes. La nature particulière de cette procédure conduit à ce que des renvois soient souvent nécessaires. Ainsi le juge saisi en référé peut être amené à organiser deux types de renvois.

- Il peut s'agir d'un renvoi « en état de référé ». Cette possibilité est prévue par l'article 487 du Code de procédure civile, selon lequel, le juge « a la faculté de renvoyer l'affaire en état de référé devant la formation collégiale de la juridiction à une date qu'il fixe ». Ce renvoi signifie que l'affaire ressort de la compétence des référés mais que les enjeux sont tels que le juge préfère une réflexion collégiale sur le dossier. Le tribunal tranchera donc l'affaire en exerçant les pouvoirs du juge des référés, c'est-à-dire sans statuer sur le fond.
- L'autre hypothèse est celle d'un renvoi en vue d'un jugement sur le fond. Ce cas signifie que l'affaire ne ressort pas de la compétence des référés mais mérite une réponse rapide sur le fond du dossier et que, par conséquent, elle soit renvoyée directement à la formation de jugement. Ceci est appelé le système de la « passerelle » car il s'agit de faire passer l'affaire du référé à la procédure au fond. Ainsi les articles 811 et 837 du Code de procédure civile posent qu'« à la demande de l'une des parties et si l'urgence le justifie, le président (pour l'article 837, le président du tribunal judiciaire ou le juge du contentieux de la protection) saisi en référé peut renvoyer l'affaire à une audience dont il fixe la date pour qu'il soit statué au fond. Il veille à ce que le défendeur dispose d'un délai suffisant pour préparer sa défense. L'ordonnance emporte saisine du tribunal ». Il ressort de ce dispositif que l'affaire passe de la procédure de référé directement à l'audience de jugement au fond par l'ordonnance de renvoi ce qui évite la lenteur d'une nouvelle assignation et d'une nouvelle saisine de la juridiction. En outre, on relèvera que l'article précise que le renvoi se fait à « une audience dont il fixe la date ». Il sera donc fait application de la procédure à jour fixe (v. Fiche 20).

B. En l'absence de renvoi

S'il n'y a pas renvoi, le président statuera après avoir entendu les parties ou leurs représentants. L'urgence commanderait que l'ordonnance soit rendue sur le champ, mais une mesure d'instruction peut nécessiter un renvoi tout comme simplement l'engorgement de la juridiction et le retard pris dans le traitement des affaires. De même, lorsque la demande porte sur une mesure d'instruction réalisée par un technicien ou une expertise et que le défendeur acquiesce à cette demande, il est dispensé de se présenter à l'audience, sauf volonté contraire du juge (486-1).

L'ordonnance sera exécutoire par provision, c'est-à-dire sans qu'il soit besoin d'attendre la fin des délais de recours. L'article 489 du Code de procédure civile prévoit même la faculté de rendre l'ordonnance exécutoire à la seule vue de la minute sans qu'il soit besoin d'une signification. Mais, afin de limiter les risques qu'entraîne une telle décision, prise dans l'urgence et exécutoire avant que les voies de recours ne prennent effet, il a été prévu la possibilité d'organiser des garanties pour celui qui succombe à la demande. En effet, nous verrons que les mesures prises en référé même provisoires peuvent poser la question de la remise en l'état si elles ne sont pas confirmées par la suite. Si une garantie est décidée, ce n'est que lorsqu'elle sera constituée que l'ordonnance sera exécutoire.

Si les délais de recours n'ont pas à être respectés pour que l'ordonnance soit exécutoire, cela signifie que des recours sont possibles. Ainsi, l'article 490 du Code de procédure civile prévoit l'appel contre l'ordonnance de référé, sauf à ce qu'elle ait été rendue en dernier ressort, et ce dans un délai raccourci de 15 jours. De même, l'opposition est ouverte contre l'ordonnance rendue en dernier ressort par défaut, toujours dans le délai de quinze jours (v. Fiche 37).

Le juge peut également assortir sa décision d'une astreinte afin de renforcer son efficacité. Elle sera liquidée par le juge de l'exécution, sauf à ce que le juge en référé s'en soit réservé la liquidation (art. 491 CPC et art. L. 131-3 du Code des procédures civiles d'exécution).

Enfin, une autre forme de référé s'était développée (décret du 1er septembre 2011) à partir du schéma prud'homal. Il s'agissait du jugement « en la forme du référé ». Cette hypothèse existait pour des hypothèses limitées devant le tribunal de grande instance. Cela consistait à bénéficier du fait de l'urgence, de la rapidité des référés mais pour obtenir une décision au fond. Le décret de décembre 2019 supprime ce dispositif. S'il est besoin d'une décision urgente au fond, c'est la procédure à jour fixe qui doit être utilisée (v. Fiche 20).

II. Les mesures en référé

Le juge des référés est celui de l'urgence. Mais cette affirmation varie, voire même disparaît, selon les mesures réclamées.

A. Mesures urgentes

L'article 834 du Code de procédure civile pose en premier lieu que « dans tous les cas d'urgence, le président du tribunal judiciaire ou le juge du contentieux de la protection dans les limites de sa compétence, peuvent ordonner en référé toutes les mesures qui ne se heurtent à aucune contestation sérieuse ou que justifie l'existence d'un différend». Cette règle impose des précisions.

L'urgence permet de prendre toute mesure s'il n'y a pas de contestation sérieuse. Cela signifie que le juge ne peut se prononcer en référé que si la situation est évidente et surtout la prise de la mesure ne nécessite pas de trancher la contestation. En outre, l'article pose l'exigence d'un différend. Cette précision apparaît en contradiction avec celle excluant les contestations sérieuses. Il n'en est rien. L'article affirme simplement que l'existence d'un différend et donc d'une contestation n'est pas en soi un motif d'exclusion de la compétence du juge. Ceci doit permettre de limiter l'influence de la contestation aux seules hypothèses qui ne permettraient pas au juge de prendre la mesure d'urgence.

Quant à la notion d'urgence, elle est laissée à l'appréciation souveraine des juges du fond au regard des circonstances au-delà des simples convenances des parties.

B. Mesures dont l'urgence est présumée

Mais certaines mesures permettent de faire présumer l'urgence, rendant ainsi leur admission plus aisée. Il s'agit des mesures conservatoires ou de remises en état prévues à l'article 835. Celles-ci peuvent être demandées soit pour prévenir un danger imminent soit pour prévenir un trouble illicite. Celui qui établira l'une des deux situations bénéficiera logiquement d'une présomption d'urgence. À noter que si le caractère imminent du dommage est de l'appréciation souveraine du juge, la Cour de cassation exerce son contrôle sur le caractère illicite du trouble. Cet outil a pu poser des difficultés de frontières entre les compétences des juges judiciaires et administratifs, tout comme il a dû être encadré en matière de diffamation afin d'en éviter un usage excessif (ainsi de l'obligation de respecter un délai de 10 jours pour l'auteur présumé de la diffamation afin qu'il rapporte la preuve de ses dires).

C. Mesures sans urgence

On constate enfin que certaines mesures peuvent être prises sans référence à l'urgence.

Il en est d'abord ainsi en ce qui concerne le référé-provision. L'article 835 du Code de procédure civile permet d'octroyer une provision sur des condamnations à venir lorsque l'existence de l'obligation n'est pas sérieusement contestable. Le même article prévoit également le référé-injonction en ce qui concerne des obligations de faire dans les mêmes conditions d'absence de contestation sérieuse.

D. Mesures d'instruction

Enfin, l'article 145 prévoit la possibilité de demander le prononcé d'une mesure d'instruction en vue bien souvent d'une affaire au fond. Nous reprendrons cette hypothèse au travers de l'étude portant sur l'ordonnance sur requête (v. Fiche 23).

- **À retenir**

- Le référé est une procédure dictée par l'urgence et/ou devant le président de la juridiction.
- Le délai de comparution n'a pas à être respecté. Toutefois le défendeur doit bénéficier d'un temps suffisant pour préparer sa défense.
- Si l'affaire est complexe, le président peut décider un renvoi devant la formation collégiale.
- Si l'affaire ne ressort pas de la compétence du référé mais présente un caractère d'urgence, une passerelle peut être faite directement avec l'audience de jugement par décision du président sur demande de l'une des parties.
- Le juge des référés peut prendre toute mesure rendue nécessaire par l'urgence et qui ne se heurte à aucune contestation sérieuse.
- Il peut également décider des mesures conservatoires.
- Enfin des provisions peuvent être allouées sans que le caractère d'urgence ne soit présent à la condition qu'il n'y ait pas de contestation sérieuse.
- Les ordonnances de référé sont susceptibles d'appel ou d'opposition dans le délai de quinze jours.
- Les ordonnances sont exécutoires à la seule vue de la minute, donc sans attendre la fin des délais de recours.

Pour en savoir plus

- NORMAND, *Le Défi de l'urgence en droit processuel: le NCPC, code modèle ou cas à part?*, Economica, 2006, p. 183.
- GORCHS, « Référés spéciaux et droit commun », *RRJ* 2003, numéro spécial « Les Procédures d'urgence en matière judiciaire et administrative », p. 2933.
- RONDEAU-RIVIERE, « L'Évidence et la notion de contestation sérieuse devant le juge des référés », *Gaz. Pal.* 1991, Doct. 355.
- NORMAND, « Le Juge judiciaire, gardien non exclusif des libertés. Le cas des étrangers », *RTD civ.* 1996. 235, spéc. 236 à 241.

POUR S'ENTRAÎNER : QUESTIONS

1. **Quelles peuvent être les suites d'un recours en référé ?**
2. **Quelles sont les mesures pouvant être ordonnées en référé ?**

CORRIGÉ

1. La procédure en référé n'aboutit pas nécessairement à ce que le juge se prononce sur les demandes. La nature particulière de cette procédure conduit à ce que des renvois soient souvent nécessaires. Ainsi le juge saisi en référé peut être amené à organiser deux types de renvois. Il peut s'agir d'un renvoi « en état de référé ». Le juge a la faculté de renvoyer l'affaire en état de référé devant la formation collégiale de la juridiction à une date qu'il fixe. Ce renvoi signifie que l'affaire ressort de la compétence des référés mais que les enjeux sont tels que le juge préfère une réflexion collégiale sur le dossier. Le tribunal tranchera donc l'affaire en exerçant les pouvoirs du juge des référés, c'est-à-dire sans statuer sur le fond. L'autre hypothèse est celle d'un renvoi en vue d'un jugement sur le fond. Ce cas signifie que l'affaire ne ressort pas de la compétence des référés mais mérite une réponse rapide sur le fond du dossier et que par conséquent elle soit renvoyée directement à la formation de jugement. Ceci est appelé le système de la « passerelle » car il s'agit de faire passer l'affaire du référé à la procédure au fond. À la demande de l'une des parties et si l'urgence le justifie, le président peut renvoyer l'affaire à une audience dont il fixe la date pour qu'il soit statué au fond. Il ressort de ce dispositif que l'affaire passe de la procédure de référé directement à l'audience de jugement au fond par l'ordonnance de renvoi.
2. Le juge des référés est le juge de l'urgence et de l'évidence. Lorsque ces deux conditions sont réunies, il peut prendre toute mesure. Certaines mesures permettent de faire présumer l'urgence, rendant ainsi leur admission plus aisée. Il s'agit des mesures conservatoires ou de remises en état. Celles-ci peuvent être demandées soit pour prévenir un danger imminent soit pour prévenir un trouble illicite. Certaines mesures peuvent être prises sans référence à l'urgence. Il en est d'abord ainsi en ce qui concerne le référé-provision sur des condamnations à venir lorsque l'existence de l'obligation n'est pas sérieusement contestable. Le référé-injonction est également prévu en ce qui concerne des obligations de faire dans les mêmes conditions d'absence de contestation sérieuse.

Fiche 23

La procédure des ordonnances sur requête

• **Définition**

Ordonnance sur requête : décision juridictionnelle non contradictoire rendue à la suite d'une requête adressée au juge.

La procédure des ordonnances sur requête présente un caractère fort particulier au sein du droit processuel. Il s'agit, en effet, de la seule procédure contentieuse organisée de manière non contradictoire. Nous avons pu évoquer combien l'ensemble des règles de procédure civile étaient dictées par les principes dispositif et du contradictoire (v. Fiches 1 et 2). L'exigence du contradictoire s'est encore accrue avec le développement de l'influence de procès équitable posé par l'article 6 § 1 de la Convention européenne de sauvegarde des droits de l'homme, largement relayé par la Cour européenne des droits de l'homme.

Aussi le maintien d'une procédure non contradictoire devant le juge peut surprendre. Mais des raisons objectives de bonne justice justifient cette position et ce d'autant que si le contradictoire n'est pas mis en œuvre dans la procédure, il n'en est pas moins tenu compte.

Il s'agit donc d'apprécier les cas de recours **(I)** à cette procédure spéciale avant d'en observer la mise en œuvre **(II)**.

I. Les cas de recours

A. Nature

Le caractère non contradictoire de cette procédure pourrait se justifier par le fait qu'il s'agisse d'une procédure gracieuse. En effet, le terme de « requête » permet à la fois d'introduire une demande gracieuse qu'une demande orientée vers un adversaire simplement potentiel. Le fait même que le contradictoire ne soit pas respecté conduit à penser qu'il s'agit d'une procédure gracieuse. En outre, les possibilités de recours des tiers que nous examinerons ultérieurement conduiraient à décomposer l'instance en deux phases, l'une gracieuse puis une autre contentieuse. Mais cette vision est critiquée par le fait que le cadre de ces décisions est souvent contentieux et que la non-application de la contradiction n'est pas la conséquence d'un caractère gracieux mais justifiée par des impératifs d'efficacité de la mesure à prendre.

Cette critique s'appuie également sur l'organisation des voies de recours. L'appel est, en effet, organisé « comme en matière gracieuse ». Ceci tend à signifier que les ordonnances ne sont pas nécessairement des mesures gracieuses, sinon la précision « comme en » serait surabondante.

On peut alors opter de manière pragmatique pour une qualification alternative contentieuse ou gracieuse. Celle-ci a le mérite de correspondre à la pratique à défaut de respecter une cohérence théorique. Cette solution permet de respecter le fait que les ordonnances sont parfois rendues dans un cadre gracieux mais que pour l'essentiel elles se placent dans un rapport contentieux, le fait que l'adversaire n'ait pas à être appelé ne signifiant pas qu'il n'existe pas d'adversaire.

L'intérêt du recours à cette procédure nécessite donc d'être compris lorsqu'un adversaire même potentiel existe car c'est en cette hypothèse que le respect du contradictoire devrait s'imposer.

Le Code de procédure civile conçoit les ordonnances sur requête comme un cadre pouvant servir à des actions de natures différentes comme le débat sur la nature gracieuse ou contentieuse a pu le laisser entendre. Sans faire la liste des cas de recours à cette procédure, il convient de mettre l'accent sur ses usages les plus marquants.

B. Utilisation

L'utilisation méritant particulièrement une étude concerne l'hypothèse dans laquelle l'ordonnance sur requête sert à solliciter des mesures d'instruction devant permettre d'organiser un futur procès. L'article 145 du Code de procédure civile dispose que « s'il existe un motif légitime de conserver ou d'établir avant tout procès la preuve de faits dont pourrait dépendre la solution d'un litige, les mesures d'instruction légalement admissibles peuvent être ordonnées à la demande de tout intéressé, sur requête ou en référé ».

L'absence d'instance au fond constitue une condition de recevabilité de la demande d'une mesure d'instruction régie par l'article 145 du Code de procédure civile. Cette condition s'apprécie au jour de la saisine du juge. En effet, Si l'on devait apprécier par la suite cette condition, il y a fort à parier qu'une instance au fond serait alors en cours puisque le but de l'ordonnance sur requête est justement de pouvoir disposer des éléments qui vont permettre une saisine au fond (Civ. 2e, 5 juin 2014, n° 13-19967). La Cour a également indiqué que le fait qu'une action au fond sur des faits similaires ou connexes existe et que les preuves recherchées pouvaient servir cette instance, étaient sans incidence sur la validité de la requête, l'objet des litiges n'étant pas identique. Il s'agirait, sinon, d'ajouter une condition à l'article 145 du Code de procédure civile (Civ. 2e, 20 mars 2014, n° 12-29568).

Il convient de préciser que l'article 146 limite naturellement le domaine de ces mesures aux faits qu'une partie allègue sans pouvoir disposer d'éléments suffisants pour les prouver. « En aucun cas une mesure d'instruction ne peut être ordonnée en vue de suppléer la carence de la partie dans l'administration de la preuve. » Le principe dispositif prend ici toute sa dimension (v. Fiche 1).

Concrètement, il s'agira de l'hypothèse dans laquelle une personne qui envisage de faire un procès ne dispose pas et ne peut se procurer la preuve d'un élément déterminant pour son issue. Elle sollicite alors le juge par voie de requête ou en référé (v. Fiche 22) afin qu'il ordonne la mesure. Le recours à la requête sera justifié par la nécessité de ne pas appeler le futur adversaire. L'article 493 du Code de procédure civile pose, en effet, que « l'ordonnance sur requête est une décision provisoire rendue non contradictoirement dans les cas où le requérant est fondé à ne pas appeler de partie adverse ». Les circonstances doivent donc justifier cet effet de surprise. En effet, si la mesure doit être prise hors la présence de l'adversaire, c'est qu'elle le vise et qu'elle ne peut être efficace que si elle est exécutée sans que ce dernier ait pu faire disparaître les éléments recherchés. Lorsqu'une personne détient une preuve qui serait utile à une autre pour la faire condamner, il est logique de ne pas la prévenir que cette preuve va être saisie sans quoi elle la ferait disparaître.

Voir, également, sur ce point la loi du 30 juillet 2018, n° 2018-670 et son décret d'application du 11 décembre, relatifs à la protection du secret des affaires. Les articles L 153-1 et suivants du Code de commerce fixent les mesures de protection de ce secret lorsque l'article 145 est activé.

Le juge de l'exécution peut également statuer sur requête soit que l'urgence l'exige soit dans les cas prévus par la loi, et notamment l'hypothèse de l'exécution d'une décision étrangère.

C. La question du respect du contradictoire

Dans ces différents cas, le contradictoire ne sera pas respecté et l'objectif le justifie mais il n'en est pas complètement absent. S'agissant de la mise en œuvre des décisions provenant des juridictions étrangères, celles-ci ont été rendues dans le respect du contradictoire dès lors il ne s'impose plus pour la mise en exécution. Ce schéma ne s'applique à l'évidence qu'à l'égard des décisions provenant d'États dont la procédure répond aux exigences du procès équitable.

Lorsqu'il s'agit de prendre une mesure d'instruction contre un adversaire pour un futur procès, là encore le respect du contradictoire ne sera pas oublié grâce à l'organisation des voies de recours prévue par la procédure.

II. La procédure

A. La requête

La procédure se déroule devant le président du tribunal, la juridiction compétente étant celle qui le serait pour connaître au fond du litige. Lorsqu'il s'agit de l'application de l'article 145, donc d'obtenir une mesure d'instruction, la cour précise que la compétence va au président de la juridiction susceptible de connaître l'instance au fond ou celui du tribunal dans le ressort duquel les mesures d'instructions doivent, même partiellement, être exécutées (Civ. 2e, 15 octobre 2015, n° 14-17564).

La requête doit être déposée en double exemplaire et doit être motivée et accompagnée des pièces invoquées. Elle peut intervenir au cours d'une instance, elle précise alors la juridiction saisie. Elle peut être, si l'urgence l'exige, présentée directement au domicile du juge (art. 494).

La requête est présentée par un avocat ou par un officier public ou ministériel dans les cas où il aurait reçu spécialement pouvoir par un texte.

B. L'audience

Le président écoute donc le représentant du requérant et statue par une ordonnance qui doit être motivée en faveur de la requête ou par son rejet.

Si la demande est acceptée, l'ordonnance qui y fait droit est exécutoire sur minute et la requête est restituée au requérant, l'autre exemplaire étant conservé au greffe de la juridiction (art. 495 et 498).

Cette exécution de la mesure doit être précédée de la notification de la requête et de l'ordonnance (Civ. 2e, 1er février 2011, n° 10-13894, 1er septembre 2016, n° 15-23326). La notification de la requête et de l'ordonnance se fait seulement à la personne visée par la mesure, celle-ci pouvant être différente de celle qui fera l'objet d'une instance au fond (Civ. 2e, 4 juin 2015, n° 14-16647).

La procédure est donc organisée dans un souci de simplicité et d'efficacité afin de rendre la mesure la plus utile compte tenu de l'urgence qu'elle requiert.

C. Les recours

L'intérêt se porte alors sur les recours ouverts à l'encontre de l'ordonnance.

Si la demande est rejetée, le requérant peut faire appel de la décision. Rappelons que cet appel est alors instruit et jugé comme en matière gracieuse (art. 496).

Surtout, s'il est fait droit à la requête, « tout intéressé peut en référer au juge qui a rendu l'ordonnance » (art. 496 al. 2).

Cette solution permet à celui visé par la mesure de venir devant le juge qui l'a ordonnée afin qu'il la modifie ou qu'il se rétracte. L'adversaire existant ou potentiel a alors l'occasion d'exposer ses arguments s'opposant à la mesure. C'est en cela que la procédure n'ignore pas complètement le respect de la contradiction. Chaque partie aura finalement la possibilité de faire valoir sa position, seules les modalités de temps changent. Dans une instance normale, les parties expriment simultanément, c'est-à-dire lors d'une même audience leurs arguments afin que le juge tranche. Ici, une partie expose son point de vue, le juge tranche, jusqu'à ce que l'adversaire ne le convainque de revenir sur sa position. Ceci nécessite que la première partie ait pu convaincre le juge et que l'autre vienne ensuite lui faire changer d'avis. On imagine que d'un point de vue humain, la manœuvre soit périlleuse. Il est toujours délicat d'attendre d'une personne, juge ou pas, qu'elle revienne sur sa position. Mais cet inconvénient reste moindre que celui consistant à prévenir une personne qu'une mesure va être prise pour quérir une preuve chez elle et risquer que, dans l'attente de son exécution, elle ait fait disparaître la preuve.

Il convient, enfin, de rappeler que la notification de la requête et de l'ordonnance se fait à la seule personne sur qui s'exerce la mesure (Civ. 2e, 4 juin 2015, n° 14-16647). Il se peut que celle-ci ne soit pas la personne qui sera défenderesse lors de l'action au fond. Ceci réduit les possibilités de recours mais ne l'interdit pas car nous avons vu que le recours peut être formé par tout intéressé. En outre, il serait difficilement concevable de prévoir une information plus large sans risquer de bloquer le recours à ce mécanisme.

• À retenir

- La procédure d'ordonnance sur requête est une procédure spéciale devant le président du tribunal qui peut être gracieuse ou contentieuse.
- Elle permet d'obtenir une ordonnance sans avoir à faire comparaître l'adversaire et ce pour des raisons d'efficacité, à savoir éviter qu'il fasse disparaître des preuves.
- Le respect du contradictoire est préservé par les voies de recours.
- Le requérant qui n'a pas obtenu gain de cause peut faire appel de la décision, comme en matière gracieuse.
- L'adversaire absent de la procédure peut saisir le juge qui a rendu l'ordonnance afin qu'il la modifie ou se rétracte.
- Toutefois, la requête et l'ordonnance ne sont notifiées qu'à la personne visée par la mesure, celle-ci n'étant pas nécessairement le futur adversaire au fond.

Pour en savoir plus

- PERROT, « L'Inversion du contentieux ou les prouesses de l'ordonnance sur requête », *Mélanges R. Perrot*, Litec, 2003, p. 387.
- PIERRE-MAURICE, *Ordonnance sur requête et matière gracieuse*, Dalloz, coll. « Nouv. Biblio. Thèses », 2003.
- ESTOUP, *La Pratique de procédures rapides*, Litec, 1990.

POUR S'ENTRAÎNER : QUESTIONS

1. **Qu'est-ce qui justifie que la procédure d'ordonnance sur requête soit non contradictoire ?**
2. **Quels sont les recours à l'encontre d'une ordonnance sur requête ?**

CORRIGÉ

1. La procédure d'ordonnance sur requête peut d'abord avoir une nature gracieuse ce qui explique qu'il n'y ait pas lieu à contradictoire par l'absence d'adversaire. Mais la procédure peut également être contentieuse et devrait alors respecter ce principe fondamental de procédure. Cette exclusion s'explique toutefois par la finalité de l'ordonnance à savoir ordonner une mesure d'instruction permettant au requérant d'obtenir la preuve utile à son procès en cours ou à venir. L'adversaire ne doit alors pas être informé de cette mesure sans quoi il risquerait de faire disparaître la preuve recherchée.
2. Si le requérant n'a pas obtenu gain de cause auprès du président de la juridiction, il peut faire appel de la décision. Il s'agira toujours d'un appel comme en matière gracieuse. Si un adversaire subit l'ordonnance, il peut saisir le juge qui l'a rendu afin de faire valoir ses arguments et obtenir la modification ou la rétractation de l'ordonnance rendue. Il convient de relever que la personne visée par la mesure est la seule à qui la requête et l'ordonnance sont communiquées. Or, cette personne n'est pas nécessairement le défendeur à la future instance au fond, ceci risque de rendre plus difficile la contestation de l'ordonnance.

Fiche 24

La procédure orale

I. La tentative de conciliation
II. L'instance contentieuse

- **Définitions**

Conciliation : phase de recherche d'une solution amiable dirigée par le juge ou par un conciliateur désigné par le juge, préalablement à une potentielle phase de jugement.

Assignation aux fins de jugement : mode d'assignation devant le tribunal judiciaire aux fins de conciliation et à défaut de jugement.

Rappelons, au préalable, que lorsque les parties sont dispensées de constituer avocat conformément aux dispositions de l'article 761, la procédure est orale, sous réserve des dispositions particulières propres aux matières concernées (art. 817). La demande en justice est formée soit par une assignation soit par une requête remise ou adressée conjointement par les parties.

La demande peut également être formée par une requête lorsque le montant de la demande n'excède pas 5 000 euros ou lorsqu'elle est formée aux fins de tentative préalable de conciliation (art. 818).

Si la procédure écrite devant le tribunal judiciaire est celle de droit commun, la procédure orale mérite l'attention à double titre. Tout d'abord, sa phase d'introduction marque une certaine originalité avec l'organisation d'une possible tentative de conciliation. Ensuite, la procédure repose sur une logique différente de celle de la procédure écrite **(II)**. Cet aspect montre d'autant plus d'intérêt qu'il est repris dans l'essentiel des autres juridictions d'exception (v. Fiche 25). Mais avant d'aborder cette question, intéressons-nous aux spécificités de l'introduction de l'instance du fait de l'instauration du mécanisme de conciliation **(I)**.

I. La tentative de conciliation

La demande aux fins de tentative préalable de conciliation est formée par requête faite, remise ou adressée au greffe (art. 820). La prescription et les délais pour agir sont interrompus par l'enregistrement de la demande (art. 820). Le demandeur doit respecter dans sa requête les exigences de formes posées par les articles 54, 57 et 757 du Code de procédure civile.

La conciliation peut être déléguée à un conciliateur (A) ou opérée par le juge (B).

A. Le recours à un conciliateur

Ce recours est décidé par le juge. Le demandeur ne peut plus s'y opposer dans sa demande ou lors de la notification de la décision du juge.

Le greffier avise alors le défendeur par tous moyens de cette décision. Cet avis précise les nom, prénoms, adresse et profession du demandeur ainsi que l'objet de la demande.

Le conciliateur et le demandeur sont informés par tous moyens (v. Sur la signification de «tous moyens» par le décret du 11 mars 2015, v. Fiche 9).

Le conciliateur convoque les parties. Celles-ci peuvent être assistées par une personne ayant compétence pour le faire devant la juridiction compétente. L'avocat peut même seul accepter ou donner des offres sans avoir à produire de mandat spécial et ce même en procédure prud'homale (Cass., avis, 8 septembre 2014, n° 14-70005).

Le conciliateur peut avoir à se déplacer et entendre des témoins, avec l'accord des parties. Ses constatations ainsi que les déclarations qu'il recueille ne peuvent être utilisées dans la suite de la procédure sans l'accord des parties.

Il tient le juge informé des difficultés qu'il rencontre, ainsi que de la réussite ou de l'échec de sa mission. Le juge peut mettre fin, à la demande du conciliateur ou à celle d'une partie, à la mission. Mais la mission peut également être renouvelée et ce sans l'accord des parties.

Si la mission aboutit à un accord, même partiel, celui-ci fait l'objet d'un constat signé par les parties et le conciliateur. Les parties peuvent soumettre cet accord à l'homologation du juge, celle-ci relevant de la matière gracieuse. C'est alors le conciliateur qui transmet le constat à homologuer au juge (art. 131).

En cas d'échec les parties pourront saisir le juge aux fins de jugement (art. 826).

B. La conciliation par le juge

Lorsque le juge n'a pas souhaité recourir au conciliateur, le greffe avise le demandeur du lieu, de la date et de l'heure de l'audience de conciliation par tous moyens et convoque le défendeur par courrier simple précisant les facultés d'assistance, sachant que les parties doivent se présenter personnellement.

La convocation du défendeur mentionne également l'identité du demandeur ainsi que l'objet de la demande (art. 825 al. 2).

En cas de conciliation, même partielle, le juge constate l'accord dans un procès-verbal qu'il signe ainsi que les parties. Des extraits de ce procès-verbal peuvent alors servir de titre exécutoire (art. 130).

En cas d'échec, même partiel, les parties sont avisées que la juridiction peut être saisie aux fins de jugement.

II. La procédure aux fins de jugement

La première étape de la procédure revient encore à rechercher la conciliation entre les parties. Ainsi, Le juge s'efforce de concilier les parties. Il peut également, à tout moment de la procédure, inviter les parties à rencontrer un conciliateur de justice aux lieu, jour et heure qu'il détermine. Les parties en sont avisées, selon le cas, dans l'acte de convocation à l'audience ou par tous moyens. L'avis indique la date de l'audience à laquelle l'affaire sera examinée afin que le juge constate la conciliation ou tranche le litige. L'invitation peut également être faite par le juge à l'audience (art. 827).

À défaut de conciliation constatée à l'audience, l'affaire est immédiatement jugée ou, si elle n'est pas en état de l'être, renvoyée à une audience ultérieure. Dans ce cas, le greffier avise par tous moyens les parties qui ne l'auraient pas été verbalement de la date de l'audience (art. 830).

À l'origine, la juridiction ne retenait que les observations verbales. C'était alors au greffier que revenait la lourde charge de consigner ces observations. Le risque était alors que certaines déclarations soient éludées ou déformées. La preuve qu'une prétention avait bien été exposée était alors ardue et ce d'autant qu'il appartenait aux parties de rapporter la preuve qu'elles avaient saisi le tribunal de telle ou telle prétention.

La primauté de l'oral conduisait également à ce que puisse être soulevée une exception d'incompétence alors que des conclusions au fond avaient été déposées précédemment. Dans la même optique, seules les demandes reconventionnelles formulées à l'oral pouvaient interrompre un délai. Plus généralement, le dépôt d'écritures lors de l'audience devait être acté par le greffe, et la signification de conclusions avant l'audience n'exonérait nullement de l'obligation de s'y présenter et d'en reprendre l'objet à l'oral.

En outre, les demandes devaient impérativement être présentées à l'oral, ce qui impliquait la présence physique de la partie ou de son représentant lorsque la loi n'exigeait pas la comparution personnelle. La seule communication à la juridiction d'écritures était sans valeur. Les prétentions devaient être réitérées lors de l'audience. L'on appréciera ici la contrainte qui pesait sur les parties qui après avoir pris soin de consigner par écrit leur argumentation et les demandes qui en découlaient, devraient s'organiser pour se rendre à l'audience afin de reprendre oralement les éléments déjà consignés dans leurs écritures.

Les écrits n'étant pas prévus par cette procédure, ils n'avaient pas la valeur de conclusions. Dès lors, la contradiction entre les dires et les écrits tournait à la faveur des déclarations. En outre, des conclusions qui n'étaient pas déposées devant la juridiction ou dont les demandes n'étaient pas réitérées devant elle, n'existaient pas, bien qu'elles aient été communiquées à la partie adverse afin qu'elle prépare sa défense.

Comment considérer qu'un «échange» oral lors de l'audience permet à chaque partie de préparer sa défense et donc que la règle du contradictoire soit respectée ? Lors de l'audience, le temps est compté, aucun recul sur l'affaire et les arguments adverses n'est possible. En outre, les débats sont dirigés par le juge donnant d'abord la parole au demandeur puis au défendeur. Il ne s'agit nullement d'un échange mais de deux présentations successives. Surtout, la technicité actuelle du droit ne permettait plus d'envisager sérieusement que les parties défendent seules leurs prétentions de surcroît dans un affrontement devant le juge.

La pratique a montré que, pour l'essentiel, les parties recouraient à des conseils et que des conclusions étaient échangées. Le Code de déontologie des avocats ne distingue pas entre les procédures lorsqu'il oblige à la communication des éléments de fait et de droit spontanément et dans les meilleurs délais à la partie adverse. Concrètement, obligation est faite pour l'avocat de conclure et de transmettre ses conclusions à l'adversaire.

La position tenue par la Cour de cassation était de considérer que l'énonciation des chefs de demandes dans l'acte introductif ainsi que la transmission des pièces, suivie d'une présentation orale lors de l'audience étaient suffisantes pour respecter le contradictoire. Cette position ne suffisait pas à garantir le contradictoire. Les propositions de réforme se firent jour, de la part même de la haute Cour, dont les magistrats étaient conscients du caractère désormais inadapté des textes organisant l'oralité.

Le décret n° 2010-1165 du 1er octobre 2010, puis celui de 2017 sont venus atténuer les critiques en cherchant à harmoniser la procédure orale avec celle de droit commun en vue d'un meilleur respect du contradictoire.

Si l'oralité reste le principe, l'article 446-1 du Code de procédure civile prévoit, désormais, la possibilité de se référer à des écrits. Cette possibilité est soumise à l'accord du juge et doit être présentée lors de l'audience, mais nul doute que ceci ne devrait pas poser de difficulté.

L'alinéa 2 de cet article prévoit également que «lorsqu'une disposition particulière le prévoit, les parties peuvent être autorisées à formuler leurs prétentions et leurs moyens par écrit sans se présenter à l'audience. Le jugement rendu dans ces conditions est contradictoire». Ceci dispense les parties d'une présence à l'audience de jugement, car si le texte ne le précise pas, on imagine mal leur absence lors du premier appel des causes et ce d'autant que les procédures orales prévoient un préalable de conciliation nécessitant la présence des parties. Toutefois, cette possibilité est réduite aux hypothèses où un texte la prévoirait.

À noter que le juge peut toujours décider d'entendre les parties. L'on retrouve ici le même schéma que dans la procédure ordinaire. Ainsi, si le président qui dirige les débats demande des explications sur des éléments de faits ou de droit qui lui paraissant nécessaires à la résolution du litige, l'avocat ne peut se contenter de déposer ses conclusions (Civ. 2e, 15 mai 2014, n° 12-27035).

Le décret s'inspire également de la procédure de droit commun lorsqu'il pose que les demandes non reprises dans les dernières conclusions seront considérées comme abandonnées. Les conclusions récapitulatives sont désormais en vigueur dans les procédures orales (v. Fiche 6). Cette exigence a été largement précisée par le décret du 6 mai 2017 qui structure la rédaction des conclusions sur le schéma des conclusions en procédure écrite et devant la Cour d'appel et sanctionne lourdement le non-respect de ce formalisme puisque le juge ne se prononcera que sur les dernières demandes et seulement au regard des moyens développés dans ces mêmes conclusions.

Ainsi, le nouvel alinéa 2 de l'article 446-2 prévoit que :

> « Lorsque toutes les parties comparantes formulent leurs prétentions et moyens par écrit et sont assistées ou représentées par un avocat, les conclusions doivent formuler expressément les prétentions ainsi que les moyens en fait et en droit sur lesquels chacune de ces prétentions est fondée avec indication pour chaque prétention des pièces invoquées et de leur numérotation. Un bordereau énumérant les pièces justifiant ces prétentions est annexé aux conclusions. Les conclusions comprennent distinctement un exposé des faits et de la procédure, une discussion des prétentions et des moyens ainsi qu'un dispositif récapitulant les prétentions. Les moyens qui n'auraient pas été formulés dans les écritures précédentes doivent être présentés de manière formellement distincte. Le juge ne statue que sur les prétentions énoncées au dispositif et n'examine les moyens au soutien de ces prétentions que s'ils sont invoqués dans la discussion. Les parties doivent reprendre dans leurs dernières conclusions les prétentions et moyens présentés ou invoqués dans leurs conclusions antérieures. À défaut, elles sont réputées les avoir abandonnés et le juge ne statue que sur les dernières conclusions déposées.
>
> Lorsque les parties formulent leurs prétentions et moyens par écrit et qu'elles ne sont pas assistées ou représentées par un avocat, le juge peut, avec leur accord, prévoir qu'elles seront réputées avoir abandonné les prétentions et moyens non repris dans leurs dernières écritures communiquées.
>
> À défaut pour les parties de respecter les modalités de communication fixées par le juge, celui-ci peut rappeler l'affaire à l'audience, en vue de la juger ou de la radier. »

Toujours dans cette logique de rapprocher les procédures, le décret prévoit que le tribunal peut organiser les échanges selon un calendrier. Celui-ci ne nécessite plus l'accord des parties pour les affaires introduites à compter du 11 mai 2017, seul leur avis est requis. Ceci reprend la logique de la mise en état devant le TGI (v. Fiche 9) mais également la pratique qui s'était largement développée au sein des juridictions soumises à l'oralité de la procédure. Ce qui importe ici est que le texte prévoit la sanction du non-respect des délais. Le juge pourra écarter les écrits produits hors délai et dont la tardiveté ne permet pas d'y répondre. Cette solution existait déjà mais les juridictions hésitaient à en faire application au prétexte que la procédure était orale, conduisant ainsi à de trop nombreux renvois afin que la partie surprise puisse présenter sa réponse. Le texte faisant, maintenant, nettement prévaloir le contradictoire sur l'oralité, on peut espérer que les juridictions n'hésiteront plus à sanctionner les plaideurs retardataires.

Ce dispositif a, enfin, l'intérêt de régler les difficultés de dates s'agissant des exceptions de procédures. Ainsi, sur l'irrecevabilité d'une exception de procédure soulevée oralement alors que des échanges d'écrits avaient été organisés (art. 446-2) quand bien même les parties n'auraient pas été dispensées de comparaître (Civ. 2e, 22 juin 2017, n° 16-17118).

Reste que le dispositif, maintenant le principe de l'oralité, n'oblige pas à la communication préalable d'écrits, ce que ne saurait parfaitement satisfaire l'exigence de contradictoire.

Plus curieusement, la procédure orale peut ne pas être orale puisque les parties peuvent demander une procédure sans débats. Dans ce cas, les parties formulent leurs prétentions et leurs moyens par écrit.

Mais, le tribunal peut, tout de même, décider de tenir une audience s'il estime qu'il n'est pas possible de rendre une décision au regard des preuves écrites ou si l'une des parties en fait la demande (art. 828).

• À retenir

- La procédure orale connaît plusieurs modes d'introduction.
- Une option est ouverte au demandeur entre une saisine à toutes fins ou seulement aux fins de conciliation. Le juge peut décider de désigner un conciliateur. À défaut, il procède lui-même à la tentative de conciliation.
- La juridiction est saisie par requête pour la procédure de conciliation et par requête ou assignation pour la procédure aux fins de jugement.
- Lors de la tentative de conciliation, les parties doivent se présenter personnellement et se faire assister si elles le souhaitent.
- Durant la phase contentieuse, elles peuvent se faire assister ou représenter.
- L'oralité de la procédure doit être distinguée de l'oralité des débats.
- L'oralité dispense de conclure par écrit sur les éléments de droit et de fait et de ce fait de recourir à l'assistance d'un avocat.

- L'oralité est une technique visant à un traitement rapide et simple des dossiers. Mais la complexification du droit a rendu nécessaire l'ouverture à un recours à l'écrit afin de faire respecter au mieux le respect du contradictoire.
- Les débats peuvent être remplacés par des échanges d'écrits mais le juge conserve la possibilité d'entendre les parties.
- Les écrits doivent respecter les formes exigées devant le tribunal judiciaire et le juge peut constater l'abandon des prétentions non reprises dans les dernières écritures et écarter les écrits tardifs.

Pour en savoir plus

- MARTIN, « Le point noir de la procédure orale », Procédures 2000, chron. 13.
- DEHAN-CHANTRIER, « Réflexions sur les modalités de représentation et d'assistance devant le tribunal d'instance et le JEX », *JCP* 2005, Libres propos, n° 581.
- GABORIAU et PAULIAT, « La parole, l'écrit et l'image : quelle procédure au XXIe siècle ? », PULIM, 2011.

POUR S'ENTRAÎNER : QUESTIONS

1. **Quelles sont les facultés offertes par la procédure orale ?**
2. **Quelles sont les issues possibles de la tentative de conciliation ?**

CORRIGÉ

1. Le demandeur peut saisir le tribunal aux fins de conciliation ou aux fins de jugement. Dans le premier cas, soit le juge procède lui-même à la recherche de conciliation, soit il délègue à un conciliateur. L'objectif est de parvenir à un accord, même partiel, et de pouvoir envisager son homologation par le juge. À défaut d'accord ou pour les aspects encore à juger, les parties pourront alors saisir le jugement afin d'obtenir un jugement. Dans le second cas, le juge cherche d'abord à concilier les parties. Comme dans le cas précédent, il peut agir lui-même ou recourir à un conciliateur. À défaut de conciliation, la procédure contentieuse suivra afin de parvenir à un jugement.
2. À l'issue de la tentative de conciliation, plusieurs hypothèses sont possibles. Soit les parties sont parvenues à un accord même partiel, soit il n'y a pas d'accord, au moins sur certains points. Que l'accord soit total ou partiel, le conciliateur dresse un constat que signent les parties. Elles pourront demander l'homologation de l'accord au juge. Si le juge constate lui-même l'accord, il dresse un procès-verbal qu'il signe et fait signer par les parties,

dont les extraits valent titre exécutoire. À défaut d'accord devant le conciliateur, le greffe adresse un courrier aux parties leur indiquant leur faculté à saisir le juge pour que l'affaire soit tranchée au fond. Lorsque le juge constate le désaccord, les parties peuvent saisir aux fins de jugement soit par requête soit par assignation.

Fiche 25

Les procédures spéciales quant au domaine : tribunal de commerce et conseil de prud'hommes

- **Définitions**

Juge charge d'instruire l'affaire : Devant le tribunal de commerce, il peut être désigné un juge qui aura la charge de préparer l'affaire en vue de son jugement tout comme le juge de la mise en état au civil.

Bureau de conciliation et d'orientation : La première audience devant le conseil de prud'hommes se déroule devant le bureau de conciliation et d'orientation, composé de deux conseillers, l'un employeur, L'autre salarié. Sa première mission est de concilier les parties mais il organise également la mise en état de l'affaire et peut prendre des mesures d'instruction, des mesures urgentes et des mesures provisoires.

Juge départiteur : La composition du conseil de prud'hommes étant paritaire, des jugements de partage de voix sont possibles. Alors, un juge du tribunal judiciaire s'adjoint à la formation afin que l'affaire soit à nouveau plaidée et jugée.

Si l'essentiel des compétences est essentiellement réuni au sein du tribunal judiciaire (notamment avec l'intégration des anciens tribunaux des affaires de la sécurité sociale), le Code de procédure civile prévoit des dispositions particulières à d'autres juridictions que sont le tribunal de commerce **(I)** et le conseil des prud'hommes **(II)**. Nous laisserons de côté les règles propres aux tribunaux paritaires des baux ruraux tant leur domaine est particulier.

I. Le tribunal de commerce

Les parties doivent constituer avocat devant le tribunal de commerce, sauf lorsque la demande porte sur un montant inférieur ou égal à 10 000 euros, dans le cadre des procédures collectives, pour les litiges relatifs à la tenue du registre du commerce et des sociétés, et enfin, en matière de procédure sur requête, en matière de gage des stocks et de gages sans dépossession. Lorsque la représentation n'est pas obligatoire, la partie peut se faire assister ou représenter par la personne de son choix, celle-ci devant être munie d'un mandat si elle n'est pas avocat.

A. Le procédure devant le tribunal de commerce

La procédure peut être formée par assignation ou par requête conjointe.

Lorsqu'elle est formée par assignation, celle-ci répond aux exigences des articles 54, 56 et 855 du Code de procédure civile ainsi que les indications des conditions dans lesquels le défendeur peut se faire représenter ou assister.

L'assignation est délivrée au moins quinze jours et déposée au greffe au moins huit jours avant la date d'audience. En cas d'urgence, les délais de comparution et de remise de l'assignation peuvent être réduits par autorisation du président du tribunal. Dans les affaires maritimes et aériennes, l'assignation peut être donnée, même d'heure à heure, sans autorisation du président, lorsqu'il existe des parties non domiciliées ou s'il s'agit de matières urgentes et provisoires (art. 858).

Lorsqu'elle est formée par requête conjointe, les parties exposent leurs prétentions dans la requête et la remettent au greffe.

La procédure est orale et est organisée par les articles 860-1 à 861-2 mais reprend ce que nous avons déjà pu étudier en procédure orale (v. Fiche 24).

Spécificité des tribunaux de commerce, la réforme de 2010 a été poursuivie par le décret n° 2012-1451 du 24 décembre 2012, applicable au 1er février 2013. Celui-ci crée la fonction de juge « chargé d'instruire l'affaire » en remplacement du « juge rapporteur » et surtout précise ses attributions.

La désignation de ce magistrat est facultative, la formation de jugement pouvant souhaiter conserver la fonction d'instruire le dossier par le recours à des audiences successives ou encore en désignant un magistrat de la formation pour opérer cette instruction, ce qui laisse donc penser que le juge « chargé d'instruire l'affaire » peut être extérieur à la formation de jugement.

Ses attributions sont le décalque de celles du juge de la mise en état, adaptées à la procédure orale en application des articles 446-1 et s. du Code de procédure civile. De même, il rend des ordonnances insusceptibles de recours indépendamment du jugement au fond sauf dans les hypothèses de constat d'extinction d'instance ou sur les mesures d'expertise. La grande différence alors avec le juge de la mise en état tient en l'absence d'ordonnance de clôture et ce du fait que nous soyons en matière de procédure orale qui organise la recevabilité des pièces par le régime de l'article 446-2 ; l'idée étant de n'écarter les pièces que si leur communication tardive a porté atteinte aux droits de la défense.

Autre spécificité, celle du rapport oral devant la formation. Ce rapport est présenté à la demande du président avant les plaidoiries. Comme le recours au juge « chargé d'instruire l'affaire » est facultatif, ce rapport peut également être fait par le président ou par le magistrat de la formation qui fut chargé de l'instruction. L'intérêt de ce rapport est d'offrir une vision synthétique des éléments du dossier sans qu'il s'agisse d'un avis et donc de conserver l'intérêt du débat, puisque les parties vont pouvoir réagir à la vision qui a été donnée du dossier, et à l'impartialité du rapporteur. Ce rapport ne doit pas être confondu avec la possibilité pour le juge « chargé d'instruire l'affaire » de tenir seul l'audience de plaidoiries, si les parties ne s'y opposent pas, pratique reprise par le décret de 2012.

Le jugement rendu sera exécutoire de droit sauf à ce qu'il touche au secret des affaires.

B. Les pouvoirs du président

Le président est compétent pour connaître des affaires en référé (v. Fiche 22), selon les articles 872 à 873-1, et des ordonnances sur requête (v. Fiche 23), selon les articles 874 à 876.

Il peut également statuer selon la procédure accélérée au fond (v. Fiche 20) suite à la réforme de 2019 (art. 876-1).

II. Le conseil de prud'hommes

Le conseil de prud'hommes est saisi par requête. Cette requête comprend les mentions prescrites à peine de nullité par l'article 57 ainsi qu'un « exposé sommaire » (il est plus utile d'être complet) des motifs de la demande et mentionne chacun des chefs de celle-ci. Elle est accompagnée des pièces que le demandeur souhaite invoquer à l'appui de ses prétentions. Ces pièces sont énumérées sur un bordereau qui lui est annexé (art. R 1452-2 code du travail). La requête et le bordereau sont établis en autant d'exemplaires qu'il existe de défendeurs, outre l'exemplaire destiné à la juridiction.

Le greffe avise par tous moyens le demandeur des lieu, jour et heure de la séance du bureau de conciliation et d'orientation ou de l'audience lorsque le préalable de conciliation ne s'applique pas. Cet avis par tous moyens invite le demandeur à adresser ses pièces au défendeur avant la séance ou l'audience précitée et indique qu'en cas de non-comparution sans motif légitime il pourra être statué en l'état des pièces et moyens contradictoirement communiqués par l'autre partie (art. R 1452-3 Code du travail).

Le greffe convoque le défendeur par lettre recommandée avec demande d'avis de réception. La convocation indique l'identité du demandeur ainsi que les dates, heures et lieu de l'audience. Surtout, la convocation précise que décisions exécutoires à titre provisoire pourront, même en son absence, être prises contre lui et qu'en cas de non-comparution sans motif légitime il pourra être statué en l'état des pièces et moyens contradictoirement communiqués par l'autre partie. La convocation invite le défendeur à déposer ou adresser au greffe les pièces qu'il entend produire et à les communiquer au demandeur (R 1452-4 Code du travail).

Le code du travail laisse la possibilité aux parties de se défendre seules mais elles peuvent se faire assister ou représenter par :

1. Les salariés ou les employeurs appartenant à la même branche d'activité ;
2. Les défenseurs syndicaux ;
3. Le conjoint, le partenaire lié par un pacte civil de solidarité ou le concubin ;
4. Les avocats.

L'employeur peut également se faire assister ou représenter par un membre de l'entreprise ou de l'établissement fondé de pouvoir ou habilité à cet effet.

La première audience est donc une audience de conciliation (et à défaut d'orientation de l'affaire), sauf les domaines dans lesquels il n'y a pas de conciliation c'est-à-dire pour les demandes de requalification de CDD, en cas de procédure collective, de prise d'acte de la rupture ou encore de demande de requalification d'un stage en contrat de travail.

L'on parle d'audience de conciliation et d'orientation car la première mission est de concilier mais c'est adjointe une seconde mission, celle d'organiser les échanges en l'absence de conciliation (ce qui est généralement le cas).

Historiquement, les conseils de prud'hommes ont été institués au Moyen Âge pour régler des différends entre professionnels avant d'être supprimés par la loi Le Chapelier. Mais, Napoléon en fait revivre la forme que nous connaissons dans le but de trouver des issues amiables dans les conflits entre les patrons et leurs ouvriers, d'abord en région lyonnaise avec le conflit des canuts (ouvriers des soieries lyonnaises). À cette époque, le droit du travail n'existe pas encore et les possibilités d'accords sont donc plus fortes. Elles décroîtront par la suite, conduisant à ce que la recherche de conciliation ne devienne souvent utopique.

Ainsi, en cas d'échec de la conciliation, le bureau de conciliation et d'orientation assure la mise en état de l'affaire jusqu'à la date qu'il fixe pour l'audience de jugement. Des séances peuvent être spécialement tenues à cette fin. Après avis des parties, il fixe les délais et les conditions de communication des prétentions, moyens et pièces.

Il peut dispenser une partie qui en fait la demande de se présenter à une séance ultérieure du bureau de conciliation et d'orientation. Dans ce cas, la communication entre les parties est faite par lettre recommandée avec demande d'avis de réception ou par notification entre avocats et il en est justifié auprès du bureau de conciliation et d'orientation dans les délais impartis.

Il peut entendre les parties en personne, les inviter à fournir les explications nécessaires à la solution du litige ainsi que les mettre en demeure de produire dans le délai qu'il détermine tous documents ou justifications propres à éclairer le conseil de prud'hommes.

À défaut pour les parties de respecter les modalités de communication fixées, le bureau de conciliation et d'orientation peut radier l'affaire ou la renvoyer à la première date utile devant le bureau de jugement.

En cas de non-production des documents et justifications demandés, il peut renvoyer l'affaire à la première date utile devant le bureau de jugement. Ce bureau tire toute conséquence de l'abstention de la partie ou de son refus.

L'on constate le rapprochement opéré dans cette procédure orale avec la procédure écrite et la mise en état. Nous ferons la même observation que précédemment (Fiche 24), certes ces mesures ne sont pas forcément nouvelles mais le fait que la procédure repose sur des obligations de communications écrites favorise la sanction de la défaillance des parties. Le bureau de conciliation peut même nommer un ou deux conseillers rapporteurs organisés par les articles R. 1454-3 à 1454-6 du Code du travail.

Le bureau de conciliation va chercher à concilier les parties.

En cas de conciliation totale ou partielle, le procès-verbal mentionne la teneur de l'accord intervenu. Il précise, s'il y a lieu, que l'accord a fait l'objet en tout ou partie d'une exécution immédiate devant le bureau de conciliation et d'orientation.

À défaut de conciliation totale, les prétentions qui restent contestées et les déclarations faites par les parties sur ces prétentions sont notées au dossier ou au procès-verbal par le greffier sous le contrôle du président (art. R. 1454-10).

Si au jour fixé pour la tentative de conciliation, le demandeur ne comparaît pas sans avoir justifié en temps utile d'un motif légitime, le bureau de conciliation et d'orientation peut juger de l'affaire ou la renvoyer à une audience ultérieure du bureau de jugement. Il peut aussi déclarer la requête et la citation caduques si le défendeur ne sollicite pas un jugement sur le fond (art. R. 1454-12).

Si c'est le défendeur qui ne comparaît pas sans avoir justifié en temps utile d'un motif légitime, le bureau de conciliation et d'orientation peut juger de l'affaire ou renvoyer l'affaire à une audience ultérieure du bureau de jugement seulement pour s'assurer de la communication des pièces et moyens au défendeur (art. R. 1454-13).

Le bureau de conciliation dispose, en outre, de pouvoirs proches du juge des référés.

Ainsi, Le bureau de conciliation et d'orientation peut, en dépit de toute exception de procédure et même si le défendeur ne comparaît pas, ordonner :

1. La délivrance, le cas échéant, sous peine d'astreinte, de certificats de travail, de bulletins de paie et de toute pièce que l'employeur est tenu légalement de délivrer ;
2. Lorsque l'existence de l'obligation n'est pas sérieusement contestable :
   a. Le versement de provisions sur les salaires et accessoires du salaire ainsi que les commissions ;
   b. Le versement de provisions sur les indemnités de congés payés, de préavis et de licenciement ;
   c. Le versement de l'indemnité compensatrice et de l'indemnité spéciale de licenciement en cas d'inaptitude médicale consécutives à un accident du travail ou à une maladie professionnelle mentionnées à l'article L. 1226-14 ;
   e. Le versement de l'indemnité de fin de contrat prévue à l'article L. 1243-8 et de l'indemnité de fin de mission mentionnée à l'article L. 1251-32 ;
3. Toutes mesures d'instruction, même d'office ;
4. Toutes mesures nécessaires à la conservation des preuves ou des objets litigieux.

Si la conciliation est un échec total ou partiel, l'affaire est renvoyée devant le bureau de jugement, composé de deux conseillers salariés et deux conseillers employeurs. L'affaire est plaidée ou les dossiers déposés. Une ordonnance de clôture interdit ensuite toute communication sauf s'il se révèle une cause grave depuis qu'elle a été rendue. Alors l'ordonnance peut être révoquée.

Le jugement doit être rendu à la majorité des voix ce qui peut conduire à des situations de partages de voix. Un jugement de partage est rendu conduisant à ce qu'une nouvelle audience se tienne avec l'ajout d'un magistrat du tribunal judicaire afin d'obtenir une formation en nombre impair. En pratique, cette audience est souvent tenue par le seul magistrat professionnel.

À moins que la loi ou le règlement n'en dispose autrement, **les décisions du conseil de prud'hommes ne sont pas exécutoires de droit à titre provisoire**. Le conseil de prud'hommes peut ordonner l'exécution provisoire de ses décisions.

Sont, de droit, exécutoires à titre provisoire :

1. Le jugement qui n'est susceptible d'appel que par suite d'une demande reconventionnelle ;
2. Le jugement qui ordonne la remise d'un certificat de travail, de bulletins de paie ou de toute pièce que l'employeur est tenu de délivrer ;
3. Le jugement qui ordonne le paiement de sommes au titre des rémunérations et indemnités mentionnées au 2. de l'article R. 1454-14, dans la limite maximum de neuf mois de salaire calculés sur la moyenne des trois derniers mois de salaire.

Le conseil de prud'hommes peut également être saisi en référé (art. R. 1455-9 à R. 1455-11) ou en procédure accélérée au fond (art. R. 1455-12) et connaît d'une procédure particulière en matière de licenciement pour motif économique (art. RR 1456-1 et suivants).

L'appel se fait dans le délai d'un mois (quinze jours en référé) et suit la procédure avec représentation obligatoire même si elle est aménagée du fait de la représentation par un conseiller du salarié.

- **À retenir**

- La procédure devant le tribunal de commerce et le conseil de prud'hommes est orale.
- Le tribunal de commerce connaît une originalité avec le juge « chargé d'instruire l'affaire », pendant du juge de la mise en état.
- Les écrits, lorsque les parties ont recours à des avocats, suivent désormais le régime de ceux présentés devant le tribunal judiciaire.
- Sauf certains cas, la procédure devant le conseil des prud'hommes implique une phase de conciliation qui permet aussi de mettre l'affaire en l'état d'être jugée.
- Le bureau de conciliation peut en cas de non-comparution d'une partie, juger de l'affaire ou la radier ou la renvoyer en bureau de jugement.
- Le jugement prud'homal peut conduire à un partage de voix et donc à la tenue d'une nouvelle audience assortie d'un juge départiteur.

Pour en savoir plus

- BERNARD-MENORET, « Critique de l'oralité de la procédure prud'homale », *Travail, protection sociale*, n° 10, octobre 2004.
- MARTIN, « Point noir de la procédure orale », *Procédures* 2000, Chron. 13.
- TRAVIER, « Le Principe de sécurité juridique et les procédures orales », *Procédures*, mai 2006.

POUR S'ENTRAÎNER : QUESTIONS

1. **Quelles sont les missions du bureau de conciliation et d'orientation ?**
2. **À quoi sert le juge départiteur ?**

CORRIGÉ

1. L'organisation du conseil de prud'hommes connaît une forme originale avec le bureau de conciliation et d'orientation. Composé de deux conseillers, l'un employeur, l'autre salarié, il reçoit les parties à une première audience, sauf relativement en certaines demandes (requalification de CDD en CDI, de stage en CDI, de prise d'acte de la rupture ou encore de procédure collective. Sa mission primitive est de chercher à concilier les parties. Depuis la prise en compte des écrits dans cette procédure orale, lui revient aussi la mission d'organiser la mise en état de l'affaire en vue de sa transmission au bureau de jugement. Mais le bureau de conciliation a également le pouvoir d'ordonner le versement de provision lorsque l'obligation n'est pas sérieusement contestable tout comme de prononcer une mesure d'instruction ou de conservation de pièces.
2. La composition de la formation de jugement est paritaire. Cette situation respecte l'équilibre des forces entre représentants des salariés et des employeurs mais conduit à une situation que l'on cherche à éviter si l'on veut d'une majorité se dégage. Les formations de jugements comme les assemblées sont toujours en nombre impair. Les délibérations peuvent donc conduire à un partage de voix et donc l'absence de solution. C'est alors qu'intervient le juge départiteur. Magistrat du tribunal judiciaire, il vient en siéger en plus des conseils à une nouvelle audience de jugement. Si la composition ne peut se réunir en entier, il tient seul l'audience et juge après avoir recueilli les avis des conseillers.

Fiche 26

Les procédures spéciales quant à la forme : injonctions et matière gracieuse

• **Définitions**

Injonction : ordre du juge.
Requête : demande faite à la juridiction sans qu'il y ait de partie adverse.
Ordonnance : décision judiciaire rendue sur requête.

Des procédures particulières ont été organisées, à l'origine, devant le tribunal d'instance concernant des possibilités de demander au juge d'enjoindre la partie adverse de respecter ses obligations de donner ou de faire et concernant les demandes à titre gracieux. Ces procédures ne concernent pas nécessairement que le tribunal d'instance. Elles portent, nous le voyons sur des objets différents puisque contentieux d'une part et hors contentieux d'autre part. Mais elles ont en commun d'être organisées par voie de requête. Il convient de les appréhender séparément compte tenu de leurs objets distincts.

I. Les injonctions

Les demandes d'injonction peuvent porter sur des obligations de donner, il s'agira de l'injonction de payer, ou de faire, il s'agira de l'injonction de faire.

A. L'injonction de payer

L'injonction de payer est organisée aux articles 1405 et suivants du Code de procédure civile.

Avant 1972, l'injonction de payer visait les petites créances. Désormais, l'article 1405 étend son domaine d'application à « la créance ayant une cause contractuelle ou résultant d'une obligation de caractère statutaire et s'élève à un montant déterminé » et lorsque « l'engagement résulte de l'acceptation ou du tirage d'une lettre de change, de la souscription d'un billet à ordre, de l'endossement ou de l'aval de l'un ou l'autre de ces titres ou de l'acceptation de la cession de créances conformément à la loi n° 81-1 du 2 janvier 1981 facilitant le crédit aux entreprises ». La limitation à un montant a donc disparu.

« En matière contractuelle, la détermination [de la créance] est faite en vertu des stipulations du contrat y compris, le cas échéant, la clause pénale » (art. 1405).

L'action peut être portée devant le juge du contentieux e la protection, mais également devant le tribunal de commerce et le président du tribunal judicaire, selon la compétence d'attribution. La demande se fait par requête devant le tribunal du domicile du ou d'un des créanciers. Cette règle de compétence est d'ordre public et le juge doit la relever d'office.

La demande est formée par requête remise ou adressée, selon le cas, au greffe par le créancier ou par tout mandataire.

Outre les mentions prescrites par l'article 57, la requête contient l'indication précise du montant de la somme réclamée avec le décompte des différents éléments de la créance ainsi que le fondement de celle-ci.

Elle est accompagnée des documents justificatifs.

Si, au vu des documents produits, la demande lui paraît fondée en tout ou partie, le juge rend une ordonnance portant injonction de payer pour la somme qu'il retient.

Une copie certifiée conforme de la requête et de l'ordonnance est signifiée, à l'initiative du créancier, à chacun des débiteurs.

L'ordonnance portant injonction de payer est non avenue si elle n'a pas été signifiée dans les six mois de sa date.

Si le juge rejette la requête, sa décision est sans recours pour le créancier, sauf à celui-ci à procéder selon les voies de droit commun.

Si le juge ne retient la requête que pour partie, sa décision est également sans recours pour le créancier, sauf à celui-ci à ne pas signifier l'ordonnance et à procéder selon les voies de droit commun.

Dans l'hypothèse où une ordonnance est rendue contre le débiteur, celui-ci peut faire opposition, formule qui est sans rapport avec la voie de recours du même nom prévue aux articles 571 et suivants du Code de procédure civile (v. Fiche 37). L'appel contre l'ordonnance n'est pas possible. Cette opposition doit être formée dans le mois de la signification, sauf à ce que la signification n'ait pas été faite à personne. Elle est portée devant le juge ou le président dans la limite de sa compétence d'attribution pour juger de la demande mais aussi de toutes les demandes incidentes et des défenses au fond. Sinon l'affaire est renvoyée devant la juridiction compétente, sans que pour autant ce renvoi soit automatique.

Le greffe convoque les parties et le jugement rendu se substitue alors à l'ordonnance et sera susceptible d'appel si la demande excède le taux de dernier ressort. La procédure est une procédure écrite et les parties doivent constituer avocats. Si aucune des parties ne se présente à l'audience, le tribunal constate l'extinction de l'instance ; celle-ci rend non avenue l'ordonnance portant injonction de payer.

Si le débiteur ne s'est pas opposé ou s'il s'est désisté de son opposition, le créancier peut, dans le mois de l'expiration du délai ou celui qui suit le désistement, demander à ce que l'ordonnance soit revêtue de la formule exécutoire.

L'ordonnance est susceptible de tierce opposition (v. Fiche 38) et d'un pourvoi en cassation.

Pour information, une procédure de dimension européenne calquée sur les éléments que nous venons de développer est prévue aux articles 1424-1 et suivants du Code de procédure civile.

À compter du 1er janvier 2021, les injonctions de payer émanant d'une personne morale ou d'une personne physique dans le cadre professionnel et ne ressortant pas de la compétence d'un tribunal de commerce seront traitées de manière dématérialisée par un tribunal judiciaire spécialement désignés (art. L. 211-17 et L. 211-18 COJ).

B. Les injonctions de faire

En ce qui concerne les injonctions de faire, « l'exécution en nature d'une obligation née d'un contrat conclu entre des personnes n'ayant pas toutes la qualité de commerçant peut être demandée au juge des contentieux de la protection ou du tribunal judiciaire lorsque la valeur de la prestation dont l'exécution est réclamée » dans les matières ne nécessitant pas de représentation par avocat, nous explique l'article 1425-1 du Code de procédure civile.

La requête est adressée ou déposée devant le tribunal du domicile du défendeur ou du lieu d'exécution de l'obligation.

Outre les mentions prescrites par l'article 57, la requête contient :

- l'indication précise de la nature de l'obligation dont l'exécution est poursuivie ainsi que le fondement de celle-ci ;
- éventuellement, les dommages et intérêts qui seront réclamés en cas d'inexécution de l'injonction de faire.

Elle est accompagnée des documents justificatifs.

Si le juge rejette la requête, le créancier ne dispose d'aucun recours, sauf à procéder selon les voies de droit commun. La requête et les documents produits sont alors restitués au requérant.

Si le juge estime la demande fondée, il rend une ordonnance portant injonction de faire non susceptible de recours.

Il fixe l'objet de l'obligation ainsi que le délai et les conditions dans lesquels celle-ci doit être exécutée.

L'ordonnance mentionne, en outre, les lieux, jour et heure de l'audience à laquelle l'affaire sera examinée, à moins que le demandeur n'ait fait connaître que l'injonction a été exécutée.

Le greffe notifie l'ordonnance aux parties, par lettre recommandée avec demande d'avis de réception.

Lorsque l'injonction de faire a été exécutée dans les délais impartis, le demandeur en informe le greffe. L'affaire est retirée du rôle.

À défaut d'une telle information et si le demandeur ne se présente pas à l'audience sans motif légitime, le tribunal déclare caduque la procédure d'injonction de faire.

La déclaration de caducité peut être rapportée si le demandeur fait connaître au greffe dans un délai de quinze jours le motif légitime qu'il n'aurait pas été en mesure d'invoquer en temps utile. Dans ce cas, les parties sont convoquées à une audience ultérieure.

En cas d'inexécution totale ou partielle de l'injonction de faire, le tribunal statue sur la demande, après avoir tenté de concilier les parties.

Il connaît, dans les limites de sa compétence d'attribution, de la demande initiale et de toutes les demandes incidentes et défenses au fond. En cas de décision d'incompétence, l'affaire est renvoyée devant la juridiction compétente.

II. Les demandes gracieuses

A. Domaine

L'article 25 du Code de procédure définit les pouvoirs du juge en matière gracieuse : « Le juge statue en matière gracieuse lorsqu'en l'absence de litige il est saisi d'une demande dont la loi exige, en raison de la nature de l'affaire ou de la qualité du requérant, qu'elle soit soumise à son contrôle. »

Cette définition nécessite une remarque importante. La référence à « l'absence de litige » ne doit donner lieu à confusion. Il ne s'agit pas de dire que la demande est sans rapport avec un litige mais qu'au moment où elle est formulée, aucun litige n'existe devant une juridiction. En effet, bien souvent la demande gracieuse servira à faire constater un droit qui sera à l'origine d'un contentieux.

B. Procédure

Les articles 25 et suivants prévoient les règles générales. Le juge peut procéder, même d'office, à toutes les investigations utiles.

Il a la faculté d'entendre sans formalités les personnes qui peuvent l'éclairer ainsi que celles dont les intérêts risquent d'être affectés par sa décision.

Il fonde sa décision sur tous les faits relatifs au cas qui lui est soumis, y compris ceux qui n'auraient pas été allégués.

Lorsque l'instance est être portée devant le tribunal judiciaire mais elle devra être formée par un avocat ou un officier public ou ministériel selon les textes leur en donnant compétence. Un juge rapporteur est alors désigné par le président de la chambre chargée de l'affaire pour l'instruire, juge disposant des mêmes pouvoirs que la juridiction.

Le ministère public est informé et, s'il y a des débats, y assistera ou fera connaître son avis. En effet, le juge peut statuer sans débat.

S'il y a débat, il se déroule en chambre du conseil de même que le jugement sera prononcé « hors la présence du public, sous réserve de dispositions expresses contraires » (art. 451).

Le jugement est notifié par courrier recommandé avec accusé de réception au requérant mais notification peut également être faite à des tiers dont les intérêts peuvent être affectés. Ils peuvent alors interjeter appel dans un délai de quinze jours, tout comme le requérant.

Dans le même ordre d'idée, un tiers peut être autorisé par le juge à consulter le dossier de l'affaire et à s'en faire délivrer copie, s'il justifie d'un intérêt légitime.

Des compléments d'information sont à découvrir à la Fiche 31 sur la distinction entre jugement contentieux et jugement gracieux (v. Fiche 31).

• À retenir

- Le créancier peut saisir le juge des contentieux de la protection, le président du tribunal judicaire ou le tribunal de commerce par une requête afin d'obtenir une ordonnance permettant d'obtenir le paiement de sa créance.
- Si le juge n'accorde pas l'injonction, le requérant ne peut faire appel de la décision.
- Le débiteur qui subit une injonction peut faire opposition devant le juge qui a rendu l'ordonnance.
- La tierce opposition et le pourvoi en cassation sont possibles.
- Si le débiteur ne s'est pas opposé ou s'il s'est désisté, le créancier peut demander que l'ordonnance soit revêtue de la formule exécutoire.
- S'il y a opposition, l'affaire est renvoyée devant la formation compétente et jugée selon la procédure écrite.
- Le créancier d'une obligation de faire dispose également d'une action.
- Le juge peut être saisi par requête d'une demande à titre gracieux.
- Le juge fonde sa décision sur tous les faits relatifs au cas qui lui est soumis, y compris ceux qui n'auraient pas été allégués.
- Le jugement est susceptible d'appel et peut être notifié aux tiers dont les intérêts peuvent être lésés.

Pour en savoir plus

- BREGEL, « La Juridiction gracieuse en droit français », *D.* 1983, Chr. 153.
- BRAHIC-LAMBREY, *L'Injonction*, thèse Aix 3, PUAM, 2001.
- MAS, « Les Voies de recours en matière d'injonction de payer », *Rev. Huissiers* 1997, 801.

POUR S'ENTRAÎNER : QUESTIONS

1. **Quels sont les recours du débiteur soumis à une injonction de payer ?**
2. **Quand le juge peut-il se prononcer en matière gracieuse ?**

CORRIGÉ

1. Le débiteur n'étant pas partie à l'instance, il ne peut pas faire appel, mais de toute façon cette faculté n'est pas non plus ouverte au requérant. Il peut, par contre, faire opposition, une opposition distincte de celle prévue aux articles 571 et suivants du Code de procédure civile. Il peut ainsi s'adresser au juge dans le mois qui suit la notification de l'injonction afin qu'il soit statué à nouveau. Le jugement remplacera alors la première injonction.
2. Le juge statue en matière gracieuse lorsqu'en l'absence de litige, il est saisi d'une demande dont la loi exige, en raison de la nature de l'affaire ou de la qualité du requérant, qu'elle soit soumise à son contrôle. Il convient de préciser que l'absence de litige s'apprécie au jour de la demande sachant qu'il peut être latent. La nécessité de contrôle du juge explique que le ministère public soit informé de l'existence de l'instance.

Fiche 27

Premier et premier et dernier ressort

I. **Règles générales**
II. **Règles particulières**

- **Définitions**

Décision rendue en premier ressort : décision judiciaire de première instance susceptible d'appel.
Décision rendue en premier et dernier ressort : décision judiciaire de première instance insusceptible d'appel, mais un pourvoi en cassation est possible.

Nous entamons l'étude des catégories de jugements. La première distinction qui s'impose est celle existant entre les jugements en premier ressort et ceux en premier et dernier ressort. Ceci devrait se limiter à distinguer entre les jugements susceptibles d'appel, dits en premier ressort, et ceux non susceptibles d'appel, dits en premier et dernier ressort. L'expression est donc finalement assez parlante. Premier ressort, donc susceptible de ressortir par la suite d'une autre juridiction, et premier et dernier ressort, c'est-à-dire seulement traité par le juge de première instance. Mais la question rejoint celle de la compétence des juridictions. Il s'agissait de deux questions bien distinctes mais qui connaissent un lien de connexité. La logique était, en effet, la même. L'idée était, avant l'intégration des TGI et TI, qu'il convient de répartir les affaires entre les juridictions en fonction de leur importance. Il y avait une hiérarchie entre le tribunal de grande instance, le tribunal d'instance et le juge de proximité. Désormais, ne reste que le tribunal judiciaire mais il reste qu'en principe le taux de ressort dépend de l'importance de l'affaire. L'appel doit donc être réservé aux affaires d'une importance suffisante.

I. Règles générales

A. La détermination du ressort

La question qui détermine le ressort de la juridiction est celle de l'importance de l'affaire. Cette importance s'exprime, en matière civile, par le montant des demandes exprimées. Il faut donc s'intéresser aux demandes et non aux condamnations. Il serait d'ailleurs délicat de déterminer la compétence d'une juridiction une fois qu'elle aurait rendu son jugement !

La demande émane des conclusions, plus précisément des dernières conclusions. Concernant les procédures qui ne connaissent pas officiellement des conclusions, la feuille d'audience qui enregistre les demandes exprimées oralement fera cet office.

Les demandes prises en compte sont exprimées par rapport à la notion de principal en opposition à celle de capital. Cela signifie que l'on ne prend pas uniquement le capital mais le principal. Le principal comprend le capital, les fruits et les intérêts qui sont dus au jour de la demande. À l'inverse, l'accessoire comprend les dépens, les sommes demandées au titre de l'article 700 du Code de procédure civile et les intérêts échus depuis le jour de la demande (sans quoi il serait tentant de faire durer le procès).

Une demande ne peut être divisée sur deux instances au risque de fausser les règles de ressort à la seule fin d'éviter un appel contre la décision rendue alors que la combinaison des instances aurait conduit à rendre l'affaire susceptible d'appel. Évidemment, cette règle ne joue pas si les instances ont des causes différentes ou si la totalité de la dette n'est pas encore échue.

Que l'intérêt de la question se limite à la demande signifie également que l'on ne prend pas en compte le montant du chef de demande sur lequel porte l'appel. Seules comptent les demandes portées devant le jugement de première instance.

B. Les demandes indéterminées

Si l'on doit prendre en compte les demandes exprimées, se pose inévitablement la question du traitement des demandes dont le montant est indéterminé, chose fréquente en pratique.

Concernant les demandes indéterminées, le Code de procédure civile retient une règle dictée par le pragmatisme, à savoir que l'affaire sera jugée en premier ressort (art. 40).

À noter que les demandes reconventionnelles de dommages-intérêts fondées exclusivement sur la demande initiale sont sans effet sur le ressort de l'instance. Cette règle est rappelée aux articles 38 et 39 du Code de procédure civile.

II. Règles particulières

Le cadre général répond à la situation classique d'un demandeur formant une demande contre un défendeur. La réalité offre des configurations plus complexes auxquelles il a fallu répondre.

Toute aussi classique que la demande, apparaît l'hypothèse d'une pluralité de demandes. Celles-ci peuvent être fondées sur un même fait ou être connexes. « Les prétentions réunies sont fondées sur les mêmes faits ou sont connexes, la compétence et le taux du ressort sont déterminés par la valeur totale de ces prétentions », selon l'article 35 du Code de procédure civile (pour une application, V. Civ. 2e, 15 octobre 2015, n° 14-18682).

Selon le même article, « lorsque plusieurs prétentions fondées sur des faits différents et non connexes sont émises par un demandeur contre le même adversaire et réunies en une même instance, la compétence et le taux du ressort sont déterminés par la nature et la valeur de chaque prétention considérée isolément ».

La matière prud'homale offre une solution qui lui est propre. Le taux s'apprécie pour chaque chef de demande. La Cour de cassation est toutefois venue préciser comment il fallait apprécier la notion de chef de demande. Elle distingue entre les demandes liées à l'exécution du contrat et celles liées à sa rupture, ce qui limite grandement les conséquences pratiques de ce régime particulier.

Une autre situation est celle présentant une pluralité de demandes de plusieurs demandeurs ou contre plusieurs défendeurs. Si les prétentions découlent d'un titre commun, la plus élevée sert de référence pour la détermination de la compétence et l'application du taux de ressort. Sinon, il convient de faire application de l'article 35 à savoir de distinguer selon qu'il existe une connexité ou pas.

Enfin, il convient de s'interroger sur les demandes additionnelles, reconventionnelles et celles issues d'une intervention.

Les demandes additionnelles sont nécessairement prises en compte puisque le taux et la compétence sont déterminés par les dernières conclusions.

La question ne vise donc que les demandes reconventionnelles et celles liées à une intervention. Il y a alors lieu de distinguer entre les règles de compétence et celles visant le taux de ressort.

- S'agissant du taux de compétence, deux hypothèses sont possibles :
  - Ces demandes sont inférieures au taux de compétence du tribunal saisi. Alors le tribunal est compétent « alors même que, réunies aux prétentions du demandeur, elles l'excéderaient » (art. 37).
  - Si l'une des demandes incidentes est supérieure au taux de compétence, l'une des parties peut soulever l'incompétence. Deux options sont alors possibles. Le juge peut « soit ne statuer que sur la demande initiale, soit renvoyer les parties à se pourvoir pour le tout devant la juridiction compétente pour

connaître de la demande incidente» (art. 38). La nécessité de conserver sa cohérence à l'affaire peut justifier le recours à la seconde option.

- Rappelons que si la demande reconventionnelle ne vise que des dommages-intérêts nés de la demande initiale, elle est sans incidence sur le taux de compétence.

• S'agissant du taux de ressort, il n'y a pas d'addition des demandes. Deux situations :
  - Si aucune des demandes incidentes ne dépasse le taux de ressort, le jugement ne changera pas de nature.
  - Si l'une des demandes dépasse le taux de ressort, le jugement sera rendu en premier ressort sur toutes les demandes.

Pour conclure, remarquons que l'article 41 du Code de procédure civile offre, une fois le litige né, la possibilité aux parties de porter l'affaire devant une juridiction normalement incompétente en raison du montant de la demande ou encore de renoncer à l'appel pour un litige en premier ressort s'agissant de droits dont elles ont la libre disposition.

• À retenir

- Le taux de ressort détermine la possibilité de faire appel ou non de la décision de première instance. Au-delà du taux, il s'agira alors d'un jugement rendu en premier ressort, sinon en premier et dernier ressort.
- Le taux de compétence est celui qui détermine la compétence entre des juridictions matériellement compétentes en fonction de l'importance des demandes.
- Lorsque les demandes sont fondées sur les mêmes faits ou sont connexes, la compétence et le taux du ressort sont déterminés par la valeur totale de ces prétentions.
- Lorsque les prétentions fondées sur des faits différents et non connexes sont émises par un demandeur contre le même adversaire et réunies en une même instance, la compétence et le taux du ressort sont déterminés par la nature et la valeur de chaque prétention considérée isolément.
- Concernant les demandes incidentes, pour la détermination du taux de ressort, il n'y a pas d'addition des demandes. Donc si aucune des demandes incidentes ne dépasse le taux de ressort, le jugement ne changera pas de nature. Si l'une des demandes dépasse le taux de ressort, le jugement sera rendu en premier ressort sur toutes les demandes.
- Concernant la détermination du taux de compétence, si les demandes sont inférieures au taux de compétence du tribunal saisi, il reste compétent même si, réunies aux prétentions du demandeur, elles l'excéderaient. Si l'une des demandes incidentes est supérieure au taux de compétence, l'une des parties peut soulever l'incompétence. Deux options sont alors possibles. Le juge peut soit ne statuer que sur la demande initiale, soit renvoyer les parties à se pourvoir pour le tout devant la juridiction compétente pour connaître de la demande incidente.

Pour en savoir plus

- Décrets n° 2019-912, 2019-913, 2019-914, 2019-965 et 2019-1333.

POUR S'ENTRAINER : QUESTIONS

1. **À quoi servent les taux de ressort et de compétence ?**
2. **Comment sont prises en compte les demandes incidentes ?**

CORRIGÉ

1. Le tribunal judiciaire et ses chambres de proximité peuvent avoir les mêmes compétences matérielles. Le taux de compétence permet alors de répartir les affaires entre ces juridictions. Le taux de ressort permet quant à lui de déterminer si l'affaire sera susceptible d'appel ou non, l'objectif étant de ne pas encombrer les cours d'appel de litiges de très faible importance économique. Ces taux nécessitent pour s'appliquer la détermination d'un montant de référence. Ce seront les demandes formulées par le demandeur qui seront prises en compte.
2. Les demandes incidentes méritent plusieurs remarques afin de comprendre leur rôle dans la détermination des demandes. Tout d'abord, les demandes additionnelles suivent le sort des demandes initiales puisque les demandes sont appréciées par rapport aux dernières conclusions. Concernant les demandes reconventionnelles et émanant des tiers intervenant au procès, il faut distinguer entre le taux de compétence et le taux de ressort. S'agissant du taux de compétence, si les demandes sont inférieures, le juge reste compétent même si l'addition aux demandes initiales conduit à dépasser le taux de compétence. Si une demande excède le taux de compétence, l'incompétence du tribunal peut alors être soulevée par une partie et le juge peut soit transférer tout le dossier au juge compétent soit trancher la demande principale et ne renvoyer que la demande incidente. Pour ce qui est de la question du taux de ressort, les demandes ne s'additionnent pas. Il faut donc qu'une demande dépasse le taux de ressort pour que du coup le juge tranche le litige en entier en premier ressort.

Fiche 28

Contradictoire, réputé contradictoire et par défaut

• **Définitions**

Jugement contradictoire : jugement rendu alors que toutes les parties ont comparu.

Jugement réputé contradictoire : jugement rendu en l'absence du défendeur mais dont on sait qu'il a été informé de la tenue et donc a eu l'opportunité de se défendre.

Jugement par défaut : jugement rendu sans que l'on sache si le défendeur a eu connaissance du procès.

Les parties doivent comparaître devant le juge. Le défaut peut viser la comparution mais aussi l'absence de défense présentée devant la juridiction. Il faut qu'une personne puisse être appelée devant le juge pour faire valoir ses arguments, mais il ne faut pas que son absence bloque le déroulement du procès. L'attitude des parties va conduire à des qualifications différentes des jugements rendus. On distingue quatre catégories, qui en pratique se regroupent en trois.

Le jugement contradictoire, « le jugement est contradictoire dès lors que les parties comparaissent en personne ou par mandataire, selon les modalités propres à la juridiction devant laquelle la demande est portée » (art. 467). C'est le jugement rendu suite à un débat entre les parties, tel qu'on peut classiquement l'imaginer.

Le jugement dit contradictoire, cette qualification sera donnée « si, sans motif légitime, le demandeur ne comparaît pas, le défendeur peut requérir un jugement sur le fond qui sera contradictoire » (art. 468) ou encore « si, après avoir comparu, l'une des parties s'abstient d'accomplir les actes de la procédure dans les délais requis, le juge statue par jugement contradictoire au vu des éléments dont il dispose » (art. 469). Ici, il y a eu défaut mais aux torts de la partie absente ou ne présentant pas de défense, on considère alors qu'il y a eu contradiction et l'assimilation avec la première hypothèse est totale.

Le jugement réputé contradictoire « lorsque la décision est susceptible d'appel ou lorsque la citation a été délivrée à la personne du défendeur » (art. 473, al. 2). En outre, «en cas de pluralité de défendeurs cités pour le même objet, lorsque l'un au moins d'entre eux ne comparaît pas, le jugement est réputé contradictoire à l'égard de tous si la décision est susceptible d'appel ou si ceux qui ne comparaissent pas ont été cités à personne» (art. 474, al. 1er).

Ces jugements suivront le même régime et donc les mêmes voies de recours.

Enfin, *les jugements par défaut* qui se rapportent aux autres situations, c'est-à-dire l'absence de signification à personne dans un jugement pris en premier et dernier ressort (v. Fiche 27), sont ceux permettant l'opposition (v. Fiche 37).

Le principal défaut vise la comparution d'une partie **(I)**, mais le cas du défaut de défense doit également être envisagé **(II)**.

I. Le défaut de comparution

Le défaut de comparution vise essentiellement le défendeur, mais le demandeur n'est pas oublié.

A. Le défaut de comparution du demandeur

Concernant le défaut de comparution du demandeur, nous venons de reprendre la teneur d'une partie de l'article 468 du Code de procédure civile qui dispose que «si, sans motif légitime, le demandeur ne comparaît pas, le défendeur peut requérir un jugement sur le fond qui sera contradictoire». Mais ce n'est pas la seule option, le même article ajoute que le juge peut «renvoyer l'affaire à une audience ultérieure.

Il peut aussi, même d'office, déclarer la citation caduque. La déclaration de caducité peut être rapportée si le demandeur fait connaître au greffe dans un délai de quinze jours le motif légitime qu'il n'aurait pas été en mesure d'invoquer en temps utile. Dans ce cas, les parties sont convoquées à une audience ultérieure».

La sanction du défaut de comparution du demandeur par un jugement rendu contre lui n'est donc pas automatique.

Précisons que la décision de juger de l'affaire en l'absence du demandeur peut être retenue sans mise en demeure préalable de comparaître. En pratique, c'est pour l'essentiel devant les juridictions d'exception sans représentation obligatoire que ces hypothèses se trouveront. Il suffit que la personne en demande ne se présente pas à l'audience le jour prévu, sachant que ses conclusions sont sans valeur au regard de l'exigence de comparution. Devant les juridictions avec représentation obligatoire, les cas sont excessivement rares car l'avocat est nécessairement constitué, valant comparution. Il faut imaginer le cas où le représentant aurait cessé ses activités sans être remplacé.

B. Le défaut de comparution du défendeur

Comme invoqué, c'est surtout le défaut de comparution du défendeur qui mérite l'attention. Plusieurs hypothèses sont à envisager, de la plus simple à la plus complexe.

Dans le schéma le plus simple, il n'y a qu'un défendeur. L'article 473 du Code de procédure civile prévoit alors les deux situations possibles.

Lorsque le défendeur ne comparaît pas, le jugement est rendu par défaut si la décision est en dernier ressort et si la citation n'a pas été délivrée à personne.

Pour autant, un jugement par défaut n'est pas nécessairement rendu. Une autre option s'offre au demandeur ou au juge.

En effet, L'article 471 dispose que « le défendeur qui ne comparaît pas peut, à l'initiative du demandeur ou sur décision prise d'office par le juge, être à nouveau invité à comparaître si la citation n'a pas été délivrée à personne ».

La citation est, sauf application des règles particulières à certaines juridictions, réitérée selon les formes de la première citation. Le juge peut cependant ordonner qu'elle soit faite par acte d'huissier de justice lorsque la première citation avait été faite par le secrétaire de la juridiction.

L'objectif est alors d'user d'un moyen plus sûr de prévenir le défendeur.

Le juge peut aussi informer l'intéressé, par lettre simple, des conséquences de son abstention.

S'il n'est pas usé de cette faculté ou que le défendeur reste introuvable, un jugement sera rendu par défaut. Les obligations du juge au regard de cette situation particulière sont fixées par l'article 472 du Code de procédure civile. Le législateur a cru bon de rappeler au travers de l'alinéa 2 de cet article que « le juge ne fait droit à la demande que dans la mesure où il l'estime régulière, recevable et bien fondée ». On peut s'étonner de ce rappel adressé au juge de traiter le litige comme s'il s'agissait d'un jugement contradictoire. Contradictoire ou par défaut, il s'agit toujours d'un jugement et la seule parole du demandeur ne saurait à l'évidence suffire à emporter la conviction du juge.

Cette disposition appelle certaines précisions. Le juge doit vérifier la régularité de la demande, donc les exceptions de procédures (v. Fiche 11), la recevabilité, c'est-à-dire les fins de non-recevoir (v. Fiche 12) et le bien-fondé, et donc la pertinence de la défense au fond.

Le jugement est réputé contradictoire lorsque la décision est susceptible d'appel ou lorsque la citation a été délivrée à la personne du défendeur.

Cette dernière solution innove par rapport aux règles de l'ancien code qui ouvrait à la fois la possibilité de l'appel et de l'opposition. La logique actuelle est de considérer que s'il est possible de faire appel, nul besoin d'une autre voie de recours. Cette solution est critiquée car elle apparaît être une sanction d'un défendeur qui n'a pu comparaître pour de justes motifs, comme des obligations professionnelles ou encore en raison de son état de santé. Il dispose certes d'une voie de recours, mais d'une voie qui le prive du double degré de juridiction et qui apparaît longue et coûteuse.

À l'inverse la solution pour le défendeur qui a reçu en personne la citation et qui n'a pas souhaité comparaître nous semble pleinement justifiée. Le défendeur a été mis en situation de se défendeur. Il n'use pas ce droit. Le jugement ne doit avoir à en tenir compte.

Plus complexes sont les situations de pluralité de défendeurs. L'impératif en pareille hypothèse est d'éviter des qualifications différentes des jugements rendus, certains contradictoires et d'autres, par défaut. Aussi plusieurs solutions permettent d'envisager les différentes configurations afin d'éviter ce résultat.

Imaginons, premièrement, que tous les défendeurs ont été cités à personne. Le jugement ne peut alors être que réputé contradictoire, même si tous ne comparaissent pas.

Deuxièmement, si le jugement est susceptible d'appel, là encore il doit être réputé contradictoire et l'opposition refusée. Mais il faut nuancer cette affirmation car même si nous nous trouvons dans une hypothèse ou les demandes ont le même objet, elles ne représentent pas nécessairement le même montant si elles sont divisibles. Certains défendeurs seront jugés en premier ressort de sorte qu'ils ne bénéficieront pas de l'opposition, d'autres jugés en premier et dernier ressort pourraient y recourir sauf à ce qu'une nouvelle citation ne leur soit personnellement délivrée, rendant alors le jugement contradictoire ou réputé contradictoire.

Lorsqu'en troisième lieu, le jugement n'est pas susceptible d'appel et que certains défendeurs n'ont pas été cités à personne, l'article 474 règle le problème en affirmant que le jugement est rendu par défaut.

Enfin, L'article 475 se penche sur une situation fréquente pouvant susciter l'interrogation. Il s'agit de citations faites à des moments différents et donc offrant des dates de fin de comparution différentes. Le Code pose alors simplement la nécessité pour conclure à la nature du jugement d'attendre la fin du dernier délai. On saura alors qui a comparu.

II. Le défaut de défense

Deux situations peuvent se présenter, d'une part le défaut de défense de l'une des parties, d'autre part l'inaction des deux parties.

A. L'inaction d'une partie

S'agissant de l'inaction d'une des parties, qu'il s'agisse du demandeur ou du défendeur, l'autre partie peut obtenir un jugement sur le fond dit contradictoire. En effet, « si, après avoir comparu, l'une des parties s'abstient d'accomplir les actes de la procédure dans les délais requis, le juge statue par jugement contradictoire au vu des éléments dont il dispose » (art. 469).

Le même article ménage toutefois une option au défendeur et ce qu'il lui permet de demander au juge de déclarer la citation caduque. On constate que cette faculté est réservée au défendeur et que donc le juge ne peut la soulever d'office. Au résultat, l'instance sera close sans que soit rendu un jugement sur le fond. Une nouvelle action est alors envisageable pour peu que les délais d'action ne soient pas périmés.

B. L'inaction des parties

L'inaction des parties offre la possibilité pour le juge de procéder à la radiation de l'affaire. Cette technique expérimentée avec le juge de la mise en état a été généralisée pour sanctionner la passivité des parties. Rappelons qu'elles doivent, en application du principe dispositif (v. Fiche 1), être le moteur du procès et que les tribunaux ne sauraient rester encombrés d'affaires dont les parties se désintéressent. Aussi, l'article 470 du Code de procédure civile prévoit que « si aucune des parties n'accomplit les actes de la procédure dans les délais requis, le juge peut, d'office, radier l'affaire par une décision non susceptible de recours après un dernier avis adressé aux parties elles-mêmes et à leur mandataire si elles en ont un ».

L'absence de recours contre cette décision s'explique par le fait qu'il s'agit d'une mesure d'administration et non d'une décision juridictionnelle. L'affaire sera simplement rayée du rôle tant qu'aucune partie n'aura pris l'initiative de la relancer par la réalisation des diligences réclamées par la juridiction.

• À retenir

- Les jugements sont rendus normalement après un débat contradictoire, mais ils peuvent être simplement dits contradictoires, ou réputés contradictoires ou encore rendus par défaut.
- Les jugements dits contradictoires sont ceux rendus alors que le demandeur n'a pas comparu, ou qu'une partie comparaissant n'a pas présenté de défense.
- Les jugements réputés contradictoires sont ceux pour lesquelles le défendeur ne comparait pas alors qu'il a été cité à personne ou lorsque le jugement est rendu en premier ressort.
- Les jugements par défaut visent l'hypothèse dans laquelle le défendeur ne comparait pas sans avoir été citée à personne et que le jugement n'est pas susceptible d'appel.
- Seuls les jugements par défaut ouvrent la voie de l'opposition au jugement.

Pour en savoir plus

- DESDEVISES, *Carence des parties : jugements par défaut, jugements réputés contradictoires, opposition*, Litec, 2003.
- PERDRIAU, « Les Arrêts de la Cour de cassation rendus pas défaut », *JCP* 1997.I.4028.

POUR S'ENTRAÎNER : QUESTIONS

1. **Quelle est la différence entre un jugement réputé contradictoire et un jugement par défaut ?**
2. **Que se passe-t-il si tous les défendeurs n'ont pas été cités à personne ?**

CORRIGÉ

1. La formule même de jugement réputé contradictoire porte un questionnement. Dans les faits, on comprend qu'une partie (et on imagine le défendeur) n'était pas présente au procès. Dans l'expression de jugement par défaut revient la même idée. Le jugement est rendu alors qu'une partie est défaillante. Si les faits sont les mêmes pourquoi alors disposer de deux qualifications ? La distinction entre ces notions ne se fonde pas sur la présence ou non d'une partie à l'audience mais sur les conditions de sa citation et sur la nature du jugement. Si la partie a été citée à personne, c'est-à-dire que l'assignation lui a été remise en main propre, nous savons qu'elle a été informée du procès et de son droit de s'y défendre. Mais ce droit n'est pas une obligation. Aussi son absence ne contrevient pas à la contradiction et le jugement sera réputé contradictoire. Si au contraire, la citation n'a pu lui être personnellement délivrée, elle n'a peut-être pas été en mesure de connaître de l'instance et il convient de la juger par défaut afin de lui permettre de s'opposer au jugement qui pourrait être rendu contre elle. Toutefois cette qualification de jugement par défaut, et donc cette faculté d'opposition, n'est ouverte que si le jugement est rendu en premier et dernier ressort. Si l'appel est possible, le législateur considère la voie de l'appel suffisante à garantir ses droits.
2. Lorsque tous les défendeurs n'ont pas été cités à personne, il convient de distinguer entre les jugements rendus en dernier ressort et ceux susceptibles d'appel. S'agissant de ceux rendus en dernier ressort, le fait que même un seul défendeur ne soit pas cité à personne conduit à ce que le jugement soit rendu par défaut. Si le jugement est rendu en premier ressort, il est, en principe, réputé contradictoire car le défendeur unique qui n'aurait pas été cité à personne ne bénéficie pas de la qualification de jugement par défaut. Mais il faut réserver le cas où les demandes portent sur des montants conduisant à ce que le jugement soit rendu en dernier ressort pour certains, le jugement sera à leur égard rendu par défaut mais seulement après qu'une nouvelle tentative de citation a été tentée.

Fiche 29

Ordinaire, expédient et de donner acte

I. L'accord jugé
II. L'accord constaté

• Définitions

Jugement ordinaire : jugement tranchant un litige.
Jugement d'expédient ou convenu : jugement appréciant l'accord des parties.
Jugement de donner acte : décision constatant l'accord des parties.

D'ordinaire, un procès suppose l'affrontement d'au moins deux parties sur un point de droit, le juge tranchant pour l'une ou l'autre. Mais s'il existe un litige à l'origine de l'instance, le temps du procès peut conduire à ce que les parties aient entamé des discussions en parallèle pour finalement parvenir à un accord. Le plus souvent cet accord prendra la forme d'une transaction. La transaction est le contrat spécial organisé par le Code civil aux articles 2044 et suivants pour régler les modalités d'un litige né ou à naître. La transaction ayant pour effet de mettre fin au litige, sa conséquence logique devrait être le désistement des parties à l'instance. Il y a, en effet, renonciation à droits et actions par la transaction. Pourtant, elles peuvent décider de maintenir le lien d'instance afin d'y intégrer leur accord. Cette configuration conduit à l'avènement de formes de jugements aux intitulés nombreux, que sont les jugements d'expédient, les jugements convenus, les jugements de donné acte et l'on parle encore de contrat judiciaire.

Pourquoi cette pluralité d'expressions ? Cette diversité n'est pas seulement la conséquence d'une imagination terminologique. Elle révèle des nuances de conception. En effet, s'il y a à l'origine de ces jugements un accord entre les parties, cet accord peut être présenté de manières différentes au juge, voire même lui être caché et les attentes des parties envers le jugement peuvent varier.

Se pose alors la question de la valeur d'un jugement rendu suite à l'accord des parties. S'agit-il toujours d'un jugement ? On peut classer ces jugements en deux catégories, ceux qui sont de véritables décisions juridictionnelles et ceux qui ne sont que des mesures d'administration. Dans la première catégorie, l'accord sera apprécié et donc jugé (**I**), dans la seconde, le juge constatera simplement l'accord déjà intervenu (**II**).

I. L'accord jugé

A. Le mécanisme

Cette catégorie rassemble les jugements d'expédient ou convenus. Les parties souhaitent dissimuler leur accord aux tiers. La solution doit être juridiquement un jugement. Les parties veulent des condamnations mais des condamnations contrôlées.

Comment procèdent-elles ? Elles peuvent choisir de dissimuler l'accord aussi au juge. Elles modifieront leurs chefs de demandes afin qu'ils correspondent aux termes de l'accord et lient ainsi le juge qui ne peut trancher *ultra* ou *infra petita*.

Elles peuvent également soumettre leur accord au juge sous la forme d'un projet de jugement.

Dans ces deux hypothèses, le juge opérera un contrôle. Il conserve son pouvoir juridictionnel et par conséquent la sentence rendue restera considérée comme un jugement ayant l'autorité de la chose jugée et susceptible des voies de recours ordinaires, à la différence d'un jugement de donné acte (Com., 4 novembre 2014, n° 13-24680 ; Cass. 3e, 16 juin 2016, n° 15-16469).

B. L'intérêt du mécanisme

On peut alors s'interroger sur l'intérêt de cette démarche. S'il y a accord pourquoi le soumettre au contrôle du juge ? Plusieurs motivations existent. L'une des parties peut douter de l'équilibre de l'accord. Elle a certes donné son consentement à l'accord mais elle reste perplexe. Le contrôle du juge permettra de valider ou non le choix opéré.

L'autre intérêt est de limiter le risque de contestation de l'accord dans le temps. Les voies de recours peuvent être exercées, mais elles doivent l'être dans un délai bref puisque le délai pour l'appel n'est que d'un mois. Le contrat de transaction peut être attaqué pour nullité dans les délais de prescription, ce qui beaucoup plus long et donc prolonge l'aléa.

Enfin, l'intérêt peut exister à l'égard des tiers. Le jugement comme le contrat n'a, à l'égard des tiers, qu'un effet relatif puisqu'il ne doit créer aucun droit ni aucune obligation. Mais l'autorité d'un jugement diffère de celle d'un contrat et peut s'imposer aux tiers.

Prenons l'exemple d'une condamnation à des dommages-intérêts. Si les parties conviennent de dommages-intérêts dans une transaction, quelle est la valeur de cette qualification pour l'administration fiscale ? Les parties n'ont pas cherché à soustraire certains revenus à l'impôt en les intégrant sous cette qualification ? Seule la parole du juge peut affirmer qu'il s'agit bien de dommages-intérêts.

Cette logique de soumission au juge d'un accord des parties a vocation à se développer tant les autorités cherchent à promouvoir les règlements amiables de différends (M.A.R.D., ex-M.A.R.C) par la conciliation, la médiation et, depuis 2016, la convention participative. L'objectif est que les parties parviennent elles-mêmes à la solution et puissent la soumettre au juge pour une homologation.

II. L'accord constaté

À l'inverse de la situation précédente, le juge peut se contenter de constater l'accord des parties. Il ne se prononce pas sur celui-ci.

Dès lors, aucune force juridictionnelle ne peut être donnée à la solution rendue par le juge. Il n'est plus acteur de celle-ci.

Par conséquent, cette « décision » n'est pas un jugement au sens premier du terme, on parle alors de jugement de « donner acte », car le juge prend acte de l'accord sans se prononcer. Mais l'expression de contrat judiciaire présente le mérite de ne pas user du terme de jugement, car ce n'en est plus un.

S'il ne s'agit pas d'un acte juridictionnel, la question est alors de savoir quelle est la nature de ce constat. Deux options viennent à l'esprit, celle du jugement gracieux et celle de la décision à caractère administratif.

Le jugement gracieux doit être écarté au profit du caractère purement administratif.

En effet, s'il y a jugement gracieux cela signifie que la demande devait être adressée au juge afin qu'il exerce un contrôle. Ici, les parties peuvent conclure l'accord sans avoir à recourir au juge, le procès n'est qu'un moyen de résolution et l'accord n'induit pas un contrôle du juge sans quoi il ne pourrait se contenter de donner acte.

La nature de cette décision est donc celle d'une mesure d'administration et par conséquent elle n'a nullement l'autorité de la chose jugée. L'accord reste une convention entre les parties susceptible d'être attaquée pour nullité.

Quant au jugement de « donner acte », il ne peut être attaqué, ni par voie d'appel ni par tierce opposition.

La pratique est plus simple que dans le cas précédent mais elle est également loin d'en présenter les avantages. L'intérêt se limite finalement à donner date certaine à l'accord des parties puisque pour le reste la nature contractuelle prévaudra.

- **À retenir**

- Les jugements ne conduisent pas toujours à ce que ce soit le juge qui tranche le litige. Les parties peuvent être à l'origine de la solution.
- On parle à côté du jugement ordinaire, des jugements d'expédient, convenus, de donner acte et encore de contrats judiciaires.
- Les jugements d'expédient ou encore dits convenus, sont des décisions juridictionnelles par lesquelles les parties soumettent un projet de solution au juge qu'il contrôle et valide ou par lesquelles les parties modifient leurs demandes afin d'obtenir la condamnation souhaitée.
- Ces jugements ont l'autorité de la chose jugée et sont donc susceptibles de voies ordinaires de recours.
- Les jugements de donner acte ou encore dits contrats judiciaires ne font que constater l'accord des parties et n'ont la valeur que d'actes d'administration.
- La convention reste soumise au droit des contrats.
- Ces jugements ne peuvent intervenir que sur des matières dont les parties ont la libre disposition.
- L'intérêt est de donner date certaine à l'accord.

Pour en savoir plus

- STRICKLER, « La localisation de l'autorité judiciaire de la chose jugée », in L. CADIET et D. LORIFERNE, *L'autorité de la chose jugée* (dir.), Paris, IRJS éd., 2012, P. 37.
- ENGEL-CREACH, *Les Contrats judiciairement formés*, Economica, 2002.

POUR S'ENTRAÎNER : QUESTIONS

1. **Quand parle-t-on d'un jugement d'expédient ?**
2. **Quel est l'intérêt d'un jugement de donner acte ?**

CORRIGÉ

1. Un jugement d'expédient est un véritable jugement sur lequel le juge apprécie les demandes des parties, mais ces demandes sont organisées à l'avance par un accord intervenu entre les parties. Le juge se prononce dans le cadre fixé par les parties pour valider ou non leur accord. Ce mécanisme est largement favorisé par l'ensemble des dernières réformes de la procédure civile avec l'espoir que les accords entre les parties parviendront à réduire le contentieux dont les juridictions sont saisies.
2. Le jugement de donner acte n'est qu'un acte d'administration qui ne modifie pas la nature contractuelle de l'accord passé entre les parties au procès. On peut donc s'interroger sur l'intérêt de le faire constater par le juge, à la place d'un simple désistement. L'intervention du juge comme tiers à l'accord permettra toutefois de donner date certaine à l'acte, ce qui peut s'avérer d'une grande importance dans un certain nombre de domaines.

Fiche 30

Avant dire droit, définitif et mixte

- **Définitions**

Jugement définitif : jugement qui tranche dans son dispositif tout ou partie du principal, ou qui statue sur une exception de procédure, une fin de non-recevoir ou tout autre incident.

Jugement provisoire : jugement qui n'a pas l'autorité de la chose jugée.

Jugement avant dire droit : jugement ordonnant une mesure provisoire ou d'instruction.

Jugement mixte : jugement définitif sur certaines prétentions et avant dire droit car ordonnant des mesures provisoires ou d'instruction.

Le jugement doit répondre aux demandes de celui ou ceux qui ont saisi le juge. Toutefois toute décision de justice ne met pas un terme au litige. Des solutions intermédiaires existent. Aussi distingue-t-on différents jugements. Le jugement entendu dans le sens ordinaire, c'est-à-dire celui qui remplit cette mission de trancher le litige est le jugement définitif. Mais un jugement peut être pris en amont, pour décider de mesures provisoires ou d'instruction, qui prendra alors le nom de jugement « avant dire droit », c'est-à-dire de jugement pris avant de dire le droit, donc avant le jugement définitif. Situation plus ambiguë, celle des jugements qui tranchent certains aspects du litige et prennent des mesures d'instruction. On parlera de jugement mixte. La dénomination correspondant au mixte entre le jugement définitif et le jugement avant dire droit.

Développons chacun de ces jugements.

I. Jugement définitif

« Le jugement qui tranche dans son dispositif tout ou partie du principal, ou celui qui statue sur une exception de procédure, une fin de non-recevoir ou tout autre incident a, dès son prononcé, l'autorité de la chose jugée relativement à la contestation qu'il tranche » (art. 480).

L'article 480 du Code de procédure civile qui définit les jugements définitifs est l'un deux seuls articles de la section portant sur les jugements au fond. On peut alors s'étonner de sa rédaction.

En effet, l'article 480 aborde de manière très large la notion de fond car il y intègre les problématiques de fin de non-recevoir et d'exceptions de procédure. Le fond ne contient donc pas uniquement les demandes principales. On est pourtant habitué à distinguer les demandes de fond qui visent le ou les problèmes de droit posés aux juges et les questions procédurales que sont les exceptions de procédure et les fins de non-recevoir.

La terminologie usitée de jugement au fond semble donc inappropriée. Celle de jugement définitif aurait dû être préférée.

On doit donc comprendre qu'un jugement définitif est un jugement portant pour le tout ou en partie sur le fond ou sur une question de procédure.

Ces jugements se caractérisent par l'autorité de la chose jugée qui leur est octroyée. Mais « l'autorité de la chose jugée, attachée au seul dispositif de la décision, ne peut être opposée lorsque des événements postérieurs sont venus modifier la situation antérieurement reconnue en justice » (Civ. 1re, 16 avril 2015, n° 14-13280).

L'article 481 du Code de procédure civile ajoute logiquement qu'ils dessaisissent le juge, puisqu'ils sont alors immédiatement susceptibles d'un recours en appel prévu par l'article 544. Toutefois, le juge a le pouvoir de rétracter sa décision en cas d'opposition, de tierce opposition ou de recours en révision (art. 481 al. 2).

Malgré l'apparente simplicité des choses, des précisions terminologiques s'imposent.

Il ne faut pas se méprendre sur la signification du terme « définitif ». Le jugement définitif est un jugement disposant de l'autorité de la chose jugée. Il deviendra un jugement « passé en force de chose jugée » lorsque les voies de recours ordinaires seront closes. Le jugement deviendra irrévocable lorsque les voies de recours extraordinaires seront également épuisées.

II. Jugement avant dire droit et jugements provisoires

Les jugements avant dire droit sont une catégorie d'un ensemble plus large, celui des jugements provisoires.

A. Les jugements provisoires

Les jugements provisoires comprennent deux catégories.

- En premier lieu, il existe des jugements provisoires par nature. Il s'agit de jugements qui n'ont jamais l'autorité de la chose jugée :
  - Il s'agit des ordonnances sur requêtes (v. Fiche 23) et des ordonnances de référé (v. Fiche 22) ainsi que les ordonnances du juge de la mise en état (v. Fiche 9).
  - Les ordonnances de référé et celles du juge de la mise en état sont nécessairement provisoires puisqu'elles interviennent en urgence dans l'attente d'une décision sur le fond. Quant aux ordonnances sur requêtes, leur procédure non contradictoire et donc le risque qu'elles représentent justifie ce caractère provisoire.
  - À noter toutefois l'ambiguïté qui règne sur le régime des ordonnances de référé qui peuvent être frappées d'appel.
- En second lieu, on relève des jugements qui sont provisoires car ils ordonnent des mesures provisoires. Certains types de décisions nécessitent des révisions, comme les questions de garde d'enfants ou de pensions alimentaires.

D'autres décisions vont prononcer des mesures provisoires en cours d'instance, on parle alors de jugements avant dire droit.

B. Le jugement avant dire droit

« Le jugement qui se borne, dans son dispositif, à ordonner une mesure d'instruction ou une mesure provisoire n'a pas, au principal, l'autorité de la chose jugée. » Voici la définition qu'offre l'article 482 du Code de procédure civile des jugements avant dire droit. L'article 483 complète le tableau en affirmant que « le jugement avant dire droit ne dessaisit pas le juge ».

Ces définitions s'inscrivent en négatif de celles du jugement définitif.

L'objectif est d'apporter une garantie à l'une des parties par une mesure provisoire et ce compte tenu de la longueur inhérente au procès. En ce qui concerne, les mesures d'instruction, il s'agit de rechercher des éléments de preuves nécessaires à l'issue de l'instance (v. Fiches 18 et 19).

Le jugement avant dire droit n'ayant pas l'autorité de la chose jugée, il n'est pas susceptible de recours.

À noter que le régime des mesures d'instruction découle de celui des jugements avant dire droit, c'est-à-dire que les voies de recours sont fermées dans l'attente d'une décision définitive.

Autre conséquence de l'absence d'autorité de la chose jugée, le juge qui statue au fond n'est pas tenu par la décision antérieure. Mais le juge qui a rendu le jugement avant dire droit doit respecter sa position et ne pourra se rétracter ou modifier le jugement que si un fait nouveau apparaît.

III. Jugement mixte

Comme sa dénomination laisse le supposer, le jugement mixte est un jugement qui ressort à la fois du jugement définitif et du jugement avant dire droit.

Le jugement va donc trancher des aspects du principal et prendre des mesures d'instruction ou provisoires.

L'exemple classique est celui de la reconnaissance d'une responsabilité civile et de la nomination d'un expert pour le calcul de l'étendue du dommage.

Les régimes des jugements définitifs et avant dire droit étant différents, il convient d'opérer une ventilation en fonction des chefs de demande.

Seuls les chefs de demande sur lesquels le jugement aura définitivement tranché auront l'autorité de la chose jugée et dessaisiront le juge.

En ce qui concerne les voies de recours, le jugement mixte est susceptible de recours et il convient également de ventiler selon les chefs de demande. Mais des nuances doivent être apportées. En effet, si la mesure d'instruction est la conséquence directe de la décision au principal, elle sera nécessairement affectée par le recours.

En outre, il faut observer que celui qui participe à la mesure d'instruction ne peut recourir contre le jugement mixte si son recours porte sur une question tranchée en lien avec la mesure. Il lui appartiendra d'émettre les réserves nécessaires afin de ne pas se voir opposer un acquiescement.

De manière un peu surprenante, reste à savoir quand il y a jugement mixte. En effet, l'approximation dans la rédaction de certains jugements conduit à s'interroger. Faut-il ne s'en tenir qu'au dispositif ou convient-il également de rechercher des éléments de réponse dans la motivation ?

Antérieurement au nouveau code, la jurisprudence regardait le dispositif et la motivation pour en dégager des motifs dits décisifs. Cette solution pouvait être critiquée pour l'aléa qu'elle générait mais elle avait le mérite de compenser les maladresses de rédaction des jugements.

Le nouveau code prend une solution plus tranchée. Les articles 480, 482, 544 et 606 font désormais expressément référence au dispositif.

Pour autant, la question n'est pas complètement close, du fait de divergences entre les chambres de la Cour de cassation.

Concernant les voies de recours, les chambres sont unanimes à ne prendre en compte que le dispositif.

Concernant l'autorité de la chose jugée, les première et troisième chambres civiles ont pu reconnaître l'autorité de la chose jugée à des éléments de la motivation ordonnés avant dire droit qui s'incorporaient nécessairement au dispositif par un lien de logique juridique. Ceci conduit à une solution critiquable puisque ces éléments ne sont pas susceptibles de recours. La position de la deuxième chambre civile, distinguant entre les mesures au fond et celles provisoires, si elle ne repose sur aucun texte est moins critiquable puisqu'elle donne autorité à des éléments contre lesquels il peut être recouru.

Les autres chambres ne s'embarrassent pas de ces subtilités et appliquent à la lettre l'exigence formelle des textes, et ne prennent donc en compte que le dispositif.

• À retenir

- Les jugements définitifs sont ceux qui tranchent dans son dispositif tout ou partie du principal, ou celui qui statue sur une exception de procédure, une fin de non-recevoir ou tout autre incident.
- Ils ont l'autorité de la chose jugée, sont susceptibles de recours et dessaisissent le juge.
- Les jugements avant dire droit sont des jugements provisoires.
- Les jugements provisoires peuvent l'être par nature. Ce sont les ordonnances sur requête, de référé et du juge de la mise en état.
- Les jugements peuvent être provisoires en considération des mesures prises.
- Les jugements avant dire droit ordonnent des mesures provisoires justifiées par l'urgence ou des mesures d'instruction nécessaires à l'issue du procès.
- Ces jugements n'ont pas l'autorité de la chose jugée et ne dessaisissent pas le juge.
- Les jugements mixtes sont des jugements définitifs sur certains chefs de demande et avant dire droit sur d'autres.
- Ils n'ont autorité de la chose jugée et ne dessaisissent le juge que sur les chefs définitivement tranchés.
- La même solution vaut pour les voies de recours sauf à ce que la mesure avant dire droit soit la conséquence nécessaire de la décision au fond. Elle sera alors affectée par le recours exercé.

Pour en savoir plus

— PERROT, « Du provisoire au définitif », *Mélanges P. Drai*, Dalloz, 1999.

POUR S'ENTRAÎNER : QUESTIONS

1. **Qu'est-ce que signifie un jugement avant dire droit ?**
2. **Quelles sont les voies de recours contre un jugement mixte ?**

CORRIGÉ

1. Jugement avant dire droit signifie que le jugement ne tranche pas au fond la ou les questions posées. C'est un jugement pris avant de dire le droit, donc avant le jugement. Ce type de jugements permet d'ordonner des mesures provisoires lorsque l'urgence l'exige pour protéger la situation d'une partie que la longueur du procès affecterait. Il est nécessaire pour décider de mesures d'instruction indispensables à la résolution du litige.
2. Un jugement mixte combine jugement définitif et jugement avant dire droit. Le premier est susceptible de recours et pas le second. Il y a donc lieu d'opérer une ventilation entre les chefs de demande selon qu'ils ont été tranchés ou non sur le fond. Seuls ceux ayant obtenu une réponse définitive pourront faire l'objet d'un recours. Toutefois, lorsqu'une mesure avant dire droit est la conséquence d'une décision au fond, le recours conduira à remettre en cause cette mesure.

Fiche 31

Contentieux et gracieux

Procès rime avec litige et donc contentieux. Le schéma ordinaire est qu'il existe une contestation portant sur un droit entre au moins deux parties, qui vont recourir au juge pour trancher le litige. Pourtant, tous les jugements ne sont pas contentieux. Il existe à côté de jugements contentieux, des jugements dits gracieux. Ces demandes visent des situations particulières dans lesquelles, en l'absence de litige et donc de parties adverses, une personne doit requérir l'accord du juge. C'est le cas notamment en matière de changement d'état civil. Le fait qu'il n'y ait pas de partie adverse conduit à ce que les conditions de saisine soient plus souples **(I)** et que l'audience connaisse un déroulement particulier **(II)**. Mais le fait qu'il n'y ait pas de défendeur ne signifie pas que la décision à intervenir n'intéresse pas les intérêts de tiers. Ceci conduit à ce qu'en matière de notification il existe aussi un dispositif particulier **(III)**.

Nous ne reviendrons pas sur le jugement contentieux dont l'étude forme la structure de cet ouvrage.

I. Introduction de l'instance

En l'absence de partie adverse, les précautions prises dans le cadre de l'assignation sont inutiles. Le Code de procédure civile prévoit donc un dispositif extrêmement simple.

L'article 60 du Code de procédure civile se contente de prévoir qu'« en matière gracieuse, la demande est formée par requête ». À peine l'article 61 précise-t-il que « le juge est saisi par la remise de la requête au greffe de la juridiction ».

Rien n'est donc précisé sur le contenu ou la forme de la requête. La logique impose évidemment que le requérant soit identifié ainsi que la juridiction saisie. De manière plus générale, il peut être fait référence à l'article 54 en écartant les éléments liés à l'existence d'une partie adverse. Lorsqu'il s'agit de saisir le président de la juridiction, les dispositions de l'article 494 du Code s'imposent. Ainsi, le requérant doit présenter « la requête en double exemplaire. Elle doit être motivée. Elle doit comporter l'indication précise des pièces invoquées.

Si elle est présentée à l'occasion d'une instance, elle doit indiquer la juridiction saisie.

En cas d'urgence, la requête peut être présentée au domicile du juge. »

En ce qui concerne la saisine du juge, aucune formalité n'est exigée. La seule remise de la requête suffit à le saisir, sans qu'une inscription au rôle ne soit même nécessaire.

II. Déroulement de l'instance

La spécificité de cette procédure consiste tout d'abord en son déroulement en chambre du conseil, c'est-à-dire hors de la présence du public (art. 434).

Compte tenu des matières abordées par le biais de cette procédure qui intéressent souvent l'ordre public, le ministère public est présent à l'audience.

Concrètement, le juge écoutera les arguments de l'avocat du requérant mais l'avocat d'un tiers intervenant peut aussi être entendu. Les règles du contradictoire s'appliqueront alors.

Si une audience a été ouverte en chambre du conseil alors qu'elle devait être publique et inversement, l'article 437 du Code de procédure civile prévoit la possibilité pour le juge de corriger la situation en décidant de modifier sur-le-champ le mode de débat. Ceci permet d'éteindre toute possibilité de demande de nullité du jugement. Afin de conserver sa cohérence à cette disposition, il est prévu que cette nullité ne peut être soulevée d'office.

Autre spécificité de cette procédure, le juge peut fonder sa décision sur tous les faits mêmes ceux qui n'ont pas été allégués (art. 26 CPC). Mais il doit alors respecter le contradictoire à l'égard du requérant. Cela signifie qu'il devra chercher ses explications sur ces faits non allégués.

Le juge peut aussi prendre d'office toutes les mesures d'instruction qu'il estime nécessaire et peut entendre toutes personnes susceptibles de l'éclairer, comme toute personne dont le jugement pourrait affecter les intérêts et ce sans aucune formalité (art. 27).

Plus original encore, le fait, que le juge puisse se prononcer sans débat, prévu par l'article 28 du Code de procédure civile. La nature des affaires ne nécessite, en effet, pas forcément ce débat, les éléments pouvant être suffisamment expliqués dans la requête. Toutefois, on a pu s'interroger sur la légalité d'une instance sans débat. Le conseil d'État est venu rappeler que la procédure n'étant pas contradictoire, cette disposition était parfaitement légale (CE 12 oct. 1979, D. 1979. 606, note Bénabant et chron. Delvolvé).

Le jugement est ensuite rendu par notification en courrier recommandé avec accusé de réception au requérant ou par support électronique, sauf si un texte spécial prévoit sa publicité.

III. Notification du jugement

Nous venons d'observer que le rendu du jugement se fait par sa notification au requérant. Mais nous avons également pu observer qu'au cours de l'audience le juge peut interroger toute personne dont l'issue de la demande peut avoir des effets sur ses intérêts. Le jugement peut donc intéresser des tiers. Un dispositif original a alors été imaginé.

Un tiers peut être autorisé par le juge à consulter le dossier de l'affaire et à s'en faire délivrer copie, s'il justifie d'un intérêt légitime selon l'article 29 du Code de procédure civile.

Par ailleurs, l'article 454 dispose *in fine* qu'« en matière gracieuse, [le jugement indique le] nom des personnes auxquelles il doit être notifié ». Cette formule permet au juge de notifier le jugement aux tiers dont les intérêts peuvent être atteints.

Ceux-ci ont alors un délai de quinze jours pour faire appel de la décision. En effet, l'article 546 du Code de procédure civile prévoit en son second alinéa qu'« en matière gracieuse, la voie de l'appel est également ouverte aux tiers auxquels le jugement a été notifié ».

Le juge peut, sur cette déclaration, modifier ou rétracter sa décision. Dans le cas contraire, le greffier de la juridiction transmet sans délai au greffe de la cour le dossier de l'affaire avec la déclaration et une copie de la décision. Le juge informe la partie dans le délai d'un mois de sa décision d'examiner à nouveau l'affaire ou de la transmettre à la cour (art. 952). La procédure en appel suit celle gracieuse devant le tribunal judiciaire (art. 953).

• À retenir

- Les instances ne sont pas toujours contentieuses. Le juge peut être saisi à titre gracieux.
- L'introduction d'une demande gracieuse se fait par voie de requête.
- Le juge peut prendre en considération même les faits non allégués mais sous réserve d'avoir sollicité les observations du requérant.
- Il peut, d'office, entendre toute personne dont l'avis peut lui permettre de trancher ou dont les intérêts peuvent être atteints.
- Il peut prendre toute mesure d'investigation.
- Le débat n'est pas obligatoire et s'il a lieu, se déroule en chambre du conseil.

- Le jugement est notifié par courrier recommandé avec accusé de réception ou par voie électronique, la publicité devant être prévue par un texte.
- Le jugement peut être notifié ou communiqué à tout tiers qui y aurait intérêt.

Pour en savoir plus

- WIEDERKEHR, « L'Évolution de la justice gracieuse », *Mélanges P. Drai*, Dalloz, 1999.

POUR S'ENTRAÎNER : QUESTIONS

1. **Comment se justifient les spécificités de la procédure gracieuse ?**
2. **Sur quels éléments le juge va-t-il se prononcer ?**

CORRIGÉ

1. L'introduction de l'instance ainsi que son déroulement sont particulièrement assouplis dans le cadre de la procédure gracieuse. Ceci s'explique par le fait qu'en l'absence de partie adverse les précautions mises en place pour respecter les droits de la défense sont inutiles. Par ailleurs, les possibilités de notification aux tiers intéressés ainsi que la faculté d'appel qui leur est reconnue se justifient par le fait que le jugement même gracieux peut nuire à leurs intérêts.
2. En l'absence de partie adverse, seul le requérant présente des arguments et des faits. Le juge ne va cependant pas se limiter à ces informations au risque d'être induit en erreur. C'est pourquoi le code prévoit la possibilité de retenir même les éléments de fait non allégués, sous réserve d'avoir recueilli les observations du requérant. En outre, il peut mener toute investigation et entendre toute personne dont l'avis serait utile à sa prise de décision.

Fiche 32
Publicité et notification

- **Définitions**

Publicité : principe selon lequel le jugement contradictoire doit être lu en public.
Notification : fait de porter à la connaissance du destinataire un acte judiciaire ou extrajudiciaire.
Erreur matérielle : erreur de forme d'un jugement.

Après avoir abordé les différentes natures de jugements, il convient de s'attacher aux formes dans lesquelles ils sont rendus. En principe, la justice travaille à la vue du public, ainsi les audiences sont normalement publiques sauf à ce qu'un motif particulier justifie un huis clos. De même, lors du rendu du jugement, le public en sera informé. Mais surtout il importe que le jugement soit transmis aux parties en vue de son exécution ou de la mise en œuvre des voies de recours. Deux conséquences s'attachent aux jugements, leur publicité **(I)** et leur notification **(II)**.

I. La publicité

La publicité du jugement consiste en premier lieu en sa lecture en audience publique à l'ouverture des audiences avant l'appel des causes selon la nature du jugement. En effet, l'article 451 distingue. « Les décisions contentieuses sont prononcées en audience publique et les décisions gracieuses hors la présence du public, le tout sous réserve des dispositions particulières à certaines matières. »

Le jugement prononcé en audience est rendu par l'un des juges qui en ont délibéré, même en l'absence des autres et du ministère public.

Le prononcé peut se limiter au dispositif.

Les articles 454 à 456 posent les règles de formes concernant les indications et la signature du jugement, avec désormais la possibilité que le jugement soit sur support électronique.

Ce qui est prescrit en ce qui concerne la mention du nom des juges et aux articles 455 et 456 doit être observé à peine de nullité.

Toutefois, aucune nullité ne pourra être ultérieurement soulevée ou relevée d'office pour inobservation des formes prescrites, si elle n'a pas été invoquée au moment du prononcé du jugement par simples observations. On imagine combien cette faculté reçoit un domaine limité.

Le jugement peut manquer de clarté. Il appartient alors au juge d'interpréter sa décision si elle n'est pas frappée d'appel.

La demande en *interprétation* est formée par simple requête de l'une des parties ou par requête commune.

L'article 461 du Code de procédure civile ajoute *in fine* que « le juge se prononce les parties entendues ou appelées ». Voilà qui nécessiterait une interprétation mais cette fois du législateur !

Au-delà des questions d'interprétation, le jugement peut comporter des erreurs dans sa rédaction. On parle d'erreurs matérielles.

Les *erreurs et omissions matérielles* qui affectent un jugement, même passé en force de chose jugée, peuvent toujours être réparées par la juridiction qui l'a rendu ou par celle à laquelle il est déféré, selon ce que le dossier révèle ou, à défaut, ce que la raison commande.

Le juge est saisi par simple requête de l'une des parties, ou par requête commune ; il peut aussi se saisir d'office.

Le juge statue après avoir entendu les parties ou celles-ci appelées. On appréciera la formule plus claire que celle de l'article 461.

La décision rectificative est mentionnée sur la minute et sur les expéditions du jugement. Elle est notifiée comme le jugement.

Si la décision rectifiée est passée en force de chose jugée, la décision rectificative ne peut être attaquée que par la voie du recours en cassation.

Pire encore, le juge pourrait avoir *omis de statuer*. L'article 463 pose alors que « la juridiction qui a omis de statuer sur un chef de demande peut également compléter son jugement sans porter atteinte à la chose jugée quant aux autres chefs, sauf à rétablir, s'il y a lieu, le véritable exposé des prétentions respectives des parties et de leurs moyens ».

La procédure est alors identique à celle prévue pour la correction d'erreur matérielle.

La publicité consiste également en la possibilité d'accès du public aux jugements rendus. Ainsi, il n'est besoin d'aucune justification pour obtenir du greffe la copie d'un jugement.

Les jugements sont d'ailleurs désormais en accès libre sur le site officiel du droit, Légifrance.

Les journaux comme les revues spécialisées peuvent donc les publier, sous réserve de respecter l'anonymat.

La publication peut également servir de sanction et être ordonnée dans des domaines comme la diffamation ou la concurrence déloyale.

À l'égard des parties, celles-ci peuvent « lever le jugement ». Cela signifie qu'elles peuvent demander au greffe l'expédition d'une copie certifiée conforme. Cette première copie transmise aux parties s'appelle la « copie exécutoire », anciennement dite « grosse » mais le terme subsiste en pratique.

Il convient de préciser que la demande peut tout autant provenir du défendeur que du demandeur comme le précise l'article 465 du Code de procédure civile en ce qu'il dispose que « *chacune des parties* a la faculté de se faire délivrer une expédition revêtue de la formule exécutoire ».

Tout ceci vaut pour la demande d'une première copie. Alors le même article prévoit en son second alinéa que « s'il y a un motif légitime, une seconde expédition, revêtue de cette formule, peut être délivrée à la même partie par le secrétaire de la juridiction qui a rendu le jugement. En cas de difficulté, le président de cette juridiction statue par ordonnance sur requête ».

Le Code de procédure civile pose encore deux types de précisions.

D'une part, « lorsqu'un jugement fixe une pension alimentaire ou une des créances prévues aux articles 214, 276 et 342 du Code civil, les parties sont informées par un document joint à l'expédition du jugement des modalités de recouvrement, des règles de révision de la créance et des sanctions pénales encourues » (art. 465-1).

D'autre part, « en matière gracieuse, copie de la requête est annexée à l'expédition du jugement » (art. 466).

II. La notification

La notification permet de s'assurer de la connaissance du jugement par la partie adverse.

« Les jugements sont notifiés par voie de signification [celle-ci se faisant par huissier ou par voie électronique] à moins que la loi n'en dispose autrement.

En matière gracieuse, les jugements sont notifiés par le greffier de la juridiction, par lettre recommandée avec demande d'avis de réception » (art. 675).

Les jugements sont notifiés aux parties elles-mêmes. La Cour de cassation apprécie strictement cette obligation puisqu'elle a pu juger qu'une notification était irrégulière lorsqu'elle était faite à une société autre que celle visée par le jugement même si elles appartenaient au même groupe et avaient la même adresse (Civ. 2e, 21 janvier 2016, n° 15-10108).

Lorsqu'une partie n'a pas son domicile réel en France, « la notification d'un jugement est valablement faite au domicile élu en France » (art. 682).

Lorsque la représentation est obligatoire, le jugement doit en outre être préalablement notifié aux représentants dans la forme des notifications entre avocats, faute de quoi la notification à la partie est nulle. Mention de l'accomplissement de cette formalité doit être portée dans l'acte de notification destiné à la partie.

En matière gracieuse, le jugement est notifié aux parties et aux tiers dont les intérêts risquent d'être affectés par la décision, ainsi qu'au ministère public lorsqu'un recours lui est ouvert.

Le *délai pour exercer le recours* part de la notification à la partie elle-même.

L'acte de notification d'un jugement à une partie doit indiquer de manière très apparente le délai d'opposition, de tierce opposition, d'appel ou de pourvoi en cassation dans le cas où l'une de ces voies de recours est ouverte, ainsi que les modalités selon lesquelles le recours peut être exercé. Il indique, en outre, que l'auteur d'un recours abusif ou dilatoire peut être condamné à une amende civile et au paiement d'une indemnité à l'autre partie. Pour la computation des délais, c'est-à-dire les méthodes de calcul, il convient de se référer aux articles 640 et suivants du Code de procédure civile. Il est à remarquer que les délais sont augmentés d'un mois pour les personnes demeurant dans une collectivité d'outre-mer et de deux mois pour celles demeurant à l'étranger. Le même mécanisme fonctionne aussi dans l'autre sens lorsque la décision vient d'une juridiction d'une collectivité d'outre-mer ou de l'étranger. Par ailleurs, lorsqu'il s'agit d'une notification d'un acte venant de l'étranger, l'acte transite par le ministère de la justice qui transmet soit au ministère public du tribunal dans le ressort duquel il doit être notifié ou à la chambre nationale des huissiers de justice, à moins qu'en vertu d'un traité la transmission puisse être effectuée directement par les autorités étrangères au ministère public ou à la chambre nationale des huissiers de justice et sous réserve de tous autres modes de notification. Il peut également notifier ces actes à leur destinataire par lettre recommandée avec demande d'avis de réception (art. 688-2). L'acte suit alors le sort prévu soit par l'article 688-3, soit par l'article 688-4 du code de procédure civile. À compter du 1er septembre 2017, l'acte peut être notifié dans sa langue d'origine. Toutefois, l'autorité chargée de la notification indique au destinataire sa possibilité de refuser l'acte s'il ne connaît pas la langue ou d'en demander la traduction en français aux frais du requérant (art. 688-6).

En ce qui concerne la notification des jugements réputés contradictoires et rendus par défaut, il convient de se rapporter à la fiche portant sur leur étude (v. Fiche 28).

- **À retenir**
  - Le jugement contentieux est rendu en public et le jugement peut être publié, voire le juge peut ordonner cette publication.
  - Le jugement peut être interprété par le juge.
  - Il peut également corriger les erreurs matérielles de la rédaction du jugement.
  - Le juge peut avoir à compléter le jugement au regard des demandes sur lesquelles il n'aurait pas statué.
  - Le jugement est notifié par signification, par huissier ou par voie électronique, sauf lorsqu'une matière en dispose autrement.
  - Le jugement est notifié aux parties elles-mêmes ainsi qu'à leurs représentants si la procédure impose la représentation.
  - Le délai de recours court à compter de la notification à la partie. Il peut être prolongé en raison de la distance.

Pour en savoir plus

- BLIN, « Publication des décisions de justice et atteinte à l'intimité de la vie privée », *JCP* 1972.I.2470.
- LOBIN, « La Notification des jugements et ses sanctions », *Mélanges P. Raynaud*, Dalloz, 1985, p. 381.

POUR S'ENTRAÎNER : QUESTIONS

1. **Pourquoi organiser la publicité des jugements ?**
2. **À qui doit-on notifier le jugement ?**

CORRIGÉ

1. Le jugement tranche classiquement un litige entre des parties privées. Il règle donc des problématiques d'ordres privées. Cependant, les débats sont publics tout comme le contenu du jugement rendu. Ceci permet de participer à l'impartialité de la justice, chacun pouvant venir contrôler le déroulement de l'instance. Par la suite, la connaissance des jugements participera à la réflexion sur le travail de la jurisprudence. Comment imaginer le travail de la doctrine sans accès aux décisions rendues en interprétation des textes voire même en l'absence de textes ? En outre, même si le jugement ne crée ni droit ni obligations pour les tiers, ceux-ci peuvent voir leur situation influencée par la décision. Enfin, la publicité peut être une sanction ordonnée par le juge contre celui qui aurait publiquement manqué à ses obligations et qui serait ainsi sanctionné par où il a pêché.

2. Le jugement doit évidemment être notifié à la partie adverse, mais également à son représentant lorsque la procédure est avec représentation obligatoire. S'il s'agit d'un jugement rendu à titre gracieux, notification peut également être ordonnée par le juge aux tiers dont les intérêts risquent d'être affectés par la décision, ainsi qu'au ministère public lorsqu'un recours lui est ouvert. Le problème se pose alors lorsque la partie adverse n'a pas son domicile réel en France. La notification se fera valablement à domicile élu en France.

Fiche 33

Effets du jugement

- **Définitions**

Autorité de la chose jugée : effet d'une décision juridictionnelle, empêchant que le juge se prononce à nouveau sur la même affaire.
Force de chose jugée : se dit d'une décision de justice ne pouvant plus faire l'objet d'une voie de recours suspensive.
Délai de grâce : délai accordé par le juge dans l'exécution du jugement.

L'objectif d'un procès est bien sûr d'aboutir à un jugement mais surtout à son exécution. À quoi servirait un procès s'il ne donnait pas lieu à exécution ? L'effet du jugement est donc de constater ou de déclarer un droit, mais ensuite de permettre l'effectivité de la décision.

L'exécution est donc subséquente au jugement et cet aspect est aujourd'hui un élément essentiel du droit à un procès équitable. En effet, dans un arrêt du 19 mars 1997, la Cour européenne des droits de l'homme a jugé que l'exécution d'un jugement ou d'un arrêt faisait partie intégrante du procès au sens de l'article 6 § 1 de la Convention.

Il convient donc d'observer les conditions permettant l'exécution du jugement **(I)** et les entraves qui peuvent exister **(II)**, la question de l'exécution provisoire fera l'objet d'une fiche dédiée (Fiche 34).

I. Les conditions d'exécution

A. Le principe

L'article 501 du Code de procédure civile dispose que « le jugement est exécutoire à partir du moment où il passe en force de chose jugée ».

La question est donc de savoir ce qu'est un jugement passé en force de chose jugée.

Il faut ici absolument distinguer un jugement ayant l'autorité de la chose jugée et un jugement passé en force de chose jugée. Le jugement ayant autorité de la chose jugée est un jugement définitif (v. Fiche 30 sur le jugement définitif) sur le point de droit soumis au juge. Cette notion s'oppose au jugement avant dire droit. Le jugement passé en force de chose jugée est celui dont l'exécution peut être poursuivie.

B. Les étapes

Nous allons observer les étapes par lesquelles doit passer le jugement depuis son prononcé pour aboutir à cette qualité, dite de jugement passé en force de chose jugée.

Le jugement doit tout d'abord avoir été notifié, sauf à ce que l'exécution en soit volontaire (art. 503). Mais alors il n'y a plus de questions quant à savoir comment le faire exécuter !

Le jugement doit être revêtu de la formule exécutoire. En effet, « nul jugement, nul acte ne peut être mis à exécution que sur présentation d'une expédition revêtue de la formule exécutoire, à moins que la loi n'en dispose autrement » (art. 502).

Mais « en cas d'exécution au seul vu de la minute, la présentation de celle-ci vaut notification » (art. 503, al. 2). Cette exception vise les décisions exécutoires de plein droit, comme les ordonnances sur requête et sur décision du juge, les ordonnances de référé.

Dans le même ordre d'idées, les mesures d'instruction « sont mises à exécution, à l'initiative du juge ou de l'une des parties selon les règles propres à chaque matière, au vu d'un extrait ou d'une copie certifiée conforme du jugement » (art. 154).

Mais ces conditions ne suffisent pas à rendre le jugement exécutoire. L'article 500 du Code de procédure civile précise que « n'a force de chose jugée [que] le jugement qui n'est susceptible d'aucun recours suspensif d'exécution ».

Cette proposition s'adresse aux jugements rendus en premier et dernier ressort.

« Le jugement susceptible [d'un recours suspensif] acquiert la même force à l'expiration du délai du recours si ce dernier n'a pas été exercé [...]. »

Les voies de recours suspensives doivent donc être épuisées pour que le jugement puisse être exécuté. Mais ce principe voit son domaine largement réduit par l'extension de l'exécution provisoire prévue par le décret de 2019 (v. Fiche 34).

C. Comment savoir si le jugement est passé en force de chose jugée ?

Le jugement doit porter les éléments de cette qualité, soit qu'il soit rendu en dernier ressort, soit qu'il ait reçu l'exécution provisoire.

Sinon, la force de chose jugée résulte de l'acquiescement de la partie condamnée ou de l'obtention d'un certificat dit de « non-appel » qui établit qu'il n'a été formé ni opposition, ni appel, ni pourvoi qui serait suspensif. Ce certificat peut être demandé au greffe de la juridiction devant laquelle le recours pouvait être formé et ce par toute partie (art. 505).

À l'égard des tiers, l'article 506 du Code de procédure civile prévoit que « les mainlevées, radiations de sûretés, mentions, transcriptions ou publications qui doivent être faites en vertu d'un jugement sont valablement faites au vu de la production, par tout intéressé, d'une expédition ou d'une copie certifiée conforme du jugement ou d'un extrait de celui-ci ».

S'il n'est pas exécutoire à titre provisoire, il faut justifier de son caractère exécutoire. Cette justification peut résulter d'un certificat établi par l'avocat. Le Code se montre ici particulièrement souple.

D. Le moment de l'exécution

Quant au moment de l'exécution, il faut distinguer selon que l'on se place du côté du gagnant ou du perdant.

Le gagnant doit faire exécuter le jugement dans les délais de prescription. Ceux-ci ont été réformés par la loi du 17 juin 2008. Précédemment, les titres exécutoires étaient soumis à la prescription trentenaire de droit commun. L'article 3-1 de la loi pose que désormais, ils se prescrivent au bout de dix ans, sauf à ce qu'une action en recouvrement de créances contenue dans le jugement prévoit un délai plus long.

Le perdant, quant à lui, peut se voir infliger des intérêts de retard s'il n'a pas exécuté le jugement dans les deux mois qui suivent le jour où le jugement est devenu exécutoire.

E. Les modalités

Cette exécution doit être faite après six heures et avant vingt et une heures. Elle ne peut avoir lieu les jours fériés ou chômés, sauf autorisation du juge justifiée par la nécessité (art. 508).

L'exécution se fera par l'huissier par la seule remise du jugement. Il n'est pas utile de lui donner un pouvoir spécial. La remise du jugement fait présumer l'intention d'exécuter. Le parquet est chargé de veiller à la bonne exécution des jugements.

Le juge peut également assortir sa décision d'une astreinte, afin de renforcer la force exécutoire de sa décision.

Les articles 509 à 509-9 du Code de procédure civile prévoient le cas des décisions étrangères dont l'application est demandée en France ainsi que l'hypothèse inverse. Sans entrer dans le détail de ces dispositifs, retenons que les demandes de reconnaissance se font par voie de requête.

II. Les entraves à l'exécution

Il convient de réserver, évidemment, le cas où le jugement ferait l'objet d'un appel, celui-ci étant suspensif, sauf exécution provisoire (v. Fiche 34).

Plusieurs événements peuvent perturber l'exécution, qu'il s'agisse de l'obtention d'un délai de grâce ou du refus d'exécution par la force publique.

A. Le délai de grâce

Concernant le délai de grâce, précisons en premier lieu que le Conseil constitutionnel a pu juger que cette demande ressortait des droits de la défense (Déc. n° 86-224 DC, 23 janvier 1987).

Quant à son fonctionnement, l'article 510 impose que le délai de grâce soit motivé et prescrit dans le jugement dont il diffère l'exécution. Toutefois, le juge des référés peut également prendre cette mesure en cas d'urgence, sauf s'il y a eu commandement ou acte de saisie. Ce sera alors de la seule compétence du juge de l'exécution d'octroyer un délai de grâce mais il restera qu'il ne pourra le faire en cas de saisie-attribution.

« Le délai de grâce ne peut être accordé au débiteur dont les biens sont saisis par d'autres créanciers ni à celui qui est en état de règlement judiciaire ou de liquidation des biens, ou qui a, par son fait, diminué les garanties qu'il avait données par contrat à son créancier » (art. 512 al. 1er).

« Le débiteur perd, dans ces mêmes cas, le bénéfice du délai de grâce qu'il aurait préalablement obtenu » (art. 512 al. 2).

Le créancier peut redouter ce délai qui réduit ses espoirs de voir la dette honorée, la situation du débiteur pouvant se dégrader ou ce dernier pouvant tenter de profiter du délai pour échapper aux poursuites. Il est alors prévu qu'il dispose de la possibilité de recourir à des mesures conservatoires comme le précise l'article 513 du Code de procédure civile.

B. La question du recours à la force publique

S'agissant du recours à la force publique, celle-ci doit prêter son concours à l'exécution des décisions de justice, selon une position ancienne du Conseil d'État (30 novembre 1923).

Mais dans le cas où l'exécution serait préjudiciable à l'ordre public, les autorités peuvent refuser leur aide (CE 3 juin 1938). Le refus qui ne serait pas ainsi justifié entraînerait la responsabilité de l'État pour faute lourde. Même motivé, le refus peut conduire à la responsabilité de l'État, si le préjudice né de l'inexécution présente les caractères de spécialité et d'anormalité constitutifs d'une rupture d'égalité entre les citoyens devant les charges publiques.

• À retenir

- Pour être exécuté, un jugement doit être passé en force de chose jugée.
- Un jugement passe en force de chose jugée lorsqu'il n'est susceptible d'aucune voie de recours suspensive ou lorsque les délais pour un recours suspensif sont dépassés.
- L'exécution ne peut se faire que s'il y a notification du jugement assorti de la formule exécutoire, sauf les ordonnances sur requête et celles en référé, lorsque le juge le prévoit qui peuvent être exécutées sur minute.
- La preuve du caractère exécutoire provient de la rédaction même du jugement en dernier ressort, ou par son acquiescement, ou lorsqu'il est rendu en premier ressort par la délivrance d'un certificat dit de « non-appel » auprès du greffe.
- L'exécution doit se faire dans un délai de dix ans.
- L'exécution peut se voir opposer un délai de grâce qui doit alors être motivé et inscrit au jugement.
- Par exception, le délai peut être accordé par le juge des référés et plus exceptionnellement encore par le juge de l'exécution.
- Le délai de grâce n'est pas possible lorsque les biens du débiteur sont saisis pas d'autres créanciers, lorsqu'il est en liquidation judiciaire, ou lorsqu'il a diminué les garanties conventionnelles octroyées à son créancier.
- Si le débiteur diminue ses sûretés, le délai de grâce tombe.
- Les autorités doivent mettre à disposition la force publique afin d'exécuter les jugements, sauf risque pour l'ordre public.

Pour en savoir plus

- DEHARO, « Ce qu'exécuter veut dire... Une approche théorique de la notion d'exécution », *Dr. et procédures* 2005/4, 208.
- NORMAND, « Le Titre exécutoire européen », *Dr. et procédures* 2002/6, 331.

POUR S'ENTRAÎNER : QUESTIONS

1. **Quels sont les obstacles à l'exécution d'un jugement ?**
2. **Quand peut-on obtenir un délai de grâce ?**

CORRIGÉ

1. Le premier obstacle à l'exécution d'un jugement provient à l'évidence de l'exercice d'une voie de recours. C'est pourquoi un jugement ne peut être exécuté que s'il n'existe pas de voie de recours suspensive ou si les délais pour les exercer ont été dépassés. Sinon, l'exécution peut être entravée par l'octroi d'un délai de grâce, le créancier de l'obligation ayant alors la possibilité de procéder à des mesures conservatoires. La dernière entrave est factuelle puisqu'elle repose sur le refus des forces de l'ordre d'offrir leur concours à l'exécution du jugement. Ce refus doit être justifié par des raisons d'ordre public et son caractère anormal peut conduire à engager la responsabilité de l'État.
2. La possibilité de demander un délai de grâce est un droit essentiel de la défense. Le délai ne peut être prononcé que par le juge qui prononce le jugement au sein de ce jugement. Toutefois, le juge des référés dispose de cette faculté en cas d'urgence sauf s'il y a un commandement ou un acte de saisie, ce sera alors du pouvoir du juge de l'exécution. Le délai ne peut être prononcé pour celui dont les biens sont saisis par d'autres créanciers ni à celui qui est en état de règlement judiciaire ou de liquidation de biens, ou qui a, par son fait, diminué les garanties données par contrat à son créancier.

Fiche 34

L'exécution provisoire

- **Définition**

Exécution provisoire : exécution du jugement dès sa signification, sans que les voies de recours suspensifs puissent jouer.

L'exécution provisoire permet à la partie gagnante de faire exécuter le jugement dès sa signification, sans que les voies de recours suspensives puissent jouer. La formule illustre parfaitement le mécanisme. Il s'agit de bénéficier immédiatement de l'exécution sachant que celle-ci reste provisoire dans l'attente de l'exercice des voies de recours et de leur résultat. L'objectif est souvent de mettre l'une des parties dans une situation favorable dans cette attente de l'issue définitive du procès. L'exécution provisoire a donc été conçue comme une exception à l'effet suspensif des voies de recours ordinaires (v. Fiches 36 et 37). Pourtant ce statut d'exception a failli disparaître une première fois. L'exécution provisoire serait devenue le principe et l'effet suspensif, l'exception. Le rapport du Président Coulon de 1997 préconisait l'exécution immédiate des jugements. En 1999, le projet du ministère allait jusqu'à proposer la suppression de l'effet suspensif. Le projet de révision du Code de procédure civile à la fin de l'année 2004 reprenait cette idée. Mais finalement le principe de l'effet suspensif a été maintenu tout en laissant un large pouvoir d'appréciation au juge. Le décret réformant la procédure civile de 2019 (n° 2019-1333) a finalement posé l'exécution provisoire comme principe achevant le processus entamé. Étudions les nouveaux contours de l'exécution provisoire par ses conditions **(I)** et ses effets **(II)**.

I. Les conditions

Le Code de procédure civile distingue l'exécution provisoire de droit **(A)**, qui est le principe, de l'exécution provisoire facultative **(B)** mais prévoit le même fonctionnement **(C)**. À la marge, l'exécution provisoire peut être interdite **(D)**.

A. L'exécution provisoire de droit

Selon l'article 514 du Code de procédure civile, « les décisions de première instance sont de droit exécutoires à titre provisoire à moins que la loi ou la décision rendue n'en dispose autrement. » L'exécution provisoire devient le principe.

Mais, Le juge peut l'écarter, en tout ou partie, s'il estime qu'elle est incompatible avec la nature de l'affaire. Il statue alors, d'office ou à la demande d'une partie, par décision spécialement motivée (art. 514 al. 1 et 2).

À l'inverse, le juge ne peut écarter l'exécution provisoire de droit lorsqu'il statue en référé, qu'il prescrit des mesures provisoires pour le cours de l'instance, qu'il ordonne des mesures conservatoires et lorsqu'il accorde une provision au créancier en qualité de juge de la mise en état (art. 514 al. 3).

L'exécution provisoire peut être stoppée.

Ainsi, en appel, le premier président peut être saisi afin d'arrêter l'exécution provisoire de la décision lorsqu'il existe un moyen sérieux d'annulation ou de réformation et que l'exécution risque d'entraîner des conséquences manifestement excessives (art. 514-3 al. 1). À condition également que celui qui s'oppose à l'exécution provisoire ait soulever ce risque en première instance. On s'interrogera sur la portée de l'expression « moyen sérieux d'annulation ou de réformation » qui conduit à ce que la Cour d'appel n'accorde l'arrêt de l'exécution que si elle préjuge de l'issue probable de l'instance.

Car s'il a comparu en première instance et ne s'est pas opposé à l'exécution provisoire, il doit présenter des conséquences manifestement excessives qui se sont révélées postérieurement à la décision de première instance (art. 514-3 al. 2).

En cas d'opposition, le juge qui a rendu la décision peut, d'office ou à la demande d'une partie, arrêter l'exécution provisoire de droit lorsqu'elle risque d'entraîner des conséquences manifestement excessives (art. 514-3 al. 3).

Mais, lorsque l'exécution provisoire de droit a été écartée en tout ou partie, son rétablissement peut être demandé en cas appel, soit au premier président, soit lorsqu'il est saisi, au magistrat chargé de la mise en état, si trois conditions sont réunies (art. 514-4) :

- qu'il y ait urgence ;
- que ce rétablissement soit compatible avec la nature de l'affaire ;
- qu'il ne risque pas d'entraîner des conséquences manifestement excessives.

Les décisions du premier président de stopper ou rétablir l'exécution provisoire sont insusceptibles d'un pourvoi en cassation (art. 514-6).

Le rejet de la demande d'arrêt l'exécution provisoire de droit ou, à l'inverse, de rétablissement de l'exécution provisoire peuvent être subordonnés, à la demande d'une partie ou d'office, à la constitution d'une garantie, réelle ou personnelle, suffisante pour répondre de toutes restitutions ou réparations (art. 514-5). Si le dispositif n'est pas nouveau, il prend d'autant plus d'importance depuis que l'exécution provisoire est de droit. En effet, il devient le moyen le plus de convaincre le juge de stopper l'exécution provisoire.

B. L'exécution provisoire facultative

Si le principe est que l'exécution provisoire est de droit, il convient d'envisager qu'il puisse y avoir des exceptions.

Ainsi, en matière d'état civil, ne sont pas exécutoire de droit à titre provisoire :

- les décisions statuant sur la nationalité des personnes physiques (art. 1045),
- les décisions statuant sur les demandes de rectification et d'annulation des actes d'état civil (art. 1054-1),
- les décisions statuant sur le choix du ou des prénoms en matière de déclaration de naissance (art. 1055-3, renvoyant à l'art. 57, al. 3),
- les décisions statuant sur les demandes de changement de prénoms et de nom (art. 1055-3, renvoyant à l'article 60, al. 3),
- les décisions statuant sur les demandes en modification de la mention du sexe et, le cas échéant, des prénoms, dans les actes de l'état civil (art. 1055-10),
- les demandes relatives à la déclaration d'absence d'une personne (art. 1067-1),
- les décisions du juge aux affaires familiales qui mettent fin à l'instance ne sont pas, de droit, exécutoires à titre provisoire, à moins qu'il n'en soit disposé autrement. Ainsi, les mesures portant sur l'exercice de l'autorité parentale, la pension alimentaire, la contribution à l'entretien et l'éducation de l'enfant et la contribution aux charges du mariage, ainsi que toutes les mesures prises en application de l'article 255 du Code civil sont, par exception, exécutoires de droit à titre provisoire (art. 1074-1),
- les décisions statuant sur les demandes relatives à la filiation et aux subsides (art. 1149),
- les demandes relatives à l'adoption (art. 1178-1).

Mais, lorsqu'il est prévu par la loi que l'exécution provisoire est facultative, elle peut être ordonnée, d'office ou à la demande d'une partie, chaque fois que le juge l'estime nécessaire et compatible avec la nature de l'affaire (art. 515). Cette exécution provisoire peut être subordonnée à la constitution d'une garantie (art. 517).

Comme pour l'exécution provisoire de droit, lorsqu'elle a été ordonnée, elle peut être arrêtée, en appel, par le premier président, si elle est interdite par la loi ou lorsqu'il existe un moyen sérieux d'annulation ou de réformation de la décision et que l'exécution risque d'entraîner des conséquences manifestement excessives. Le premier président peut aussi se prononcer sur une garantie. Le même pouvoir appartient, en cas d'opposition, au juge qui a rendu la décision lorsque l'exécution risque d'entraîner des conséquences manifestement excessives (art. 517-1).

Lorsqu'elle a été refusée en première instance, elle ne peut être demandée en appel qu'en cas d'urgence. Sinon, elle peut être simplement demandée en appel soit un premier président soit au conseiller de la mise en état (art. 517-2 et 517-3).

C. Modalités de fonctionnement

« Lorsque l'exécution provisoire est de droit ou a été ordonnée, le premier président ou, dès qu'il est saisi, le conseiller de la mise en état peut, en cas d'appel, décider, à la demande de l'intimé et après avoir recueilli les observations des parties, la radiation du rôle de l'affaire lorsque l'appelant ne justifie pas avoir exécuté la décision frappée d'appel ou avoir procédé à la consignation autorisée dans les conditions prévues à l'article 521, à moins qu'il lui apparaisse que l'exécution serait de nature à entraîner des conséquences manifestement excessives ou que l'appelant est dans l'impossibilité d'exécuter la décision :

- La demande de l'intimé doit, à peine d'irrecevabilité prononcée d'office, être présentée avant l'expiration des délais prescrits [pour conclure].
- La décision de radiation est notifiée par le greffe aux parties ainsi qu'à leurs représentants par lettre simple. Elle est une mesure d'administration judiciaire.
- La demande de radiation suspend les délais impartis à l'intimé [pour conclure]
- Ces délais recommencent à courir à compter de la notification de la décision autorisant la réinscription de l'affaire au rôle de la cour ou de la décision rejetant la demande de radiation.
- La décision de radiation n'emporte pas suspension des délais impartis à l'appelant [pour conclure]. Elle interdit l'examen des appels principaux et incidents ou provoqués.
- Le délai de péremption court à compter de la notification de la décision ordonnant la radiation. Il est interrompu par un acte manifestant sans équivoque la volonté d'exécuter. Le premier président ou le conseiller de la mise en état peut, soit à la demande des parties, soit d'office, après avoir invité les parties à présenter leurs observations, constater la péremption.

Le premier président ou le conseiller chargé de la mise en état autorise, sauf s'il constate la péremption, la réinscription de l'affaire au rôle de la cour sur justification de l'exécution de la décision attaquée. »

Ce dispositif est l'une des principales innovations instituées par le décret de 2005 et a donné lieu à un nouvel article d'abord numéroté 526 et aujourd'hui 524 du Code. Ce mécanisme a pu être critiqué mais nous apparaît comme justifié et équilibré. Il a été complété par les alinéas 2 à 7 par le décret de mai 2017 relativement aux effets de cette demande au regard de la péremption d'instance.

Lorsque le tribunal décide une exécution provisoire, celle-ci « peut être subordonnée à la constitution d'une *garantie*, réelle ou personnelle, suffisante pour répondre de toutes restitutions ou réparations » (art. 517) :

- Cette disposition permet de trouver un équilibre entre les intérêts des parties. L'une a besoin de l'exécution provisoire mais l'autre peut craindre que l'exécution ne soit jamais remise en état dans l'hypothèse où le jugement serait infirmé. Concrètement, devoir verser une somme d'argent de manière provisoire amène à craindre une insolvabilité le jour de la restitution. L'aménagement de garanties doit éviter ou du moins limiter ce risque.
- En fait, deux techniques sont prévues par le Code de procédure civile, l'obtention d'une garantie et la consignation des sommes :
  - Concernant l'obtention d'une garantie, elle est laissée à l'appréciation du juge qui doit l'affirmer dans son jugement et qui peut choisir entre une garantie personnelle ou réelle. Le jugement ne devient alors exécutoire qu'au jour où la garantie est constituée.
  - À noter que « le juge peut, à tout moment, autoriser la substitution à la garantie primitive d'une garantie équivalente » (art. 522). Le premier président dispose également cette faculté en appel (art. 523).
  - « Lorsque la garantie consiste en une somme d'argent, celle-ci est déposée à la Caisse des dépôts et consignations ; elle peut aussi l'être, à la demande de l'une des parties, entre les mains d'un tiers commis à cet effet.
  - Dans ce dernier cas, le juge, s'il fait droit à cette demande, constate dans sa décision les modalités du dépôt.

Si le tiers refuse le dépôt, la somme est déposée, sans nouvelle décision, à la Caisse des dépôts et consignations » (art. 519).

Ce mécanisme doit être distingué de celui de la consignation prévue à l'article 521 du Code de procédure civile. Il s'agit dans ce cas pour la partie condamnée d'éviter que l'exécution provisoire soit poursuivie en consignant, sur autorisation du juge, les espèces ou les valeurs suffisantes pour garantir, en principal, intérêts et frais, le montant de la condamnation lorsque celle-ci porte sur des sommes autres que des aliments, des rentes indemnitaires ou des provisions :

- Ceci permet de garantir le bénéficiaire des sommes contre l'insolvabilité de son créancier à l'issue du procès et garantit le débiteur de la conservation des sommes qui pourraient lui être restituées en cas d'infirmation du jugement.
- Le caractère de certaines sommes conduit donc à échapper à la consignation, sans quoi l'exécution provisoire serait inutile. D'autres bénéficient d'un régime spécial comme en cas de condamnation au versement d'un capital en réparation d'un dommage corporel. Le juge peut alors ordonner que ce capital soit confié à un séquestre à charge d'en verser périodiquement à la victime la part que le juge détermine. Ceci permet à la fois de satisfaire les besoins du gagnant à la demande et de préserver les intérêts de celui qui a succombé.

D. L'exécution provisoire est interdite

Le Code reste très discret sur cette question puisqu'il se contente de poser que l'exécution provisoire n'est pas possible lorsqu'elle est interdite par la loi ou lorsqu'elle est incompatible avec la nature de l'affaire.

II. Les effets

L'exécution provisoire prend effet à compter de la notification, sous réserve nous l'avons vu de la nécessité de fournir une sûreté. L'exécution peut avoir lieu pour tout le jugement mais le plus souvent pour une partie.

Si par la suite, le jugement est confirmé, l'exécution provisoire deviendra alors définitive.

Si par contre, le jugement est infirmé, celui qui aura bénéficié de l'exécution provisoire devra restituer ce qu'il aura reçu et ce sans même que le juge le lui ordonne.

Lorsqu'il s'agit de sommes d'argent se pose inévitablement la question des intérêts. Ceux-ci ne courent qu'à compter de la sommation de les restituer.

• À retenir

- L'exécution provisoire permet de ne pas subir l'effet suspensif de l'appel.
- Elle est, en principe, de droit.
- Elle peut être décidée par le juge, à la demande d'une partie ou d'office.
- Elle peut être interdite lorsqu'un texte le prévoit ou lorsqu'elle est incompatible avec la nature de l'affaire.
- Elle peut être conditionnée à la constitution d'une garantie décidée par le juge qui l'ordonne.
- Les sommes peuvent aussi être consignées sauf en ce qui concerne les aliments, les rentes indemnitaires ou les provisions.
- Le premier président de la cour d'appel peut arrêter une mesure ordonnée lorsqu'elle risque d'entraîner des conséquences manifestement excessives.
- Il peut à l'inverse ordonner une exécution provisoire refusée si l'urgence l'impose.
- L'appel peut être radier si l'appelant n'a pas exécuté le jugement lorsque celui-ci était exécutoire sauf si cette exécution aurait eu des conséquences manifestement excessives ou que l'appelant était dans l'impossibilité d'exécuter.

Pour en savoir plus

- CADIET, « L'Exécution des jugements, entre tensions et tendance », *Mélanges P. Julien*, Edilaix, 2003, p. 49.

- CROZE, « L'Exécution immédiate ? Immédiatement ? », *Procédures* 2003, chron. 5.
- MOURY, « De la règle de l'effet suspensif de l'appel en matière civile », *Mélanges J. Normand*, Litec, 2003, p. 353.
- NORGUIN, « Le Nouveau Régime de l'exécution provisoire depuis le décret du 28 décembre 2005 », *Dr. et procédures* 2006/5, 252.
- RICHARD, « Les Conséquences de l'annulation ou de l'infirmation de la décision assortie de l'exécution provisoire », *BICC* avril 2003, n° 2 H.S., p. 71.
- SCHREIBER, « Exécution provisoire des décisions de justice », in « Réforme de la procédure civile », Dalloz actualité, 20 janvier 2020.

POUR S'ENTRAÎNER : QUESTIONS

1. **Quand y a-t-il exécution provisoire de droit ?**
2. **Quelles sont les garanties de l'exécutant ?**

CORRIGÉ

1. L'exécution provisoire de droit a longtemps fait débat. À l'origine, elle était l'exception et ne visait que certaines décisions comme en référé et sur les décisions accordant des mesures provisoires ou des provisions. Puis, le juge s'est vu accorder la faculté de décider de l'exécution provisoire lorsque la demande en était faite. Mais la réforme du 11 décembre 2019 est venue renverser la logique en posant que le principe était désormais l'exécution provisoire de droit et réservant qu'elle ne soit qu'une faculté qu'à certains domaines, notamment, en droit de la famille. À la marge, le Code réserve la possibilité que la loi interdise l'exécution provisoire ou que le juge la refuse si elle est incompatible avec la nature de l'affaire. L'objectif est d'écarter l'effet suspensif de l'appel afin de dissuader les plaideurs de faire appel dans le but de bénéficier d'un délai, souvent long, avant de devoir exécuter le jugement.
2. L'exécution provisoire fait peser un risque sur celui qui s'exécute. Il peut craindre que par exemple, les sommes alors versées ne lui seront pas remboursées en cas d'infirmation du jugement du fait de l'insolvabilité de son débiteur. Afin donc de préserver les intérêts de chaque partie, le juge peut décider de conditionner l'exécution à la constitution d'une garantie personnelle ou réelle. L'exécution ne sera alors possible qu'une fois la garantie constituée. Le juge peut aussi prévoir la consignation des sommes lorsque celles-ci ne portent pas sur des aliments, des rentes indemnitaires ou des provisions.

Fiche 35

Les procédures en appel

• **Définitions**

Appel : « l'appel tend, par la critique du jugement rendu par une juridiction du premier degré, à sa réformation ou à son annulation par la cour d'appel » (art. 542 CPC).

Appel incident : appel formé par l'intimé contre l'appelant ou un autre intimé.

Appel provoqué : forme d'appel incident contre une personne non intimée mais partie à la première instance.

Double degré de juridiction : possibilité pour les parties d'obtenir une nouvelle étude de l'affaire par une juridiction supérieure.

Il faut comprendre quel est l'intérêt de l'appel. Autoriser une personne à faire appel du jugement rendu c'est offrir une deuxième chance à ses prétentions. La justice est rendue, par des hommes et ceux-ci sont faillibles. *La justice humaine, la raison humaine est faillible. Tout homme est faillible.* On ne saurait donc que se fonder sur une opinion, un jugement. Celui-ci doit pouvoir être confirmé ou infirmé. L'idée est alors de remettre l'affaire entre les mains de juges plus expérimentés et bénéficiant d'un plus grand recul sur le dossier. C'est le principe du double degré de juridiction.

Toutefois le bénéfice de ce recours est soumis à des règles **(I)** que plusieurs procédures peuvent mettre en œuvre **(II)**.

I. Les conditions de l'appel

A. Les possibilités d'appel

« La voie de l'appel est ouverte en toutes matières, même gracieuses, contre les jugements de première instance s'il n'en est autrement disposé » (art. 543). Cette règle joue sans qu'il faille s'intéresser à la qualification du jugement qui peut être erronée. Le juge doit s'en tenir à la réelle nature du jugement.

La lecture des articles 544 et 545 du Code de procédure civile permet de comprendre qu'il s'agit en fait des jugements rendus au fond, c'est-à-dire ceux qui tranchent le principal. En effet, l'article 544 précise que ceux « qui tranchent dans leur dispositif une partie du principal et ordonnent une mesure d'instruction ou une mesure provisoire peuvent être immédiatement frappés d'appel comme les jugements qui tranchent tout le principal ». On en conclut que les jugements visés par l'article 543 sont les jugements au fond.

Sont donc exclus les jugements avant dire droit (v. Fiche 30), sauf à ce que la loi en dispose autrement selon l'article 545.

L'appel n'est ouvert, en principe, qu'aux parties à la première instance. L'article 546 en son premier alinéa pose, en effet, que « le droit d'appel appartient à toute partie qui y a intérêt, si elle n'y a pas renoncé ».

Ainsi, les personnes capables de compromettre peuvent renoncer à l'appel. Elles ne le peuvent que pour les droits dont elles ont la libre disposition (art. 556). Logiquement alors, la renonciation à l'appel ne peut être antérieure à la naissance du litige (art. 557).

La renonciation peut être expresse ou résulter de l'exécution sans réserve d'un jugement non exécutoire (art. 558 al. 1er). La Cour de cassation a précisé que cette renonciation découlait d'une exécution sans réserve du jugement même si la partie avait préalablement formé appel (Soc., 21 janvier 2014, n° 12-8427).

La renonciation ne vaut pas si, postérieurement, une autre partie interjette elle-même régulièrement appel (art. 558 al. 2).

Pour agir en appel, il faut comme en première instance, y avoir intérêt. Cela signifie concrètement que celui qui fait appel doit avoir succombé en première instance ou du moins ne pas avoir obtenu satisfaction sur l'ensemble de ses chefs de demande. La cour de cassation a précisé que « le défaut d'intérêt à former un appel n'affecte pas la régularité de la saisine de la cour d'appel qui dispose, en vertu de l'article 125 alinéa 2 du code de procédure civile d'une simple faculté de relever d'office le défaut d'intérêt à agir. » (Civ. 2e, 6 juin 2019, n° 18-15301).

L'alinéa 2 de l'article 546 apporte déjà une dérogation au principe en ce qu'il ouvre la voie d'appel aux tiers auxquels le jugement, lorsqu'il a été prononcé à titre gracieux, a été notifié. Nous avons, en effet, pu observer (v. Fiche 31) que même en l'absence de contentieux, les tiers peuvent être affectés par la décision rendue et donc avoir intérêt à agir contre celle-ci.

L'appel doit être dirigé, en principe, *contre ceux qui étaient parties en première instance*. C'est ce qu'affirme l'article 547. « L'appel ne peut être dirigé que contre ceux qui ont été parties en première instance. Tous ceux qui ont été parties peuvent être intimés. » Mais cette règle est adaptée pour la procédure gracieuse, l'appelant s'opposant au jugement sans qu'il soit besoin d'une partie adverse.

Celui contre qui est dirigé l'appel, l'intimé, peut contre-attaquer en interjetant également appel. On parlera alors d'appel incident. Cet appel vise l'appelant mais peut également viser les autres intimés (art. 548). La recevabilité de l'appel incident dépend du sort de l'appel principal. Ainsi, dans un premier temps, la cour de cassation considérait que la caducité de l'appel principal rendait irrecevable l'appel incident, même s'il avait été formé dans le délai pour agir à titre principal (Civ. 2e, 13 mai 2015, n° 14-13801). Cette position, si elle apparaissait logique, était critiquable. Elle considérait l'appel incident comme étant seulement une réaction, une contre-attaque à l'égard de l'appel principal, reprenant ainsi une vision qui est vraie pour la première instance lorsque le défendeur forme des demandes reconventionnelles. Mais en appel, toutes les parties peuvent avoir intérêt à contester le jugement. Alors la qualité d'appel principal ne découle que de la chronologie, l'un ayant fait appel avant l'autre. Lier le sort de l'appel incident à la recevabilité de l'appel principal, même lorsque l'appel incident a été fait dans le délai pour être un appel principal, conduit à soumettre l'appelant incident au bon vouloir de l'appelant principal. Il suffit que l'appelant principal ne conclue pas dans le délai prévu à l'article 908 CPC pour que toute la procédure tombe. Il se peut alors qu'un appel ne soit interjeté et finalement laissé à l'abandon que dans le but de bloquer un autre appel. La réforme intervenue par le décret n° 2017-891 du 6 mai 2017 reprend cette idée d'irrecevabilité de l'appel incident (ce qui vaut aussi pour l'appel provoqué que nous étudierons ci-dessous) en cas de caducité de l'appel principal. La question est alors de savoir si ce nouveau texte, qui précise que l'irrecevabilité ne jouerait que si l'appelant incident est lui-même forclos pour agir à titre principal. L'appel incident formé dans le délai pour faire appel principal serait recevable (Civ. 3e, 7 janvier 2016, n° 14-14814), comme la cour a été pu l'affirmer concernant un second appel de l'appel effectué dans le délai (Civ. 2e, 7 septembre 2017, n° 16-16847).

Cet appel incident connaît une variante par l'*appel provoqué*. Il s'agit de l'hypothèse dans laquelle un procès concerne au moins trois personnes. L'appelant vise un intimé mais laisse de côté la troisième partie. Cette dernière peut souhaiter participer à cette nouvelle instance d'où l'appel provoqué. De même, constitue un appel provoqué, le second appel de l'appelant principal à l'encontre d'un tiers, en réponse à un appel incident de l'intimé (Civ. 2e, 9 janvier 2014, n° 12-27043). Ce terme n'est pas utilisé par le Code de procédure civile pour qui il ne s'agit que d'une modalité de l'appel incident. « L'appel incident peut également émaner, sur l'appel principal ou incident qui le provoque, de toute personne, même non intimée, ayant été partie en première instance » (art. 549). Ce n'est qu'incidemment que l'article 550 utilise l'expression.

Depuis le décret de décembre 2005, une condition s'est ajoutée pour que l'appel soit recevable. Ainsi, « lorsque l'exécution provisoire est de droit ou a été ordonnée, le premier président ou, dès qu'il est saisi, le conseiller de la mise en état peut, en cas d'appel, décider, à la demande de l'intimé et après avoir recueilli les observations des parties, la radiation du rôle de l'affaire lorsque l'appelant ne justifie pas avoir exécuté la décision frappée d'appel ou avoir procédé à la consignation autorisée dans les conditions prévues à l'article 521, à moins qu'il lui apparaisse que l'exécution serait de nature à entraîner des conséquences manifestement excessives ou que l'appelant est dans l'impossibilité d'exécuter la décision». Les conséquences de cette radiation ont été précisées par le décret de 2017 venu compléter la rédaction de l'article 524 du Code de procédure civile (v. Fiche 34).

De manière plus étonnante, les *tiers* peuvent également être intéressés à l'appel.

Tout d'abord l'article 554 pose que «peuvent intervenir en cause d'appel dès lors qu'elles y ont intérêt les personnes qui n'ont été ni parties ni représentées en première instance ou qui y ont figuré en une autre qualité». Il s'agit ici d'une intervention volontaire qui ne pose pas plus de difficulté qu'en première instance (v. Fiche 13).

Ensuite, l'article 555 offre une innovation en ce qu'il prévoit que «ces mêmes personnes peuvent être appelées devant la cour, même aux fins de condamnation, quand l'évolution du litige implique leur mise en cause». C'est donc la possibilité d'intervention forcée qui est consacrée. Cette solution peut apparaître étonnante en ce qu'elle semble incompatible avec le principe de double degré de juridiction. Le tiers appelé ne bénéficiera, en effet, que du niveau d'appel. C'est pourquoi le texte réserve cette possibilité au cas où l'évolution du litige «implique» la mise en cause. La jurisprudence apprécie strictement ce critère, considérant qu'il faut un élément venant modifier l'issue de l'instance, comme une procédure collective, en refus de prise en charge par l'assurance ou encore un revirement de jurisprudence qui rendrait cette intervention forcée nécessaire.

B. Les formes de l'appel

Dans la procédure de droit commun avec représentation obligatoire, la déclaration d'appel est faite par acte contenant, outre les mentions prescrites par l'article 57, et à peine de nullité, la constitution de l'avocat de l'appelant, l'indication du jugement, l'indication de la cour devant laquelle l'appel est porté.

La déclaration indique, le cas échéant, les chefs du jugement auxquels l'appel est limité, sauf demande d'annulation ou objet indivisible, et le nom de l'avocat chargé d'assister l'appelant devant la cour.

Elle est signée par l'avocat. Elle est accompagnée d'une copie de la décision. Elle vaut demande d'inscription au rôle (art. 901). La déclaration se fait par voie électronique à peine d'irrecevabilité (art. 930-1). Mais si une cause étrangère à l'auteur l'a empêché de la faire, alors la déclaration peut être faite par remise au greffe ou par LRAR (même article).

Le greffier adresse aussitôt, par lettre simple, à chacun des intimés, un exemplaire de la déclaration avec l'indication de l'obligation de constituer avocat.

Au cas où cet exemplaire lui serait renvoyé par l'administration des postes ou si l'intimé n'a pas constitué avocat dans le délai d'un mois, le greffier avise aussitôt à l'avocat de l'appelant. Celui-ci assigne l'intimé, en lui signifiant la déclaration d'appel à peine de caducité de la déclaration relevée d'office (art. 902 CPC). Cette signification doit se faire dans le mois de l'information par le greffe par voie électronique

(Civ. 2e, 27 juin 2013, n° 19-19945). L'assignation indique, à peine de nullité, que faute pour le défendeur de constituer avocat dans le délai de quinze jours, il s'expose à ce qu'un arrêt soit rendu contre lui sur les seuls éléments fournis par son adversaire et que, faute de conclure dans le délai prévu à l'article 909, il s'expose à ce que ses conclusions soient déclarées d'office irrecevables (art. 902 et 908). Par ailleurs, la Cour de cassation a pu juger qu'en l'absence de constitution d'avocat dans le délai, le fait de conclure ultérieurement ne pouvait justifier la révocation d'une ordonnance de clôture déjà intervenue (Civ. 2e, 6 juin 2013, n° 11-25655). Mais, si entre-temps, l'intimé a constitué avocat, alors la déclaration d'appel lui est notifiée par voie électronique et non plus signifiée.

« Dès qu'il est constitué, l'avocat de l'intimé en informe celui de l'appelant ; copie de l'acte de constitution est remise au greffe » (art. 903). « Le premier président désigne la chambre à laquelle l'affaire est distribuée » et les avocats en sont informés par le greffe (art. 904 CPC).

Les parties doivent justifier du paiement du droit prévu par l'article 1635 bis P du Code général des impôts lorsqu'il s'agit d'une représentation avec monopole des avocats, à peine d'irrecevabilité de l'appel et/ou de la défense.

L'appel doit être formé dans le mois qui suit la notification du jugement (art. 538) pour la matière contentieuse. Ce délai ne court pas en cas d'absence de mention, de mention erronée dans la notification du jugement sur la voie de recours, le délai ou les modalités (Civ. 2e, 9 avril 2015, n° 14-18772).

Encore faut-il que le jugement ait été signifié. Sinon le délai est de deux ans en application de l'article 528-1 du Code de procédure civile (Civ. 2e, 9 avril 2015, n° 14-15789). La question s'est posée de la recevabilité d'un appel principal alors que le jugement n'avait pas été signifié mais qu'un premier appel avait eu lieu. La Cour de cassation a considéré qu'il ne pouvait y avoir de second appel principal et que la partie devait alors former un appel incident, cette voie lui étant offerte (Civ. 2e, 28 mai 2003, n° 01-12177 et 4 décembre 2014, n° 13-25684).

Ce délai est ramené à quinze jours pour la matière gracieuse.

De même, le délai n'est que de quinze jours contre les ordonnances de référé (art. 490) et celles rendues par le juge de la mise en état lorsqu'elles ont pour effet de mettre fin à l'instance, lorsqu'elles constatent son extinction, lorsqu'elles ont trait à des mesures provisoires en matière de divorce ou de séparation de corps ou lorsqu'elles statuent sur une exception de procédure ou un incident mettant fin à l'instance (art. 785). Certaines matières, comme les procédures collectives, peuvent connaître des délais plus courts.

Ces délais courent à compter de la notification sauf dispositions légales contraires (art. 528). Les délais courent aussi contre celui qui notifie mais ils ne sont pas une condition quant à la possibilité de faire appel. Nul besoin d'attendre la notification pour interjeter appel.

Le délai peut être interrompu s'il y a un changement dans la capacité d'une partie à laquelle le jugement avait été notifié ou s'il a eu un jugement en procédures collectives emportant assistance ou dessaisissement du débiteur (art. 531). Le délai est également interrompu en cas de décès de celui à qui le jugement avait été notifié (art. 532).

Le non-respect des délais d'appel rend le recours irrecevable et ce d'office car la règle est d'ordre public. Toutefois, il peut y avoir des relevés de forclusion, comme c'est le cas pour les jugements réputés contradictoires. Surtout, le décret de 2017 ajoute que la caducité ou l'irrecevabilité de l'appel interdit de former un nouvel appel aux termes de l'article 911-1 du Code de procédure civile.

La déclaration d'appel interrompt le délai de forclusion et ce même si par la suite cette déclaration est annulée pour vice de procédure, qu'il s'agisse d'un vice de forme ou de fond (Civ. 2e, 16 octobre 2014, n° 13-22088).

Les appels incidents et provoqués ne sont pas soumis à ce délai et peuvent être formés en tout état de cause (art. 550). Cependant, si l'appelant a notifié ses conclusions dans le délai imparti, ces appels incidents et provoqués doivent être formés dans des conclusions déposées dans les trois mois de la réception de celles de l'appelant (art. 909 et 910 CPC) ce qui suit la logique du nouvel article 911-1 (Voir pour une application, Civ. 2e, 9 janvier 2014, n° 12-27109). Ce délai s'applique également pour la communication des pièces (Ass. Plén., 5 décembre 2014, n° 13-27501). En la forme, ils suivent les règles des demandes incidentes et sont donc contenus dans des conclusions (art. 551). À noter, enfin, que pour l'application de ce délai, il faut une notification des conclusions. Dès lors, s'il y a appel provoqué d'une partie à laquelle les conclusions n'ont pas été notifiées, le délai ne s'appliquera pas.

Surtout, si l'appel principal est finalement irrecevable, les appels incidents ou provoqués seront également irrecevables sauf, normalement, à ce qu'ils aient été faits dans le délai pour un appel principal. Il conviendrait donc de regarder si cet appelant avait formé son recours dans le délai d'un mois si le jugement lui avait été notifié ou de deux ans en l'absence de notification. Ceci serait la juste application de l'article 550.

II. Les mises en œuvre

À titre liminaire, notons que, pour les procédures ordinaires, sur requête conjointe et à jour fixe, le Code prévoit désormais le recours à la communication électronique conformément à l'article 930-1 qui dispose qu'« à peine d'irrecevabilité relevée d'office, les actes de procédure sont remis à la juridiction par voie électronique » et que « les avis, avertissements ou convocations sont remis aux avocats des parties par voie électronique, sauf impossibilité pour cause étrangère à l'expéditeur ».

La cour de cassation se montre stricte sur les modalités de la communication. Elle a ainsi considéré que le fait pour l'appelant de ne pas transmettre ses conclusions en la forme prévue pour la communication électronique (à savoir un fichier format XML) rendait celles-ci irrecevables quand bien même la communication aurait eu lieu dans le délai de trois mois, prévu par l'article 806 (Civ. 2e, 28 mai 2015, n° 14-28233).

A. Les procédures de droit commun

Désormais, dans le cadre de la procédure normale, c'est-à-dire contentieuse et recourant obligatoirement à l'avocat, le Code de procédure civile prévoit, comme en première instance (v. Fiche 9), deux voies procédurales. D'une part, le circuit dit long lorsque l'affaire nécessite une mise en état, qui représente la procédure classique devant la Cour. D'autre part, un circuit dit court ou encre à bref délai qui est renforcé par le décret du 6 mai 2017.

Le circuit long

L'appelant doit, dans les trois mois de la déclaration d'appel, déposer au greffe ses conclusions, à moins que le conseiller de la mise en état ne lui ait imparti un délai plus court (art. 911-1). Les mêmes délais sont appliqués pour la notification aux avocats adverses à ceci près qu'aux conclusions s'ajoute l'obligation de communiquer simultanément les pièces (art. 906). En effet, la communication des pièces à la cour peut se faire jusqu'à quinze jours avant la date d'audience (art. 912 al. 3), et même au-delà, puisque ce délai n'étant assorti d'aucune sanction, la Cour de cassation a jugé recevable une pièce transmise même pendant le délibéré (Civ. 2e, 7 janvier 2016, n° 14-29019). Avant cela, seules les conclusions et le bordereau de pièces sont à transmettre à la Cour. Curieusement, le décret de 2017 n'est pas venu uniformiser la situation des communications entre avocats et avec la Cour relativement aux pièces. D'ailleurs, la cour de cassation prévoit que si l'intimé n'a pas comparu, les pièces communiquées peuvent être différentes de celles prévues au bordereau (Civ. 2e, 6 juin 2019, n° 18-14432).

Ajoutons que si l'intimé n'a pas constitué avocat dans le délai d'un mois à compter de la déclaration d'appel, l'appelant dispose alors d'un mois supplémentaire pour signifier ses conclusions à l'intimé, soit au total quatre mois depuis la déclaration d'appel (Civ. 2e, 27 juin 2013, n° 12-20529). Attention, ceci ne doit pas être confondu avec le délai dont dispose l'appelant pour signifier sa déclaration d'appel à l'intimé qui n'aurait pas constitué avocat dans le délai d'un mois à compter de la déclaration. Dans ce cas, l'appelant doit signifier sa déclaration dans le mois de l'information de l'absence de constitution par le greffe, cette information étant parfaite dès l'envoi par voie électronique (Civ. 2e, 27 juin 2013, n° 12-19945). Ceci ne doit pas non plus être confondu avec le délai pour communiquer ses conclusions au greffe. En effet, le délai supplémentaire d'un mois ne vise que la communication à l'intimé. L'appelant doit donc toujours communiquer ses conclusions au greffe dans le délai de trois mois sans quoi son appel serait caduc (Civ. 2e, 19 mars 2015, n° 14-10952). La combinaison des textes est ici trompeuse car si l'article 911 ne vise effectivement que la communication à destination de l'intimé, l'article 906 prévoit la communication de la copie des conclusions au greffe assortie de la justification de la communication à l'intimé, ce qui laisse entendre que cette communication est préalable à celle au greffe.

À noter le fait que la décision de première instance peut faire l'objet d'une **exécution provisoire** (cf. *supra*). L'intimé pourra demander la radiation de l'affaire si l'appelant ne justifie pas de sa réalisation (art. 524). Cette radiation posait problème relativement à son effet sur les parties. Elle n'emportait pas suspension des délais ce qui était incohérent à l'égard de l'intimé qui avait soulevé la radiation et qui devait tout de même conclure au fond. Ceci a été corrigé par le décret de 2017 qui prévoit que la demande de radiation suspend les délais pour conclure jusqu'à la décision autorisant la réinscription au rôle ou le refus de radier l'affaire (art. 524). Par contre, cette suspension ne vaut pas pour l'appelant.

En outre, la radiation conduit à interrompre le délai de péremption alors qu'avant le décret de 2017 rien n'était prévu. Ainsi, la Cour de Cassation avait pu indiquer que le délai de péremption continuait à courir depuis les dernières diligences (Civ. 2e, 21 février 2013, n° 11-28632) à la différence de la procédure devant la Cour de Cassation à l'égard de laquelle l'article 1009-2 du Code de procédure civile prévoyait déjà expressément l'effet interruptif de la radiation. Les procédures devant les Cours d'appel et devant la Cour de cassation sont désormais homogènes sur ce point.

En ce qui concerne l'intimé, il dispose de trois mois pour conclure en réponse (art. 909). À noter que, comme indiqué précédemment, les appels incidents et provoqués suivent ce délai si l'appelant a déjà conclu. Enfin, l'intervenant forcé dispose de trois mois pour répondre aux conclusions le concernant (art. 910).

Ces délais pour conclure peuvent connaître des **causes d'interruption**. Il s'agit de la décision d'ordonner une médiation, de la conclusion d'une convention de procédure participative, du cas de force majeur et enfin de la demande d'aide juridictionnelle. Reprenons brièvement ces hypothèses. S'agissant de la médiation, il y aura interruption le temps de la mission du médiateur, celle-ci étant de trois mois maximum, renouvelable une fois. En matière de convention participative, les délais sont interrompus jusqu'à l'information donnée au juge de l'extinction de la procédure. S'agissant du cas de force majeur, la solution s'explique au regard de droit d'accès au juge prévu à l'article 6 § 1 de la CEDH afin d'éviter de sanctionner une partie qui aurait été empêchée, les délais ne devant sanctionner que la négligence. Enfin, l'effet interruptif de la demande d'aide juridictionnelle est déjà connu (v. Fiche 15). La demande doit être faite pendant le délai pour conclure.

Sur **la forme des conclusions**, le décret de 2017 est venu, comme dans les autres matières, préciser les obligations des parties.

Selon l'article 954 du Code de procédure civile :

« Les conclusions d'appel contiennent, en en-tête, les indications prévus à l'article 961 [ce qui vise l'identité des parties]. Elles doivent formuler expressément les prétentions des parties et les moyens de fait et de droit sur lesquels chacune de ses prétentions est fondée avec indication pour chaque prétention des pièces invoquées et de leur numérotation. Un bordereau récapitulatif des pièces est annexé.

- Les conclusions comprennent distinctement un exposé des faits et de la procédure, l'énoncé des chefs de jugement critiqués, une discussion des prétentions et des moyens ainsi qu'un dispositif récapitulant les prétentions [Bref, le Code explique comment rédiger des conclusions...]. Si, dans la discussion, des moyens nouveaux par rapport aux précédentes écritures sont invoqués au soutien des prétentions, ils sont présentés de manière formellement distincte [le but est clairement de simplifier le travail de lecture du juge].
- La cour ne statue que sur les prétentions énoncées au dispositif et n'examine les moyens au soutien de ces prétentions que s'ils sont invoqués dans la discussion.
- Les parties doivent reprendre, dans leurs dernières écritures, les prétentions et moyens précédemment présentés ou invoqués dans leurs conclusions antérieures. À défaut, elles sont réputées les avoir abandonnés et la cour ne statue que sur les dernières conclusions déposées.
- La partie qui conclut à l'infirmation du jugement doit expressément énoncer les moyens qu'elle invoque sans pouvoir procéder par voie de référence à ses conclusions de première instance.
- La partie qui, sans énoncer de nouveaux moyens, demande la confirmation du jugement est réputée s'en approprier les motifs. »

Outre le rigorisme formel, ce qui innove avec le décret de 2017 c'est l'obligation de formuler toutes ses prétentions dès les premières conclusions et ce sous peine d'irrecevabilité soulevée d'office ou par la partie adverse (art. 910-4). Ceci modifie grandement le fonctionnement de l'appel.

Seules restent recevables les répliques aux conclusions adverses, les prétentions liées à des questions nées après les premières conclusions ou découlant de l'intervention d'un tiers, de la survenance ou de la révélation d'un fait nouveau. De même, les demandes relatives aux loyers, arrérages, intérêts et autres accessoires échus s'ils ne peuvent faire l'objet d'une contestation sérieuse ou les demandes de révocation de l'ordonnance de radiation sont recevables en application de l'article 802 al. 2 du code de procédure civile.

S'agissant des pièces, la jurisprudence avait apporté des précisions avant la réforme qui restent d'actualité. Ainsi, les pièces invoquées à l'appui des prétentions et moyens en appel doivent être communiquées quand bien cette communication aurait été faite en première instance (Civ. 2e, 30 janvier 2014, n° 12-28496). Ce défaut de communication peut conduire le juge à les écarter des débats si la partie victime d'une communication tardive démontre qu'elle n'a pas été en mesure d'y répondre (Ass. Plén., 5 décembre 2014, n° 13-19674).

À moins qu'il soit fait application de l'article 905 prévoyant une procédure à bref délai (v. ci-après), un magistrat de la chambre en charge de l'affaire se voit confier l'instruction. Il examine l'affaire dans les quinze jours suivant l'expiration des délais pour conclure et communiquer les pièces. Il fixe alors la date de clôture et la date de plaidoiries sauf s'il y a nécessité à procéder à un nouvel échange de conclusions. Il fixe alors le calendrier des échanges après avoir recueilli l'avis des avocats (art. 913).

Ses compétences sont définies par l'article 914 qui dispose que :

> « Les parties soumettent au conseiller de la mise en état, qui est seul compétent depuis sa désignation et jusqu'à la clôture de l'instruction [et non plus jusqu'à son dessaisissement], leurs conclusions, spécialement adressées à ce magistrat [ce qui intègre la jurisprudence de la Cour de cassation], tendant à :
> - prononcer la caducité de l'appel ;
> - déclarer l'appel irrecevable et trancher à cette occasion toute question ayant trait à la recevabilité de l'appel ; les moyens tendant à l'irrecevabilité de l'appel doivent être invoqués simultanément à peine d'irrecevabilité de ceux qui ne l'auraient pas été ;
> - déclarer les conclusions irrecevables en application des articles 909 et 910 ;
> - déclarer les actes de procédure irrecevables en application de l'article 930-1.
>
> Les parties ne sont plus recevables à invoquer devant la cour d'appel la caducité ou l'irrecevabilité après la clôture de l'instruction, à moins que leur cause ne survienne ou ne soit révélée postérieurement. Néanmoins, sans préjudice du dernier alinéa du présent article, la cour d'appel peut, d'office, relever la fin de non-recevoir tirée de l'irrecevabilité de l'appel ou la caducité de celui-ci.
>
> Les ordonnances du conseiller de la mise en état statuant sur la fin de non-recevoir tirée de l'irrecevabilité de l'appel, sur la caducité de celui-ci ou sur l'irrecevabilité des conclusions et des actes de procédure en application des articles 909, 910, et 930-1 ont autorité de la chose jugée au principal. »

Déjà, la cour de cassation avait pu relever que l'appréciation de la recevabilité des conclusions de l'intimé était de son pouvoir exclusif tant qu'il était saisi (Civ. 2e, 16 décembre 2015, n° 14-24642) et l'article 915 qu'il « est seul compétent pour suspendre l'exécution des jugements improprement qualifiés en dernier ressort, ou exercer les pouvoirs qui lui sont conférés en matière d'exécution provisoire » (*v. supra*).

Compte tenu de ses larges compétences, les décisions du conseiller de la mise en état qui conduisent, pour l'essentiel, à mettre fin à l'instance peuvent faire l'objet d'un déféré devant la chambre compétente pour l'affaire dans les quinze jours de leur prononcé. Ainsi l'article 916 prévoit que si les ordonnances du conseiller de la mise en état ne peuvent être, en principe, frappées d'aucun recours indépendamment de l'arrêt au fond, elles peuvent être déférées si « elles ont pour effet de mettre fin à l'instance, lorsqu'elles constatent son extinction ou lorsqu'elles ont trait à des mesures provisoires en matière de divorce ou de séparation de corps. Elles peuvent être déférées dans les mêmes conditions lorsqu'elles statuent sur une exception de procédure, sur un incident mettant fin à l'instance, sur la fin de non-recevoir tirée de l'irrecevabilité de l'appel ou la caducité de celui-ci ou sur l'irrecevabilité des conclusions et des actes de procédure en application des articles 909,910, et 930-1. »

Sur la manière, « la requête, remise au greffe de la chambre à laquelle l'affaire est distribuée, contient, outre les mentions prescrites par l'article 58 et à peine d'irrecevabilité, l'indication de la décision déférée ainsi qu'un exposé des moyens en fait et en droit. »

Ce dispositif ne vise pas que le conseiller puisque le Code précise qu'il s'applique aussi pour les décisions en matière de caducité ou d'irrecevabilité prises par le président de la chambre ou le magistrat désigné par le premier président.

Le circuit court (à bref délai)

Ce schéma s'applique de manière automatique pour les appels formés contre les ordonnances de référé (v. Fiche 22), les jugements rendus selon la procédure accélérée au fond (v. Fiche 20) et les ordonnances du juge de la mise en état qui mettent fin à l'instance, se prononcent sur une exception de procédure, sur une mesure provisoire en matière de divorce ou de séparation de corps et, enfin, lorsqu'il s'agit de provisions non sérieusement contestable dont le montant dépasse le taux de dernier ressort (Fiche 9).

Hors ces cas, le président de la chambre peut décider de recourir à ce circuit court (art. 905).

Lorsque l'appelant est informé de la décision du président, il dispose de seulement dix jours pour signifier sa déclaration d'appel à l'intimé, sauf à ce que celui-ci ait déjà constitué avocat, il procède alors par notification. Cette obligation est posée à peine de caducité relevée d'office dans la droite ligne de la rigueur du décret de 2017 (art. 905-1).

De même, il dispose d'un mois pour conclure à compter de la réception de la décision du président. Les autres parties (intimé, intimé à l'appel incident ou provoqué, intervenant forcé ou volontaire) voient toutes leurs délais pour conclure réduites à un mois. Le mécanisme reprend le fonctionnement du circuit long pour la détermination des points de départ des délais avec la même logique de les uniformiser mais de trois mois, l'on passe ici à un mois de délai (art. 905-2).

L'affaire est renvoyée au jour et heure déterminés par le président et ce à bref délai. Lors de cette audience, le président, après avoir entendu les avocats, décide du renvoi à l'audience de jugement qui peut se tenir le jour même, ou à renvoyer à une autre audience s'il est besoin d'un dernier échange de conclusions ou, enfin, décider qu'il doit être procédé à une mise en état.

B. Les autres procédures en appel

D'autres procédures existent en appel.

En matière contentieuse, on relève tout comme en première instance des procédures sur requête conjointe, de renvoi à l'audience, à jour fixe et encore sans représentation. Bien qu'elles reprennent pour l'essentiel les mécanismes prévus devant le tribunal judiciaire, elles méritent des compléments d'information.

- L'appel sur *requête conjointe* est prévu aux articles 926 à 930 du Code de procédure civile :
  - « La requête conjointe n'est recevable que si elle est présentée par toutes les parties à la première instance » (art. 926).
  - La requête doit comporter les mentions prévues en première instance auxquelles s'ajoutent une copie certifiée conforme du jugement, le cas échéant, l'indication des chefs du jugement auquel l'appel est limité et enfin la constitution des avocats des parties.
  - La requête doit être signée par les avocats constitués par les parties et remise au greffe dans le délai d'appel.
  - Le premier président fixe les jour et heure auxquels l'affaire sera appelée et au besoin désigne la chambre en charge.
  - La procédure sera alors celle de renvoi à l'audience, dite encore « circuit court ».
  - Cette procédure est justement prévue en appel par l'article 910 alinéa 2 et reprend le fonctionnement déjà étudié pour la première instance.
- Concernant la *procédure à jour fixe*, le demandeur saisit le premier président par une requête et ce dernier, si les droits d'une partie sont en péril, fixe le jour auquel l'affaire sera appelée par priorité. Il désigne la chambre à laquelle l'affaire est distribuée (art. 917). À noter que l'intimé peut aussi requérir une audience à jour fixe s'il en fait la demande dans les deux mois qui suivent la déclaration d'appel (art. 924) :
  - « La requête doit [donc] exposer la nature du péril, contenir les conclusions sur le fond et viser les pièces justificatives. Une expédition de la décision ou une copie certifiée conforme par l'avocat doit y être jointe » (art. 918).
  - Le requérant doit déposer l'ordonnance rendue par le juge lors de sa déclaration d'appel et assigner le défendeur, en lui rappelant qu'il doit constituer avocat, qu'il peut prendre connaissance au greffe des pièces visées par la requête et qu'il doit communiquer ses pièces avant l'audience. L'assignation est assortie des copies de la requête, de l'ordonnance du premier président, et un exemplaire de la déclaration d'appel visé par le greffier ou une copie de la déclaration d'appel (art. 920) :
    - « La cour est saisie par la remise d'une copie de l'assignation au greffe.

- Cette remise doit être faite avant la date fixée pour l'audience, faute de quoi la déclaration sera caduque.
- La caducité est constatée d'office par ordonnance du président de la chambre à laquelle l'affaire est distribuée» (art. 922).
- «Le jour de l'audience, le président s'assure qu'il s'est écoulé un temps suffisant depuis l'assignation pour que la partie assignée ait pu préparer sa défense. Le cas échéant, il ordonne sa réassignation» (art. 923).
- Si l'intimé a constitué avocat, les débats ont lieu sur-le-champ ou à la plus prochaine audience, en l'état où l'affaire se trouve. Le président peut même décider de renvoyer l'affaire à l'instruction si celle-ci apparaît complexe (art. 923 et 925).
- Si l'intimé n'a pas constitué avocat, la cour statue par arrêt réputé contradictoire en se fondant, au besoin, sur les moyens de première instance.

- Dans les *procédures sans représentations obligatoires*, c'est-à-dire dans les procédures orales (v. Fiche 24), l'appel suit les règles de première instance. Pas de recours alors à l'avocat, et les parties peuvent se défendre seules ou être assistées ou représentées par un avocat. Si elles se font représenter par autre qu'un avocat, ce représentant doit être muni d'un pouvoir spécial. La Cour est désormais saisie directement par déclaration ou courrier recommandé avec accusé de réception. Précédemment, la déclaration d'appel se faisait auprès de la juridiction ayant rendu le jugement. La déclaration comporte les mentions prévues à l'article 57 (article qui renvoie également aux mentions prévues à l'article 54) désigne le jugement dont il est fait appel en précisant les chefs qui sont critiqués, sauf demande d'annulation ou objet indivisible, et mentionne, le cas échéant, le nom et l'adresse du représentant de l'appelant devant la cour. Elle est accompagnée de la copie de la décision (art. 933).

La procédure suit alors celle prévue pour la procédure orale avec un recours possible à un magistrat de la mise en état.

À noter que depuis le 1er août 2016, la procédure devant les chambres sociales deviennent une procédure avec représentation obligatoire, donc la procédure de droit commun étudiée en amont, ceci par l'effet du décret n° 2016-660 du 25 mai 2016. Les communications se font donc par voie électronique sauf pour les défenseurs syndicaux avec application des délais ordinaires.

- Contre une *décision gracieuse,* l'appel est formé, par une déclaration faite ou adressée par pli recommandé au greffe de la juridiction qui a rendu la décision, par un avocat, ou un autre officier public ou ministériel dans les cas où ce dernier y est habilité par les dispositions en vigueur (art. 950).

«Le juge peut, sur cette déclaration, modifier ou rétracter sa décision. Dans le cas contraire, le greffier de la juridiction transmet sans délai au greffe de la cour le dossier de l'affaire avec la déclaration et une copie de la décision. Le juge informe la partie dans le délai d'un mois de sa décision d'examiner à nouveau l'affaire ou de la transmettre à la cour» (art. 952). La Cour étudiera alors l'affaire selon les règles applicables à la matière gracieuse (art. 953).

Enfin, le premier président dispose d'un pouvoir de référé ou peut suspendre l'exécution des jugements improprement qualifiés en dernier ressort, ou exercer les pouvoirs qui lui sont conférés en matière d'exécution provisoire (v. Fiche 34). Il peut, enfin, prendre des ordonnances sur requête pour les mesures urgentes.

• À retenir

- Tous les jugements sur le fond ou mixtes sont susceptibles d'appel, sauf à être rendus en premier et dernier ressort.
- Seules les parties peuvent faire appel, sauf en matière gracieuse où les tiers à qui le jugement a été notifié peuvent également le faire.
- L'appel peut être dirigé contre les autres parties et exceptionnellement contre les tiers.
- L'appel se fait directement auprès de la Cour d'appel.
- L'appel doit être formé dans le mois de la notification du jugement sauf cas particuliers.
- Ce délai est d'ordre public et le juge peut donc le relever d'office.
- L'appelant dispose de trois mois pour conclure, l'intimé ayant alors également trois mois pour répondre et éventuellement former un appel incident, dans la procédure avec représentation. En circuit court, les délais sont ramenés à un mois.
- Tout manquement aux délais ou formes de l'appel entraîne la caducité ou l'irrecevabilité de l'appel.
- En principe, toutes les prétentions doivent être présentées dans les premières conclusions d'appel.
- L'irrecevabilité de l'appel principal emporte irrecevabilité de l'appel incident.

Pour en savoir plus

- BRENNER et FRICERO (dir.), «La nouvelle procédure d'appel», 2e éd., *LAMY* 2012.
- GERBAY, «Guide du procès civil en appel, 2e éd., *Lexisnexis* 2013.
- FRICERO, «L'appel nouveau est arrivé», *D.* actualité, 12 mai 2017.

POUR S'ENTRAÎNER : QUESTIONS

1. **Quel est le problème posé par l'intervention forcée en appel ?**
2. **Comment se déroule un appel contre une décision gracieuse ?**

CORRIGÉ

1. L'objet premier de l'appel est d'offrir aux justiciables un moyen de faire rejuger l'affaire s'ils ne sont pas satisfaits de la solution obtenue par le jugement. La justice pouvant commettre des erreurs, il convenait d'ouvrir une voie de contrôle devant des magistrats plus expérimentés. C'est ce qu'on appelle le double degré de juridiction. Le fait de faire intervenir un tiers au procès en vue de sa condamnation pose déjà des difficultés en première instance afin de correctement respecter le contradictoire. L'intervention forcée en appel ajoute le problème de l'absence de double degré pour la personne appelée. Pourquoi alors avoir autorisé cette intervention forcée ? La raison vient du fait que si l'appel est une voie de réformation c'est également une voie d'achèvement du procès qui doit éviter de nouvelles instances.
2. L'appel est formé devant la juridiction qui a rendu la décision. Le juge peut modifier ou rétracter sa décision. Dans le cas contraire, le secrétaire de la juridiction transmet au greffe de la Cour, le dossier de l'affaire avec la déclaration et une copie de la décision. Le juge informe la partie dans le délai d'un mois de sa décision. La cour étudie alors l'affaire selon les règles applicables à la matière gracieuse.

Fiche 36

Les effets de l'appel

- **Définitions**

Effet suspensif: caractère de l'appel qui suspend l'exécution de la décision de première instance.

Effet dévolutif: caractère de l'appel conduisant à ce que le litige soit transporté devant la Cour, sur les points précisés par les appelants.

Faculté d'évocation : possibilité pour la cour d'appel saisie d'une demande de mesure d'instruction ou d'une exception de procédure de trancher l'ensemble du litige.

L'appel est la voie ordinaire de recours contre les décisions de première instance. Cette qualité entraîne des conséquences logiques. La première est de stopper l'exécution de la solution rendue. Il s'agit de l'effet suspensif **(I)**. Le deuxième effet est de remettre entre les mains des magistrats de la cour d'appel le litige afin qu'ils se prononcent. C'est l'effet dévolutif **(II)**. Le jugement est dévolu aux magistrats d'appel. Enfin, une faculté originale est reconnue aux magistrats, la faculté d'évocation. Elle permet de trancher définitivement le litige alors que seule une mesure d'instruction ou une exception de procédure a fait l'objet d'un appel **(III)**.

I. L'effet suspensif

A. Le principe (devenu exception)

La solution était particulièrement simple. Elle reste posée par l'article 539 du Code de procédure civile. « Le délai de recours par une voie ordinaire suspend l'exécution du jugement. Le recours exercé dans le délai est également suspensif. » Donc, durant le mois de délai pour décider de faire appel l'exécution du jugement n'était pas possible, ni non plus à partir du moment où l'appel a été formé.

La raison de cette solution était d'éviter les complications et les risques liés à une exécution sur laquelle il faudrait revenir si la cour d'appel infirmait le jugement.

On sait qu'il est plus facile, en droit, de faire que de défaire. Rien ne sert d'autoriser une construction ou d'exiger le versement d'une somme d'argent, s'il faut remettre ensuite les choses en l'état. Il faudrait alors détruire et même pour le remboursement la situation n'est pas simple car les risques d'insolvabilité subie ou organisée sont bien réels.

B. L'exception (devenue principe)

Mais ce principe connaissait des limites importantes apportées par l'exécution provisoire. Ces limites étaient justifiées par deux types de raisons. Tout d'abord, il y a des situations qui exigent l'exécution provisoire. Ainsi en est-il de la condamnation visant des sommes à caractère alimentaire. La nécessité conduit à des situations qui imposent l'exécution provisoire. L'autre raison est directement tirée de l'effet suspensif. En effet, la partie qui a succombé peut être tentée de faire appel simplement pour bénéficier de l'effet suspensif et ainsi retarder l'exécution du jugement. Elle n'a pas l'espoir que la cour d'appel réforme le jugement, mais elle sait que durant le délai, souvent assez long entre le jugement et le rendu d'une décision d'appel, elle n'aura pas à s'exécuter.

La réforme du 11 décembre 2019 a inversé le mécanisme. Désormais, l'exécution provisoire de droit est le principe. Donc, *de facto*, l'effet suspensif se trouve limité. Il ne joue que dans les hypothèses où l'exécution provisoire n'est pas de droit et où le juge l'aurait refusé.

L'effet suspensif est donc neutralisé par l'exécution provisoire, sur laquelle nous ne reviendrons pas (v. Fiche 34).

II. L'effet dévolutif

A. Le principe

« L'appel remet la chose jugée en question devant la juridiction d'appel. Il est à nouveau statué en fait et en droit dans les conditions et limites déterminées… » (art. 561). La formule offre une image de la transmission du dossier entre les juges de première instance et ceux d'appel afin qu'ils se penchent à leur tour sur les questions posées en prenant en compte les aspects qui avaient été présentés aux fins de jugement.

Mais, on le voit, cette dévolution est limitée. Les magistrats n'auront pas, en principe, à se prononcer sur toutes les demandes tranchées en première instance. L'article 562, après le principe posé, vient organiser le rôle de la Cour de manière pragmatique. Par des formules très brèves, il organise plusieurs situations.

« L'appel ne défère à la cour que la connaissance des chefs de jugement qu'il critique expressément et de ceux qui en dépendent. La dévolution ne s'opère pour le tout que lorsque l'appel tend à l'annulation du jugement ou si l'objet du litige est indivisible. »

Cet article a été modifié par le décret n° 2017-891 du 6 mai 2017, applicable au 1er septembre 2017 en ce qu'il fait disparaître la possibilité de faire un appel général. Précédemment, le principe était l'appel général et l'exception le fait de limiter l'appel à certains chefs de demandes. Désormais, dans le but de simplifier le travail des Cours d'appel, l'appel doit spécifier les demandes sur lesquelles il porte, sauf demande d'annulation ou objet indivisible.

Donc *l'appelant doit préciser les points du jugement dont il fait appel*. Celui-ci sera intégralement transmis à la Cour en application de l'article 561 du Code de procédure civile, mais elle n'aura à se prononcer que sur une partie.

Il faut cependant bien comprendre que cette spécification demandée à l'appelant vise également l'intimé. Celui-ci devra préciser par un appel incident les points qu'il conteste mais peut ainsi ouvrir le débat et finalement à une remise en cause de l'ensemble du jugement. Précédemment à la réforme de 2017, l'appelant pouvait choisir de ne faire appel que de certains points afin de conserver le bénéfice d'autres aspects du jugement. Mais ceux-ci pouvaient être soulevés par l'appelant incident, ce qu'il n'aurait pas manquer de faire. Désormais, il ne s'agit plus d'une stratégie. Il a obligation de préciser les chefs critiqués avec toujours le risque que l'appelant incident critique d'autres chefs du jugement.

B. Mise en œuvre

La question est ensuite de savoir comment les parties peuvent organiser leur défense en appel, de savoir ce qu'elles peuvent présenter et demander à la Cour.

Cette problématique soulève plusieurs questions et a donné lieu à un fort contentieux, ce que le décret de 2017 essaye de résoudre.

L'idée est d'abord que l'on ne peut présenter de nouvelles demandes en appel, sauf exceptions. Nous allons donc étudier ces deux aspects.

Concernant *l'interdiction de présenter de nouvelles demandes*, le Code se montre plus strict depuis le décret de 2017 :

- Tout d'abord, les parties peuvent « produire de nouvelles pièces ou proposer de nouvelles preuves » (art. 563). Cet aspect ne pose pas de difficulté et s'avère nécessaire afin de prendre en compte la découverte de nouveaux éléments entre les deux niveaux du procès.
- De manière plus étonnante, le même texte dispose que « les parties peuvent invoquer des moyens nouveaux ». Ce qui signifie que l'interdiction vise uniquement les demandes et non leurs fondements. Si au résultat la demande est la même, il n'y a pas de nouveauté au regard de la rédaction du Code de procédure civile. D'ailleurs, afin de dissiper tout malentendu, le législateur

n'a pas hésité à rappeler cette idée à l'article 565. « Les prétentions ne sont pas nouvelles dès lors qu'elles tendent aux mêmes fins que celles soumises au premier juge même si leur fondement juridique est différent. » On ne peut plus clairement exprimer la distinction.

- Mais l'article 566 amenait à s'interroger et a donc été modifié.
- L'article 566 offrait aux parties d'« expliciter les prétentions qui étaient virtuellement comprises dans les demandes et défenses soumises au premier juge et ajouter à celles-ci toutes les demandes qui en sont l'accessoire, la conséquence ou le complément ». Comment ne pas y voir une porte ouverte à toutes les dérives ? Jusqu'où faut-il entendre les notions de virtuellement comprises, d'accessoire, de conséquence ou de complément ? Tout est affaire d'appréciation par les juges et donc à débat. Voilà pourquoi la nouvelle rédaction de l'article prévoit qu'il ne peut s'agir que des demandes qui sont l'accessoire, la conséquence ou le complément nécessaire. Les demandes virtuellement comprises disparaissent et seules les demandes complémentaires qui sont nécessairement liées à celles de première instance peuvent être reçues. Ceci, sans faire disparaître totalement le risque de contentieux, doit permettre aux magistrats de faire une appréciation beaucoup rigoureuse de ces demandes nouvelles et ce dans l'esprit du principe de l'interdiction de nouvelles demandes.
- L'article 567 continue d'affirmer que « les demandes reconventionnelles sont également recevables en appel ». Aucune condition n'est posée à leur recevabilité ! Mais la jurisprudence a fait application de l'article 70 portant sur les demandes reconventionnelles en général. Or, nous avons vu l'interprétation stricte donnée par la Cour de cassation, à savoir que la demande devait être en lien avec les demandes initiales, introductives (v. Fiche 6). Ceci porte à réduire l'admissibilité des demandes reconventionnelles, toujours dans l'esprit de limiter le champ de l'appel.

III. La faculté d'évocation

L'article 568 du Code de procédure civile offre une faculté très particulière aux magistrats de la cour d'appel qui est celle de pouvoir s'emparer de points du litige qui ne lui sont pas dévolus afin de leur apporter une solution.

Pour que ce dispositif fonctionne, il faut à l'origine « un jugement qui a ordonné une mesure d'instruction, ou d'un jugement qui statuant sur une exception de procédure, a mis fin à l'instance ». On observe qu'il s'agit d'user de l'appel comme d'une voie d'achèvement du procès, d'éviter un retour aux juges du fond et ce au détriment du respect du double degré de juridiction.

Dans ces hypothèses, la Cour « peut évoquer les points non jugés si elle estime de bonne justice de donner à l'affaire une solution définitive, après avoir ordonné elle-même, le cas échéant, une mesure d'instruction ».

La notion de faculté est bien mise en avant par le texte. La Cour « peut ». Le Code indique que les magistrats apprécient s'il est sage, de bonne justice, de recourir à ce moyen.

Le décret de 2017 est venu limiter cette possibilité d'évocation aux seuls cas ou l'appel infirme ou annule le jugement. Elle n'est pas possible si la Cour confirme le jugement. Cette solution est logique au regard de la réforme de l'effet dévolutif qui demande aux appelants de préciser les points sur lesquels ils saisissent la Cour. Dans tous les cas, l'objectif est d'alléger le travail des Cours d'appel.

• À retenir

- L'appel suspend l'exécution du jugement, sauf exécution provisoire, donc par exception.
- L'appel conduit à ce que l'affaire soit portée devant la Cour afin qu'elle la tranche à nouveau en fait et en droit.
- L'appel doit préciser les chefs de demande, sauf demande d'annulation ou objet indivisible.
- Les demandes nouvelles sont interdites mais les nouvelles preuves et les nouveaux moyens sont acceptés.
- Les demandes qui découlent nécessairement des demandes initiales sont acceptées.
- Des demandes nouvelles sont possibles quand il s'agit d'opposer compensation, faire écarter les prétentions adverses ou faire juger les questions nées de l'intervention d'un tiers, ou de la survenance ou de la révélation d'un fait.
- Les demandes reconventionnelles sont possibles, si elles sont en lien avec les demandes originaires.
- Les magistrats peuvent évoquer les points non jugés afin de donner une solution définitive au litige quand ils infirment ou annulent un jugement qui a ordonné une mesure d'instruction, ou d'un jugement qui statuant sur une exception de procédure, a mis fin à l'instance.

Pour en savoir plus

- DUHAMEL, « L'Effet dévolutif de l'appel au regard de l'acte d'appel et des écritures des parties », *Bull. Inf. Cass.*, n° 2 H.S., avril 2003, p. 48.
- MOTULSKY, « Nouvelles Réflexions sur l'effet dévolutif de l'appel et de l'évocation », *JCP* 1958.I.1423.
- MOURY, « De l'effet suspensif de l'appel en matière civile », *D.* 1973, chron. 179.
- FRICERO, « L'appel nouveau est arrivé », *D.* actualité, 12 mai 2017.

POUR S'ENTRAÎNER : QUESTIONS

1. **L'objet de l'appel est-il seulement d'offrir une voie de réformation ?**
2. **Quels sont les risques de l'effet suspensif ?**

CORRIGÉ

1. La raison d'être de l'appel est de permettre de soumettre le jugement à l'avis d'autres magistrats afin d'infirmer ou de confirmer la première solution. Mais l'appel s'inscrit aussi dans la suite du procès et l'objectif est également d'éviter à avoir à revenir en arrière. Aussi, l'appel est-il également perçu comme une voie d'achèvement du procès. Ceci explique la faculté d'évocation accordée aux magistrats d'appel et l'admission de demandes complémentaires. Cependant, le décret de 2017 est venu réduire les possibilités de compléter les demandes de première instance, renforçant la dimension réformation au détriment de celle d'achèvement, ceci dans le but d'alléger la charge supportée par les Cours d'appel.
2. Certaines matières ne peuvent supporter l'effet suspensif de l'appel. Lorsqu'il s'agit de demandes à caractère alimentaire, ou lorsque globalement il y a urgence à l'exécution, l'effet suspensif doit s'effacer. Mais, on peut craindre que la partie ayant succombé ne fasse appel que dans le but de bénéficier de l'effet suspensif afin de retarder l'exécution de la condamnation. Ceci a conduit à un renforcement de la place de l'exécution provisoire des décisions de première instance d'abord en accroissant la possibilité pour le juge de décider de l'exécution provisoire ensuite en renversant le principe et en faisant de l'exécution provisoire la règle depuis le décret du 11 décembre 2019.

Fiche 37

L'opposition

- **Définitions**

Opposition : voie de rétractation d'un jugement rendu par défaut.
Rétractation : voie de recours devant la juridiction qui a rendu la décision afin qu'elle la modifie.
Réformation : voie de recours devant une juridiction supérieure afin d'obtenir l'infirmation d'une décision.

« L'opposition tend à faire rétracter un jugement rendu par défaut » (art. 571). Il s'agit d'une voie ordinaire de recours, comme l'appel, destinée uniquement aux jugements rendus par défaut (v. Fiche 28). Il s'agit d'offrir la possibilité pour celui qui n'a pu se défendre en première instance de faire valoir ses arguments devant la juridiction qui a rendu le jugement. C'est pourquoi cette voie « n'est ouverte qu'au défaillant » (art. 571 al. 2). Il s'agit donc d'une voie de rétractation et non de réformation, comme l'appel. C'est devant la juridiction qui a rendu la décision que se fera l'action.

Il s'agira dans une démarche classique d'appréhender les conditions **(I)** puis les effets de l'opposition **(II)**.

I. Les conditions

A. Sur le fond

L'article 571 du Code de procédure civile est clair sur ce point, l'opposition a été mise en place pour les jugements par défaut. Rappelons qu'il s'agit du jugement rendu en dernier ressort auquel le défendeur n'a pas comparu et n'a pas été cité à personne. Cette catégorie est étroite. En outre, un nombre grandissant de textes vient exclure la possibilité d'opposition.

L'article 150 exclut les décisions ordonnant des mesures d'instruction. Les décisions du juge de l'exécution comme les arrêts de cassation (art. 622) ne sont pas susceptibles d'opposition. L'article 795 al. 1er écarte les ordonnances du magistrat de la mise en état. L'article 892 écarte également les décisions du tribunal paritaire, tout comme en ce qui concerne les juridictions sociales et celles des loyers. Les sentences arbitrales ne peuvent faire l'objet d'une opposition (art. 1503). Enfin, le Code de commerce écarte cette procédure en cas de procédure collective (art. L. 661-1 C. com.).

Le défaillant doit réunir les conditions classiques lui permettant d'agir et notamment l'intérêt à agir. Ainsi doit-il avoir été condamné pour pouvoir faire opposition au jugement.

B. Sur la forme

L'opposition étant une voie de recours ordinaire, elle doit être formée dans le mois qui suit la notification du jugement en application de l'article 538 du Code de procédure civile. Mais l'article 540 prévoit alors des possibilités de relevé de forclusion si, sans qu'il y ait eu faute de sa part, le défaillant n'a pas eu connaissance du jugement en temps utile pour exercer son recours, ou s'il s'est trouvé dans l'impossibilité d'agir.

Concrètement, le recours est fait dans les formes prévues devant la juridiction qui a rendu le jugement (art. 573 al. 1er). L'opposition devant être motivée (art. 574), le défaut de motivation constituant un vice de procédure.

Lorsque l'opposition est faite dans une procédure avec représentation obligatoire, les articles 573 et 575 prévoient un mécanisme particulier. « Elle peut être faite en la forme des notifications entre avocats. » Alors, « elle doit, à peine d'irrecevabilité, être déclarée au secrétariat de la juridiction qui a rendu la décision par l'avocat constitué par le défaillant, dans le mois de la date où elle a été formée ».

De même, « lorsque l'opposition tend à faire rétracter une décision d'une cour d'appel rendue par défaut dans une matière régie par la procédure sans représentation obligatoire, elle est formée par une déclaration que la partie ou tout mandataire fait, ou adresse par pli recommandé, au greffe de la cour qui a statué » (art. 573 al. 3).

II. Les effets

En qualité de voie de recours ordinaire, l'opposition reprend les caractéristiques de son grand frère, l'appel.

Il y a donc lieu de lui appliquer l'*effet suspensif* prévu à l'article 539 du Code de procédure et commun aux deux voies de recours ordinaires. Cet effet connaît comme pour l'appel la limite aujourd'hui grandissante de l'exécution provisoire.

Concernant l'*effet dévolutif*, l'article 572 du Code vient le rappeler. « L'opposition remet en question, devant le même juge, les points jugés par défaut pour qu'il soit à nouveau statué en fait et en droit. » La formule peut apparaître curieuse puisque c'est la même juridiction qui va se prononcer à nouveau sur l'affaire. Dans la dévolution, il y a l'idée d'un transfert du dossier d'une juridiction à une autre. Précisons que cette dévolution s'opère pour les points qui ont été jugés par défaut et ce afin que le défaillant fasse valoir ses arguments. Il n'est donc pas question que le demandeur au premier jugement puisse réitérer les prétentions dont il avait été débouté.

Ceci conduit à s'interroger sur les demandes qui vont pouvoir être formulées lors de cette nouvelle audience. L'article 577 du Code de procédure civile a prévu cette difficulté et pose que « la recevabilité des prétentions respectives du demandeur et de l'opposant s'apprécie, en fonction de la demande primitive, suivant les règles ordinaires ». Il suffit donc de reprendre les règles de recevabilité des demandes incidentes et reconventionnelles au regard des demandes initiales (v. Fiche 6).

L'affaire suit alors la procédure applicable devant la juridiction saisie.

In fine, l'opposition est rejetée et le jugement initial prend force exécutoire (v. Fiche 34), ou déclarée fondée, le jugement est alors rétracté et il faudra faire application de la nouvelle décision.

S'il y avait eu exécution provisoire de la première décision et qu'elle est rétractée, il convient de remettre la situation en l'état.

Enfin, précisons que le défaillant qui dispose de l'opposition, ne peut également disposer de l'appel, les voies de recours étant alternatives. De même, « celui qui se laisserait juger une seconde fois par défaut n'est plus admis à former une nouvelle opposition » (art. 578).

• À retenir

- L'opposition n'est ouverte qu'à l'égard des jugements par défaut et que pour le défaillant.
- L'opposition est portée devant la juridiction qui a rendu le jugement.
- L'opposition se fait dans le mois qui suit sa notification et doit être motivée.
- L'opposition suspend l'exécution et conduit le juge à se prononcer sur tous les points qui ont été jugés par défaut.
- Les voies de l'opposition ou de l'appel sont alternatives.

Pour en savoir plus

— BARRERE, « La Rétractation du juge civil », *Mélanges P. Hébraud*, 1981, p. 1 et s.

POUR S'ENTRAÎNER : QUESTIONS

1. **À quoi sert l'opposition ?**
2. **Quels jugements sont susceptibles d'opposition ?**

CORRIGÉ

1. L'opposition est une voie de recours ordinaire, avec l'appel, mais au domaine particulier puisque n'étant ouvert que contre les jugements rendus par défaut. En effet, l'objet de l'opposition est de permettre au défendeur défaillant de pouvoir venir devant le juge qui a rendu la décision afin de faire valoir ses arguments et ses pièces pour que le juge se rétracte et rende un nouveau jugement. C'est pourquoi l'opposition n'est ouverte qu'au défaillant et ce pour les chefs de demandes pour lesquels il a été condamné.
2. Les jugements par défaut sont les seuls jugements susceptibles d'opposition. Toutefois, cette catégorie déjà réduite comprend de nombreuses exceptions, que sont les mesures d'instruction, les décisions du juge de l'exécution, les arrêts de cassation, les ordonnances du magistrat de la mise en état, les décisions du tribunal paritaire, les juridictions sociales et celles des loyers, les sentences arbitrales et enfin les décisions prises en matière de procédures collectives.

Fiche 38

La tierce opposition

- **Définitions**

Tierce opposition : voie de recours exclusivement ouverte aux tiers auxquels la décision de justice porte préjudice.

Effet relatif des jugements : caractère du jugement, selon lequel il ne produit d'effet qu'à l'égard des parties.

La tierce opposition est une voie de recours originale puisque destinée aux tiers, d'où son nom de « tierce ». On peut, en effet, s'étonner qu'un recours ait été prévu pour les tiers puisqu'un jugement ne peut créer ni droit ni obligation à leur charge. Mais les rédacteurs du Code de procédure civile savent qu'au-delà de l'affirmation de l'effet relatif des jugements, il existe des relations plus complexes et qu'une décision de justice peut avoir des incidences importantes sur les tiers. Le jugement est à leur égard un fait juridique qu'ils ne peuvent ignorer, qui leur est opposable.

« La tierce opposition tend à faire rétracter ou réformer un jugement au profit du tiers qui l'attaque » (art. 582). Autre spécificité de cette voie de recours, il s'agit d'une voie de réformation ou de rétractation, c'est-à-dire que la tierce opposition peut être menée devant la juridiction qui a rendu le jugement ou être examinée par une autre formation.

Tout comme en matière d'opposition, nous suivrons un plan classique se divisant entre conditions **(I)** et effets **(II)**.

I. Les conditions

A. Conditions tenant aux personnes

La première question est de savoir qui peut former une tierce opposition. L'article 583 répond à cette question. Il dispose, en effet, qu'« est recevable à former tierce opposition toute personne qui y a intérêt, à la condition qu'elle n'ait été ni partie ni représentée au jugement qu'elle attaque».

Cette disposition pose donc deux conditions à la recevabilité de l'action, d'une part que la personne auteur du recours n'ait été ni partie, ni représentée lors de la première instance et qu'elle justifie d'un intérêt.

La première condition a pu susciter des interrogations quant à la signification du terme «représenté». Il en ressort que la communauté d'intérêt ne vaut pas représentation. La question est alors de savoir, au nom de qui y a-t-il eu action dans la première instance.

Au sujet de l'intérêt, il suffit que le jugement soit susceptible de causer un préjudice à celui qui agit en tierce opposition.

Le même article est venu préciser le fonctionnement de la tierce opposition en *matière gracieuse*. En effet, nous avons pu observer que les décisions gracieuses pouvaient avoir été notifiées à des tiers (v. Fiche 33). Dès lors, il est prévu qu'ils puissent faire appel de la décision. Par conséquent, la tierce opposition ne saurait leur être également ouverte. C'est pourquoi il est précisé que «la tierce opposition n'est ouverte qu'aux tiers auxquels la décision n'a pas été notifiée» et qu'«elle l'est également contre les jugements rendus en dernier ressort même si la décision leur a été notifiée». Cela signifie que la tierce opposition n'est ouverte que lorsque l'appel n'est pas possible.

Enfin, il est prévu un dispositif spécial pour les créanciers et les ayants cause d'une partie. Ils peuvent faire opposition contre une décision prise «en fraude de leurs droits ou s'ils invoquent des moyens qui leur sont propres» (art. 581 al. 2).

B. Conditions tenant au jugement

La deuxième question est celle des jugements pouvant faire l'objet d'une tierce opposition.

L'article 585 du Code de procédure civile dispose que «tout jugement est susceptible de tierce opposition si la loi n'en dispose autrement». Cela comprend, nous venons de la voir tant les jugements contentieux que gracieux.

Au titre des exceptions, on relève les arrêts de cassation et des solutions nuancées en matière d'état des personnes. La tierce opposition est recevable lorsqu'il s'agit de nationalité ou d'adoption, mais uniquement en cas de dol ou de fraude de la part des adoptants. Pour le reste, la Cour de cassation refuse la tierce opposition pour les actions attitrées.

C. Fonctionnement

Lorsqu'elle est ouverte, comment fonctionne la tierce opposition?

La tierce opposition est une voie de réformation ou de rétractation, ce qui suppose deux situations bien distinctes.

- La tierce opposition peut, tout d'abord, être formée à *titre principal*. L'action sera menée devant la juridiction qui a rendu le jugement et il s'agira alors d'une voie de rétractation.
- Ensuite, la tierce opposition peut être *incidente* à une action en cours. « La tierce opposition incidente à une contestation dont est saisie une juridiction est tranchée par cette dernière si elle est de degré supérieur à celle qui a rendu le jugement ou si, étant d'égal degré, aucune règle de compétence d'ordre public n'y fait obstacle. La tierce opposition est alors formée de la même manière que les demandes incidentes. Dans les autres cas, la tierce opposition incidente est portée, par voie de demande principale, devant la juridiction qui a rendu le jugement» (art. 588) et elle y est formée selon les règles applicables à cette juridiction. Évidemment, la même solution vaut lorsqu'il s'agit d'une tierce opposition à titre principal.

Pendant ce temps, « la juridiction devant laquelle le jugement attaqué est produit peut, suivant les circonstances, passer outre ou surseoir» (art. 589).

D. Les délais

Une distinction s'opère également en ce qui concerne les *délais* applicables.

- Lorsque l'action est menée *à titre principal*, le délai est de trente ans à compter du jugement, sauf dispositions contraires.
- Lorsqu'il s'agit d'une *tierce opposition incidente*, il n'y a pas de délai. Il existe donc pour les parties à craindre très longtemps en tel recours. Afin d'échapper à cette épée de Damoclès, une option est proposée.

Une partie peut décider de notifier le jugement à des tiers. Ceux-ci ne disposeront plus que d'un délai de deux mois pour former tierce opposition, si la notification « indique de manière très apparente le délai dont il dispose ainsi que les modalités selon lesquelles le recours peut être exercé» (art. 586).

Le même problème se pose pour les jugements gracieux rendus en dernier ressort. Aussi, la solution leur a-t-elle été adaptée.

Précisons, par ailleurs, qu'« en cas d'*indivisibilité* à l'égard de plusieurs parties au jugement attaqué, la tierce opposition n'est recevable que si toutes ces parties sont appelées à l'instance» (art. 584).

Lorsque la tierce opposition est formée à titre principal ou qu'elle revient devant la juridiction d'origine pour l'une des causes de l'article 588, elle peut être tranchée par les mêmes magistrats.

En outre, la tierce opposition à un jugement gracieux sera tranchée selon les règles contentieuses, puisqu'il y a désormais litige entre des parties.

II. Les effets

A. En matière de suspension et de dévolution

La tierce opposition est une voie de recours extraordinaire. Par conséquent, elle ne suspend pas l'exécution du jugement. Toutefois, afin d'atténuer la rigueur de ce principe, l'article 590 prévoit que « le juge saisi de la tierce opposition à titre principal ou incident peut suspendre l'exécution du jugement attaqué ».

Par contre, la tierce opposition opère la dévolution du jugement sur les points critiqués comme le rappelle l'article 582, « elle remet en question relativement à son auteur les points jugés qu'elle critique, pour qu'il soit à nouveau statué en fait et en droit ».

B. Les issues du recours

Si la tierce opposition échoue, le premier jugement est maintenu.

Si les magistrats réforment le jugement ou se rétractent, les modifications ne valent que pour le ou les tiers opposants. Le jugement conserve ses effets entre les parties initiales et ce, même sur les chefs annulés (art. 591).

Cette solution d'équilibre n'est toutefois pas toujours applicable. Il faut réserver le cas de l'indivisibilité à l'égard de plusieurs parties au jugement attaqué. Alors, « la chose jugée sur tierce opposition l'est à l'égard de toutes les parties appelées à l'instance » (art. 591).

Le jugement ainsi obtenu sera soumis à toutes les voies de recours que connaissait le jugement initial (art. 592).

• À retenir

- La tierce opposition n'est ouverte qu'aux tiers en l'absence de voie d'appel.
- La tierce opposition vaut pour tous les jugements, sauf disposition contraire.
- La tierce opposition est une voie de réformation ou de rétractation.
- La tierce opposition est menée à titre principal devant la juridiction qui a rendu le jugement dans un délai de trente ans, ou à titre incident à l'occasion d'un autre projet devant la juridiction déjà saisie, sans limitation de durée.
- La tierce opposition incidente est toutefois traitée par la juridiction d'origine lorsque celle déjà saisie est d'un rang inférieur ou lorsqu'une règle de compétence s'oppose à ce qu'elle tranche la question.
- Il est procédé selon les règles de procédure de la juridiction compétente.
- S'il y a réformation ou rétractation, cela ne vaut que pour les tiers opposants, sauf indivisibilité.
- Le jugement réformé ou rétracté est susceptible des voies de recours applicables à la juridiction qui le rend.

Pour en savoir plus

- CHOLET, « La Distinction des parties et des tiers appliqués aux associés », *D.* 2004, 1141.

POUR S'ENTRAÎNER : QUESTIONS

1. **Comment justifier la tierce opposition ?**
2. **Quels sont les effets de la tierce opposition ?**

CORRIGÉ

1. Le procès intéresse les parties et le jugement qui en découle ne doit créer de droits et d'obligations qu'à leur charge. Il existe donc un effet relatif des décisions de justice qui semble contraire à toute idée de recours de la part des tiers. Ceux-ci n'étant pas touchés par le jugement, ils ne devraient pas avoir d'intérêts à agir contre. Mais la réalité montre la complexité des rapports entre les personnes et les intérêts des tiers peuvent être lésés. C'est en considération de cette réalité qu'a été mise en place la tierce opposition. Elle permet aux tiers d'agir afin d'empêcher qu'un jugement durant lequel elles n'ont pu faire valoir leurs arguments ne leur soit préjudiciable.
2. Voie de recours extraordinaire, la tierce opposition ne bénéficie pas de l'effet suspensif, sauf à ce que le juge saisi ne décide l'arrêt de l'exécution du jugement. Elle conduit à une parfaite dévolution du jugement déjà rendu et surtout a pour originalité de n'avoir d'effet qu'à l'égard des tiers qui ont agi. Elle conserve donc pleinement ses effets à l'égard des parties initiales. Ceci permet de maintenir un juste équilibre entre la sécurité apportée par la première solution dans les rapports entre les parties et la protection des intérêts des tiers. S'il y a indivisibilité à l'égard de plusieurs parties au jugement, la nouvelle solution sera alors applicable à tous.

Fiche 39

Le recours en révision

• **Définition**

Révision : voie de rétractation d'un jugement passé en force de chose jugée pour qu'il soit à nouveau statué en fait et en droit.

« Le recours en révision tend à faire rétracter un jugement passé en force de chose jugée pour qu'il soit à nouveau statué en fait et en droit » (art. 593). Il s'agit donc d'une voie de recours ouverte contre les seuls jugements pour lesquels aucun recours suspensif ne peut être exercé. Le Code de procédure civile en fait une voie de recours extraordinaire aux conditions particulièrement étroites, d'où une utilisation assez confidentielle. Ceci expliquera la brièveté des développements consacrés à cette question. Il s'agira de présenter ces conditions particulières **(I)** et le régime de cette voie extraordinaire **(II)**.

I. Les conditions du recours

« La révision ne peut être demandée que par les personnes qui ont été parties ou représentées au jugement » (art. 594). Le recours de la part des tiers n'est pas possible. C'est un trait que partage le recours en révision avec le pourvoi en cassation (v. Fiche 40).

« Le recours en révision n'est ouvert que pour l'une des causes suivantes :

- s'il se révèle, après le jugement, que la décision a été surprise par la fraude de la partie au profit de laquelle elle a été rendue ;
- si, depuis le jugement, il a été recouvré des pièces décisives qui avaient été retenues par le fait d'une autre partie ;
- s'il a été jugé sur des pièces reconnues ou judiciairement déclarées fausses depuis le jugement ;
- s'il a été jugé sur des attestations, témoignages ou serments judiciairement déclarés faux depuis le jugement » (art. 595).

On constate une même volonté de corriger un jugement rendu sur des éléments frauduleux. S'agissant d'une voie de recours extraordinaire, il est normal de voir le Code ajouter comme condition que «le recours n'est recevable que si son auteur n'a pu, sans faute de sa part, faire valoir la cause qu'il invoque avant que la décision ne soit passée en force de chose jugée» (art. 595 *in fine*).

Le délai pour exercer cette action «court à compter du jour où la partie a eu connaissance de la cause de révision qu'elle invoque». Il est de deux mois (art. 596). Il appartient à l'auteur du recours de prouver la date de connaissance du motif de recours, le juge appréciant souverainement ce point de départ (Civ. 2e, 3 décembre 2015, n° 14-14590).

Ce recours n'est pas suspensif mais il est dévolutif (art. 593).

II. La procédure du recours

L'action doit viser toutes les parties présentes à l'instance remise en cause (art. 597).

Il s'agit d'une voie de rétractation. L'action est donc portée devant la juridiction qui a rendu la solution, sauf en matière d'arbitrage si les parties ont prévu qu'un appel serait possible, car dans ce cas, le recours «est porté devant la cour d'appel qui eût été compétente pour connaître des autres recours contre la sentence» (art. 1494).

Si le recours est exercé à titre principal, il doit l'être par voie de citation, alors que s'il est incident, la révision est demandée dans les formes prévues pour les moyens de défense (art. 598), lorsqu'il s'agit d'une autre instance entre les mêmes parties devant la juridiction dont émane le jugement.

Sinon, c'est-à-dire lorsque le recours est exercé alors qu'une autre juridiction est saisie, celle-ci peut «suivant les circonstances, passer outre ou surseoir jusqu'à ce que le recours en révision ait été jugé par la juridiction compétente» (art. 599).

Compte tenu des cas de recours à cette voie, «le recours en révision est communiqué au ministère public» et cette information est faite par le demandeur auprès du ministère public lorsque le recours est fait par citation, ce qui est le moyen normal de saisine (art. 600).

«Si le juge déclare le recours recevable, il statue par le même jugement sur le fond du litige, sauf s'il y a lieu à complément d'instruction» (art. 601).

«Si la révision n'est justifiée que contre un chef du jugement, ce chef est seul révisé à moins que les autres n'en dépendent» (art. 602).

Enfin, une partie ne peut exercer un nouveau recours en révision contre la même décision que si c'est pour une cause qui se serait révélée postérieurement et le jugement qui statue en révision ne peut être à son tour attaqué par cette voie (art. 603).

- **À retenir**

- Le recours en révision est une voie de recours extraordinaire de rétractation contre les jugements rendus sur des éléments frauduleux ou faux.
- Le recours n'a lieu que contre les décisions passées en force de chose jugée.
- Le recours est exercé devant la juridiction qui a rendu la décision attaquée, par une partie ou représentée contre toutes les parties dans un délai de deux mois à compter de la découverte du motif de recours.

Pour en savoir plus

- LANDRY, « Le recours en révision », *JCP* 2003, 1003.

POUR S'ENTRAÎNER : QUESTIONS

1. **Devant qui est exercé le recours en révision ?**
2. **Pour quel motif peut-on exercer un recours en révision ?**

CORRIGÉ

1. Le recours en révision est une voie de rétractation. Il s'agit de remettre devant le juge l'affaire qu'il a tranchée mais sans avoir toutes les pièces utiles, car frauduleusement retenues, ou sur de fausses pièces. Il faut donc qu'il puisse juger sur les véritables et complets éléments de l'affaire. C'est donc la juridiction qui a rendu le jugement attaqué qui sera compétente.
2. Le Code de procédure civile prévoit les cas exprès d'ouverture au recours en révision. L'article 595 pose les cas suivants ; la décision a été surprise par la fraude de la partie au profit de laquelle elle a été rendue, si, depuis le jugement, il a été recouvré des pièces décisives qui avaient été retenues par le fait d'une autre partie, s'il a été jugé sur des pièces, des attestations, témoignages ou serments reconnues ou judiciairement déclarés faux depuis le jugement.

Fiche 40

Le pourvoi en cassation

• **Définition**

Pourvoi en cassation : voie de recours extraordinaire tendant à faire censurer par la Cour de cassation la non-conformité du jugement face aux règles de droit.

« Le pourvoi en cassation tend à faire censurer par la Cour de cassation la non-conformité du jugement qu'il attaque aux règles de droit » (art. 604). Voici comment se définit simplement la mission de la plus haute cour de l'organisation judiciaire. La Cour de cassation censure les jugements non conformes aux règles de droit. Rappelons que les juges ont pour mission de trancher les litiges conformément aux règles de droit. La Cour de cassation y veille.

La Cour de cassation n'est donc ni une voie de rétractation, le litige n'étant pas soumis aux mêmes juges, ni une voie de réformation, car elle ne rejuge pas le litige. Elle est juge de la bonne application du droit.

Nous reprendrons la logique du Code pour appréhender comment la Cour remplit cette mission.

I. L'ouverture du pourvoi

A. Les jugements visés

Les articles 605 à 608 du Code de procédure civile fixent les jugements dont peut connaître la Cour de cassation.

Premièrement, il s'agit des *jugements rendus en dernier ressort*, sous en entendu les jugements tranchant tout le principal et insusceptibles d'une voie de recours ordinaire. C'est là le principe posé par l'article 605 du Code de procédure civile. Mais d'autres hypothèses en découlant ont été précisées. « Les jugements en dernier ressort qui tranchent dans leur dispositif une partie du principal et ordonnent une mesure d'instruction ou une mesure provisoire peuvent être frappés de pourvoi en cassation comme les jugements qui tranchent en dernier ressort tout le principal» (art. 606). Il était également logique d'ajouter les jugements qui terminent pour des raisons de procédure le litige. Ainsi, l'article 607 dispose que «peuvent également être frappés de pourvoi en cassation les jugements en dernier ressort qui, statuant sur une exception de procédure, une fin de non-recevoir ou tout autre incident, mettent fin à l'instance».

Peuvent enfin être frappés de pourvoi les arrêts d'appel qui se prononcent sur sa compétence sans trancher le fond du litige (art. 607-1).

Une autre option est réservée pour des cas particuliers qui seraient prévus par des textes spéciaux par l'article 608 du Code de procédure civile.

Lorsqu'on se trouve dans l'une de ces hypothèses, il faut répondre à une condition de forme pour former le pourvoi, à savoir la signification du jugement ou de l'arrêt déféré (art. 611-1).

Ce recours extraordinaire doit être exercé dans les *deux mois* à partir de la notification de la décision attaquée (art. 612). Lorsqu'il s'agit d'une décision rendue par défaut, le délai ne court qu'à compter du jour où l'opposition n'est plus recevable (art. 613). On remarquera également le cas particulier des pourvois exercés par le ministère public qui ne sont possibles qu'une fois le délai laissé aux parties expiré, mais qui ne sont ensuite pas limités dans le temps.

B. Les personnes pouvant former un pourvoi

La question est ensuite de savoir qui peut former le pourvoi en cassation.

Seules les personnes parties ou représentées à la décision visée par le recours peuvent être à l'origine d'un pourvoi en cassation (art. 609). Comme pour toute action en justice, elles doivent justifier des qualités leur permettant d'agir et d'un intérêt «même si la disposition qui lui est défavorable ne profite pas à son adversaire» (art. 609). Il faut que la décision soit défavorable à la partie qui agit sans qu'il soit important de se soucier de savoir à qui elle profite. Ainsi, «le pourvoi est recevable même lorsqu'une condamnation a été prononcée au profit ou à l'encontre d'une personne qui n'était pas partie à l'instance» (art. 611).

Évidemment, «en matière gracieuse, le pourvoi est recevable même en l'absence d'adversaire» (art. 610).

L'originalité vient ici de la possibilité de former un pourvoi pour le ministère public. Cette action est possible dans deux cas. Tout d'abord, lorsqu'il y a excès de pouvoir, c'est-à-dire que la juridiction aurait empiété sur les domaines législatifs ou de l'exécutif. Ensuite, et c'est plus fréquent, dans l'intérêt de la loi. L'objectif est ici d'obtenir une position de la Cour sur un thème souvent de société et servant de référence pour une harmonisation des solutions. La position qui sera alors prise ne modifiera pas celle déjà retenue par les juges du fond à l'égard des parties.

C. Les cas d'ouverture

L'intérêt vient surtout du fait que le pourvoi, compte tenu de sa spécificité de contrôle de l'application du droit, ne peut être reçu que dans certaines situations.

Or, seul l'article 604 du Code de procédure civile fixe la mission de la Cour, « censurer [...] la non-conformité du jugement [...] aux règles de droit». Il convenait de préciser la portée de cette obligation et c'est la Cour elle-même qui s'y est employée conduisant à distinguer plusieurs cas d'ouverture à cassation qui se présentent classiquement de la manière suivante :

- premièrement, le cas de la violation de la loi est envisagé naturellement par rapport à l'article 604 du Code. Le juge devant respecter les règles de droit, toute violation doit être sanctionnée. Deux précisions doivent être faites. D'une part, le terme de « loi » doit ici être entendu au sens large de droit. C'est la violation de toute règle de droit qui est visé et non pas les textes législatifs au sens strict. D'autre part, rentre également dans cette catégorie, la mauvaise interprétation de la loi, du droit ;
- le pourvoi est, ensuite, admissible pour une question d'incompétence de la juridiction s'étant prononcée. Mais ce fondement ne saurait être invoqué pour la première fois devant la Cour et celle-ci ne peut le relever d'office, sauf s'il s'agit d'une affaire relevant d'une compétence administrative ou répressive ou encore d'une juridiction étrangère ;
- troisième hypothèse, celle de l'excès de pouvoir déjà évoquée au titre du recours par le ministère public. Ce serait le cas des arrêts de règlement, par lesquels la Cour poserait une solution générale ;
- quatrièmement, les articles 617 et 618 du Code de procédure civile induisent la question de la contrariété de jugements. Selon l'article 617, « la contrariété de jugements peut être invoquée lorsque la fin de non-recevoir tirée de l'autorité de la chose jugée a en vain été opposée devant les juges du fond. En ce cas, le pourvoi en cassation est dirigé contre le jugement second en date ». Ce à quoi s'ajoute le cas où « deux décisions, même non rendues en dernier ressort, sont inconciliables et qu'aucune d'elles n'est susceptible d'un recours ordinaire ». « Le pourvoi en cassation est alors recevable, même si l'une des décisions avait déjà été frappée d'un pourvoi en cassation et que celui-ci avait été rejeté » ;
- cinquième cas, celui visant l'inobservation des formes. Ce cas vise tout aussi bien les règles de formes des actes de procédure prescrites à peine de nullité que celles conditionnant la régularité des décisions de justice. Mais ce cas de recours comprend surtout les questions de motivation des jugements et arrêts qui donnent lieu à des pourvois pour insuffisance ou défaut de motivation ;
- enfin, relevons la perte de fondement juridique. Cela vise la décision qui était conforme au droit au moment de son rendu mais dont le fondement a depuis

disparu, soit qu'il y ait eu une réforme législative, soit l'annulation d'un acte administratif ou juridictionnel.

Par contre, le pourvoi contre une décision d'appel rendue sur cassation et conforme à la position de la Cour de cassation, n'est pas recevable (ce qui est logique, Ch. Mixte, 30 avril 1971, n° 61-11829) même si depuis cette décision d'appel, la Cour de cassation a opéré un revirement (ce qui est moins logique, Ass. Plén., 21 décembre 2006, n° 05-11966). Cette solution a été réaffirmée à l'égard d'une modification du droit positif par une décision du Tribunal des conflits, qui a pourtant autorité sur les juridictions judiciaires et administratives (Ass. Plén., 19 juin 2015, n° 13-19582).

Un avant-projet envisage de formaliser les critères d'admission et de traiter l'admissibilité du pourvoi par un mécanisme préalable de sélection des pourvois.

Dans l'avant-projet, les motifs de non-admission sont l'absence de violation d'un principe fondamental, l'irrecevabilité du pourvoi, l'absence de question juridique de principe, l'absence d'intérêt pour le développement du droit, et enfin l'absence d'intérêt pour l'unification de la jurisprudence. L'objectif est de réduire le nombre de pourvois et de renforcer la parole de la Cour de cassation notamment au regard de la CEDH et de la CJUE. Les critères ont donné lieu à des critiques notamment au regard du droit d'accès au juge. Un rapport du 30 septembre 2019 cherche à concilier les points de vue.

D. Les formes

Concrètement, le pourvoi peut être formé par déclaration au greffe de la Cour en remplissant les conditions posées par l'article 975 du Code de procédure civile.

La Cour de cassation demande alors à la juridiction dont la décision est attaquée, la transmission du dossier. Le défendeur est également informé par le greffe par lettre simple du pourvoi et de son obligation de constituer avocat à la Cour s'il entend se défendre.

Le demandeur doit conclure dans les quatre mois de sa déclaration par un mémoire transmis à la partie adverse et au greffe.

Le défendeur dispose alors de deux mois pour répondre.

Une première formation restreinte de trois magistrats examine alors l'affaire afin de déterminer s'ils peuvent la trancher ou si elle nécessite un renvoi à l'ensemble de la chambre saisie. « Toutefois, le premier président ou le président de la chambre concernée, ou leurs délégués, d'office ou à la demande du procureur général ou de l'une des parties, peuvent renvoyer directement une affaire à l'audience de la chambre par décision non motivée » (art. L. 431-1 COJ).

Le président de la chambre désigne un conseiller rapporteur et fixe la date d'audience. Après le dépôt des mémoires, cette formation déclare non admis les pourvois irrecevables ou lorsque le pourvoi est irrecevable ou lorsqu'il n'est manifestement pas de nature à entraîner la cassation. Il prévient les parties des moyens qui pourraient être relevés d'office afin qu'elles fournissent leurs observations. Si la nature de l'affaire le justifie, la chambre saisie peut consulter une autre formation, là encore les parties sont invitées à fournir leurs observations devant cette autre chambre afin qu'elle forge son avis.

À l'audience, normalement publique, le rapporteur expose ses conclusions, puis les parties peuvent s'exprimer, mais le font rarement, et enfin le ministère public fait valoir ses observations.

À noter qu'une procédure sans représentation obligatoire par avocat à la Cour de cassation est possible dans certaines hypothèses dont le nombre se réduit et ce notamment depuis que la matière prud'homale a été rattachée à la procédure classique. Ses modalités sont prévues aux articles 983 à 995 du Code de procédure civile. Concernant le contentieux électoral, les règles applicables sont prévues aux articles 996 à 1008 du Code.

II. Les effets du pourvoi

A. L'absence d'effet suspensif

Voie extraordinaire de recours, le pourvoi ne saurait avoir, en principe, d'*effet suspensif*. À l'inverse, le pourvoi peut être conditionné par l'exécution de la décision attaquée. « Hors les matières où le pourvoi empêche l'exécution de la décision attaquée, le premier président ou son délégué décide, à la demande du défendeur et après avoir recueilli l'avis du procureur général et les observations des parties, la radiation d'une affaire lorsque le demandeur ne justifie pas avoir exécuté la décision frappée de pourvoi, à moins qu'il ne lui apparaisse que l'exécution serait de nature à entraîner des conséquences manifestement excessives ou que le demandeur est dans l'impossibilité d'exécuter la décision » (art. 1009-1). Par la suite, « le premier président ou son délégué autorise, sauf s'il constate la péremption, la réinscription de l'affaire au rôle de la cour sur justification de l'exécution de la décision attaquée » (art. 1009-3).

Concrètement, la demande de radiation doit être faite dans le délai prévu pour répondre au mémoire du demandeur. Cette radiation n'emporte pas suspension des délais pour le demandeur de conclure, sachant que la demande a pu être faite avant qu'il ne la fasse. Cette radiation aura un effet interruptif puisqu'elle fera courir le délai de péremption jusqu'à ce qu'un acte manifestement sans équivoque de la volonté d'exécuter émane du demandeur. Pour autant, il n'y aura pas réinscription au rôle. Il faut justifier de l'exécution pour cela. Cette réinscription se fera si la péremption n'est pas acquise et, à compter de cette réinscription, le défendeur devra conclure, s'il ne l'a pas déjà fait, dans les délais prévus aux articles 982 ou 991 du Code de procédure civile, soit deux mois.

Si l'effet suspensif est, en principe, exclu, cela induit des exceptions comme en matière de divorce, ou de nationalité.

B. L'absence d'effet dévolutif

N'étant pas une voie de réformation, le pourvoi n'a pas d'*effet dévolutif*. La Cour ne juge que du droit. Mais en fait, la voie est encore plus réduite car il est normalement impossible de présenter un moyen de droit nouveau, c'est-à-dire qui n'aurait pas été soumis aux juges du fond. En appel, seules les demandes nouvelles sont interdites, et la notion est posée en des termes permettant une application souple. En cassation, seuls les arguments peuvent être nouveaux, pas les demandes ni les moyens.

Ce principe ne vaut que pour les questions qui existaient déjà avant le rendu de la décision au fond. Si le motif à cassation naît de cette décision, ce qui est généralement le cas, il ne pouvait être précédemment invoqué. Il peut donc être reçu pour la première fois en cassation. Par ailleurs, un motif de pur droit peut toujours être soulevé et même d'office (art. 619 et 620).

C. Les issues du recours

À l'issue de l'instance, la Cour de cassation prononce soit un rejet, qui rend la décision attaquée irrévocable, soit une cassation totale ou partielle. Lorsqu'il y a cassation, l'affaire est renvoyée devant une juridiction de même degré et nature que celle qui a rendu la décision cassée afin de rejuger les points cassés. Cette juridiction peut être la même que celle ayant jugé initialement si la formation est constituée d'autres magistrats.

Mais les hypothèses de cassations sans renvoi se sont développées.

Les cassations dans l'intérêt de la loi, pour contrariété de jugements ou encore du fait d'une saisine tardive ou irrégulière, puisqu'ici la cour d'appel n'aurait pas dû se prononcer, sont nécessairement sans renvoi.

« La Cour de cassation peut casser sans renvoi lorsque la cassation n'implique pas qu'il soit à nouveau statué sur le fond. Elle peut aussi, en cassant sans renvoi, mettre fin au litige lorsque les faits, tels qu'ils ont été souverainement constatés et appréciés par les juges du fond, lui permettent d'appliquer la règle de droit appropriée » (art. L. 411-3 COJ).

La Cour a qui sera renvoyée l'affaire sera différente de celle ayant rendue la décision cassée ou la même formée autrement.

Il peut alors arriver que sa solution ne suive pas la solution retenue par la Cour de cassation. Un second pourvoi est alors possible. L'assemblée plénière sera alors saisie. En effet, « le renvoi devant l'assemblée plénière peut être ordonné lorsque l'affaire pose une question de principe, notamment s'il existe des solutions divergentes soit entre les juges du fond, soit entre les juges du fond et la Cour de cassation ; il doit l'être lorsque, après cassation d'un premier arrêt ou jugement, la décision rendue par la juridiction de renvoi est attaquée par les mêmes moyens» (art. L. 431-6).

Il y aura alors nouveau renvoi à une juridiction du fond qui devra respecter la position en droit de l'assemblée plénière, la seule marge étant laissée sur les questions de fait. Toutefois, comme pour le premier pourvoi, l'assemblée plénière peut trancher sans renvoi.

Lorsqu'il y a renvoi et qu'il relève de la procédure ordinaire, la procédure à bref délai prévu par l'article 905 s'applique, à savoir une déclaration au greffe de la juridiction de renvoi doit être faite dans les deux mois, sous peine d'irrecevabilité soulevée d'office (art. 1034). La déclaration de saisine est signifiée aux autres parties par son auteur dans les dix jours de sa notification. Les conclusions de l'auteur sont transmises dans le délai de deux mois suivant la déclaration. Cette transmission fait alors courir un délai de deux mois pour le dépôt des conclusions des autres parties. À défaut, les parties sont réputées s'en tenir aux écritures fournies lors du premier appel. Le même délai s'applique à l'intervenant forcé depuis la demande d'intervention forcée contre lui.

• À retenir

- Le pourvoi en cassation est une voie de recours extraordinaire qui n'est ni une voie de rétractation, ni une voie de réformation.
- Le pourvoi en cassation permet de contrôler le respect des règles de droit par les juges du fond.
- Le pourvoi n'est pas suspensif, sauf exception, et n'a pas d'effet dévolutif, la Cour ne jugeant qu'en droit.
- La Cour ne rejugeant pas la décision soumise, la cassation d'une décision conduit au renvoi, sauf exceptions.
- Le renvoi suit une procédure à bref délai avec l'obligation pour les parties de déclarer la saisine et transmettre leurs conclusions dans des délais contraints.
- Si la Cour de renvoi rend une solution contraire à la position de la Cour de cassation le dossier peut revenir devant elle. Elle siégera alors en Assemblée plénière.

Pour en savoir plus

- Ministère de la Justice, « Pour une réforme du pourvoi en cassation en matière civile », rapport, 30 septembre 2019.
- BILLIAU, « Quel rôle pour la Cour de cassation au XXIe siècle ? », *Mélanges J. Normand*, Litec, 2003, p. 31.
- FOYER, *La Cassation civile entre son passé et son avenir*, Clefs pour un siècle, Paris II, Dalloz, mai 2000, p. 111.
- ZENATI, « La Nature de la Cour de cassation », *BICC* 15 avril 2003.

POUR S'ENTRAÎNER : QUESTIONS

1. **Quelle est la place de la Cour de cassation dans l'ordre juridictionnel ?**
2. **Que se passe-t-il si la Cour de renvoi contredit la position prise par la Cour de cassation ?**

CORRIGÉ

1. La Cour de cassation est la juridiction suprême de l'ordre judiciaire français. Elle a pour mission de veiller à la bonne application des règles de droit par les juges du fond. Ses décisions ont donc vocation à donner la juste interprétation des règles et donc à être reprises par les juridictions. Pour autant, son rôle en termes de source du droit est toujours officiellement nié et les arrêts de règlement, qui poseraient des règles générales et contraignantes sont interdits. Si l'on comprend cette solution au regard de la séparation des pouvoirs, on peut également la regretter par rapport à l'exigence de sécurité juridique et la crainte de revirements trop fréquents.
2. La Cour de renvoi reste libre dans son appréciation de l'affaire. Aussi est-il usuel que la position prise par la Cour de cassation ne soit pas suivie par la Cour de renvoi. Un nouveau pourvoi est alors possible devant la Cour. Elle siégera alors en assemblée plénière pour trancher à nouveau le litige en droit. L'affaire sera alors normalement renvoyée, sauf si elle peut être définitivement close par la Cour, devant une juridiction qui devra s'en tenir à la position en droit de la Cour de cassation, ne restant libre que sur les éléments de fait.

Fiche 41

La question prioritaire de constitutionnalité

I. **Les conditions d'ouverture**
II. **La procédure**

- **Définition**

Question prioritaire de constitutionnalité : voie de recours extraordinaire tendant à faire censurer par le Conseil constitutionnel un texte qui porterait atteinte à un droit ou une liberté affirmé dans la Constitution.

La Cour de cassation et le Conseil d'État, pour les litiges qu'ils connaissent respectivement, se voient adjoindre une nouvelle mission. Dans le but d'améliorer l'effectivité des règles posées par la constitution, une nouvelle procédure a été mise en place par la loi organique du 10 décembre 2009 (n° 2009-1523, JORF n° 0287). En effet, l'article 61-1 de la Constitution est venu compléter le contrôle *a priori* des lois par un contrôle *a posteriori* et plus précisément lors d'un litige. Ainsi naît la question prioritaire de constitutionnalité. Selon l'article 61-1 de la Constitution, il s'agit de contester, à l'occasion d'une instance, la constitutionnalité d'un texte par rapport à un droit ou une liberté.

Les juridictions du fond reçoivent ses questions qu'ils transmettent, après un premier filtre, à la Cour de cassation ou au Conseil d'État selon la procédure engagée. Charge alors à la haute juridiction saisie d'étudier la recevabilité de la question et de décider de la transmettre ou non au Conseil constitutionnel afin qu'il y soit répondu.

Nous ne nous intéresserons qu'aux aspects touchant la procédure civile et donc relevant des juridictions civiles et de la Cour de cassation.

Nous étudierons d'abord les conditions qui permettent la mise en œuvre de cette procédure afin de décrire la procédure elle-même.

I. Les conditions d'ouverture

A. Les conditions appréciées par les juridictions du fond

Les articles 23-1 et 23-2 de la loi du 10 décembre 2009 posent les conditions dans lesquelles les juridictions du fond peuvent avoir à connaître d'une question prioritaire de constitutionnalité (QPC).

La première condition porte sur l'objet de la contestation. Il convient de soulever qu'une « disposition législative porte atteinte aux droits et libertés garantis par la Constitution ». Cette simple formule conduit à deux remarques. D'une part, seuls les textes législatifs peuvent être mis en cause. Les textes réglementaires peuvent déjà être contrôlés sur le terrain de leur légalité. La Loi est contrôlée sur celui de sa constitutionnalité. Ceci conduit également à poser que si l'action vise une interprétation jurisprudentielle, cette interprétation doit porter sur un texte législatif. D'autre part, sont visés les droits et libertés garantis, ce qui signifie que cette procédure vise la subjectivisation des droits constitutionnels. Il ne s'agit d'une conformité à n'importe quel article de la Constitution (v. décisions n° 2010-4/17 QPC, n° 2012-241 QPC, n° 2013-370 QPC). Il s'agit de s'attacher à défendre les droits attachés à la personne. D'ailleurs, le moyen ne peut être relevé d'office. Ceci illustre la volonté de limiter au titulaire du droit le moyen d'agir. Nous ne détaillerons pas davantage le contenu de ces droits, ceci ressortant du programme de droit constitutionnel.

L'article 23-2 pose des conditions supplémentaires à l'admission de la question prioritaire de constitutionnalité. Trois conditions cumulatives sont exigées.

En premier lieu, la loi contestée doit être en lien avec l'instance. Elle doit est applicable au litige sur le fond ou sur la procédure ou encore constituer le fondement des poursuites lorsqu'il s'agit d'une affaire pénale. Le lien d'instance est respecté.

Seconde condition, que la loi n'ait pas déjà fait l'objet d'une déclaration de conformité à la Constitution. L'autorité de la chose jugée impose cette solution. On notera, toutefois, un aspect particulier en ce que cette condition ne s'applique pas lorsqu'il y a un « changement de circonstances ». Cette formule aura tout lieu de susciter les interrogations. Elle permet d'adapter l'appréciation d'une règle dans le temps au regard de problématiques nouvelles. Il reste que le flou de la formule laisse entière la question de l'étendue qu'elle peut couvrir. Observons, toutefois, qu'il ne s'agit que du premier filtre auquel est soumise la question prioritaire de constitutionnalité. La Cour de cassation opérera un second filtre qui doit permettre d'écarter définitivement tout risque de voir une solution déjà tranchée être remise en cause. L'idée est ici d'écarter les questions dilatoires auxquelles une réponse claire a déjà été apportée.

La troisième condition reprend cette idée. Là encore la formule manque de précision mais ne vise qu'à exclure ce qui, à l'évidence, ne pose pas de question. Il s'agit d'exclure la question « dépourvue de caractère sérieux ». La notion de caractère sérieux pose le même problème de qualification que celle de « changement de circonstances ». Elle laisse, a priori, un large pouvoir d'appréciation au juge. On peut, dans les deux cas, craindre des appréciations trop strictes de la part d'un juge ne souhaitant pas transmettre. L'inverse ne suscite pas d'inquiétudes puisque la Cour de cassation assurera le second filtre. Ainsi, certaines questions légitimes se trouveraient bloquées par les juges du fond. Plusieurs éléments doivent limiter ce risque. Tout d'abord, la décision doit être motivée, ce qui en soit offre une certaine garantie. Ensuite, la décision de non-transmission pourra faire l'objet d'un recours lorsque la décision sur le fond sera rendue. Enfin, la logique du dispositif qui décompte l'admission de la question en deux temps conduit à percevoir le premier filtre comme celui permettant d'écarter ce qui apparaît comme parfaitement inutile. Nul doute que les juges du fond seront parfaitement conscients du sens de ce dispositif.

Lorsque ce premier filtre, visant à écarter les demandes contraires aux principes de procédure et celles dilatoires, a été effectué la question transmise à la Cour de cassation qui va opérer un nouveau filtrage.

B. Les conditions appréciées par la Cour de cassation

L'article 23-4 pose les conditions à remplir pour que la Cour de cassation renvoie la question au Conseil constitutionnel.

La question est transmise lorsque les deux premières conditions déjà posées devant les juges du fond sont remplies et que « la question est nouvelle ou présente un caractère sérieux ».

Reprenons ces points.

La Cour de cassation doit vérifier que la question porte sur un texte en lien avec l'instance et qu'il n'a pas déjà été déclaré conforme. On retrouve également la marge de manœuvre accordée par l'expression « sauf changement de circonstances » et la subjectivité qui l'accompagne.

Le texte ajoute des conditions cumulatives à la Cour de cassation. Il faut que la question soit nouvelle et sérieuse. Chacune de ces conditions conduit à s'interroger.

Tout d'abord, concernant le caractère nouveau, ne s'agit-il pas d'une répétition de la condition posée par le deuxièmement de l'article 23-2 ? Celle-ci pose que le texte ne doit pas avoir été reconnu conforme sauf changement de circonstances. Dire que la question doit être nouvelle n'est qu'une autre manière d'exprimer cette idée. La question est nouvelle soit qu'elle n'ait jamais été posée, soit qu'elle ait été posée mais que des circonstances font qu'elle est de nouveau « nouvelle ».

Ensuite, l'exigence de sérieux suscite les plus grands questionnements. Les juges du fond ont déjà l'exigence d'écarter les demandes qui ne seraient pas sérieuses. Écarter les questions dépourvues de caractère sérieux pour les juges du fond et transmettre les questions sérieuses pour la Cour de cassation. S'agit-il du même travail ? Le texte par son laconisme ne permet pas de trancher mais l'interprétation qui en est faite par le Conseil constitutionnel distingue deux démarches. Dans un premier temps, les juges du fond écartent les questions « fantaisistes et à but dilatoire » et, dans un second temps, la Cour de cassation apprécie l'intérêt de saisir le Conseil. Cette interprétation du texte conduit à faire de la Cour de cassation un premier juge de constitutionnalité, car apprécier de l'intérêt d'une question c'est déjà admettre la potentielle inconstitutionnalité du texte. Cette solution est cohérente au regard du souhait de ne pas engorger le Conseil mais prête le flanc à l'action que mèneraient Cour de cassation et Conseil d'État dans un champ du droit qui n'est pas de leurs compétences.

C. Contrôle de constitutionnalité et contrôle de conventionalité

L'article 23-2 prévoit une situation particulière qui ne manquera pas de se produire régulièrement en pratique. Cet article envisage que la contestation porte à la fois sur la constitutionnalité du texte et sur sa conformité au regard des engagements internationaux de la France.

La procédure donne priorité à l'étude de la constitutionnalité du texte. Deux issues sont alors possibles, soit le texte est sanctionné par le Conseil et la question de la conformité à un engagement international n'a alors plus d'intérêt, soit le Conseil déclare le texte conforme et celui-ci peut encore être critiqué sous l'angle de l'engagement international. Comme le souligne le Professeur Puig, la priorité n'est pas la primauté.

II. La procédure

A. La procédure devant les juges du fond (art. 126-1 et suivants)

La question est soulevée dans un écrit distinct des conclusions et doit être motivée. Elle peut être soulevée à n'importe quel moment et même en appel. Mais elle doit venir de l'une des parties et ne peut être soulevée d'office par le juge.

Compte tenu de la portée générale de cette question, le ministère public est immédiatement informé. Ceci afin qu'il puisse faire connaître son avis.

Les juridictions du fond statuent « sans délai » et transmettent leur décision, lorsqu'elles considèrent la question recevable, dans les huit jours à la Cour de cassation. Sa décision motivée est accompagnée des conclusions des parties et de l'avis du ministère public, bien que le texte ne précise pas ce dernier point.

Rappelons que si la décision est de ne pas transmettre, la partie ayant posé la question peut former un recours contre cette décision à l'occasion d'un recours contre la décision au fond.

Si la question est transmise, le juge sursoit à statuer jusqu'à la réception de la décision de la Cour de cassation ou, s'il est saisi, la décision du Conseil constitutionnel.

La transmission de la question n'interdit pas de poursuivre l'instruction et la prise de mesures conservatoires ou provisoires.

Le sursis à statuer connaît également des exceptions. Ainsi en est-il lorsque la loi ou un règlement prévoit qu'il soit statué dans un délai déterminé ou lorsqu'il y a urgence. L'appel qui serait alors formé serait suspensif sauf si, là encore, un texte oblige à statuer dans un certain délai ou s'il y a urgence.

En outre, le juge peut trancher les points sur lesquelles le sursis à statuer aurait des « conséquences irrémédiables ou manifestement excessives » pour l'une des parties.

Enfin, la Cour de cassation ne peut se prononcer sur un pourvoi tant que la question prioritaire de constitutionnalité n'a pas été tranchée, sauf si l'intéressé est privé de liberté ou si la loi prévoit que la Cour statue dans un délai déterminé.

B. La procédure devant la Cour de cassation

La Cour de cassation dispose d'un délai de trois mois pour se prononcer sur le transfert de la question au Conseil constitutionnel. Ce délai est curieusement énoncé deux fois dans l'ordonnance, tout comme les conditions de recevabilité.

La question est transmise par une juridiction du fond ou posée pour la première fois devant la Cour de cassation. Encore une fois, le texte ne prévoit pas de « soulevé d'office » par le juge et la question doit toujours faire l'objet d'un mémoire distinct et motivé.

La Cour ne peut se prononcer sur le pourvoi tant que la question reste ouverte, sauf, comme indiqué ci-dessus, si la liberté de l'intéressé est en question ou que la loi fixe un délai pour trancher le litige. De même, s'il y a urgence, il ne peut y avoir de sursis à statuer.

Le premier président de la Cour de cassation est destinataire de la question. Il avise immédiatement le procureur général.

Les parties disposent d'un délai d'un mois pour faire connaître leurs observations suite à la décision de transmission.

Il préside une formation composée des présidents des chambres et de deux conseillers appartenant à la chambre concernée. Mais cette composition peut être réduite, « si la solution paraît s'imposer », au premier président, au président et à un conseiller de la chambre concernée. Ceci ne saurait surprendre puisque la question peut apparaître pour la première fois devant la Cour et donc sans avoir connu le filtre d'une juridiction du fond.

Notons que le premier président peut être suppléé par un président de chambre et qu'un président de chambre peut être suppléé par un conseiller de la même chambre.

L'arrêt rendu doit être motivé.

Si la Cour conclut à la transmission au Conseil, la décision ainsi que les mémoires ou conclusions sont transmis. Si la Cour conclut qu'il n'y a pas lieu de transmettre, elle adresse copie de sa décision au Conseil. Dans tous les cas, la Cour transmet sa décision à la juridiction saisie de la question et aux parties. Ceci dans les huit jours de son prononcé.

Si la Cour ne s'est pas prononcée dans les trois mois de sa saisine, la question doit être transmise au Conseil.

C. La procédure devant le Conseil constitutionnel

Le conseil « avise immédiatement » le Président de la République, le Premier ministre et les présidents des deux assemblées. Chacun peut alors adresser ses observations au Conseil constitutionnel.

La question est examinée quand bien même l'instance qui l'aurait fait naître serait éteinte.

Les parties peuvent présenter contradictoirement leurs positions lors d'une audience publique, sauf cas exceptionnels définis par le Conseil.

Le conseil dispose de trois mois à compter de sa saisine pour se prononcer par une décision motivée, notifiée aux parties et communiquée à la Cour de cassation et à la juridiction du fond concernée lorsque la question a été soulevée devant elle.

La décision est également communiquée au Président de la République, au Premier ministre et aux présidents des assemblées et publiée au JORF.

- **À retenir**

  - La question prioritaire de constitutionnalité est un mode de contrôle *a posteriori* de la conformité d'une loi par rapport à un droit ou une liberté constitutionnellement garantie.
  - Ce contrôle passe par le filtre de la Cour de cassation ou du Conseil d'État selon la procédure avant que la question ne soit tranchée par le Conseil constitutionnel.
  - La question peut être soulevée devant une juridiction du fond, même en appel ou devant le Cour de cassation.
  - La question doit porter sur une loi en lien avec l'instance, ne pas avoir été déjà tranchée, être nouvelle et sérieuse.

Pour en savoir plus

- CROZE, « Aspects procéduraux », *JCP* 2010, 269.
- DEUMIER, « QPC : la question fondamentale du pouvoir d'interprétation », *RTD civ.* 2010, p. 504.
- PUIG, « La Question de constitutionnalité : prioritaire mais pas première... », *RTD civ.* 2010, p. 66.

POUR S'ENTRAÎNER : QUESTIONS

1. **Quel filtre opèrent les juges du fond ?**
2. **Quel cheminement suit la question prioritaire de constitutionnalité ?**

CORRIGÉ

1. Le juge saisi d'une question prioritaire de constitutionnalité doit vérifier trois points avant de pouvoir la transmettre à la Cour de cassation. Premièrement, il convient de vérifier que le texte critiqué soit en lien avec l'instance en cours. Deuxièmement, le juge doit vérifier que cette question n'a pas déjà fait l'objet d'une déclaration de conformité. Toutefois, si c'est le cas, la question peut être recevable si un changement des circonstances peut justifier que le Conseil soit à nouveau interrogé. Enfin et troisièmement, le juge doit écarter la question si elle apparaît manifestement dépourvue de caractère sérieux, ce qui signifie qu'elle serait « fantaisiste ou purement dilatoire ».
2. La question prioritaire de constitutionnalité peut être introduite à plusieurs niveaux de la procédure, depuis la première instance jusqu'en cassation. Si la question est introduite devant une juridiction du fond, elle va subir un premier filtre avant d'être transmise à la Cour de cassation qui contrôlera à nouveau sa régularité et sa pertinence au regard de sa nouveauté et de son sérieux. Si elle remplit ces critères, elle sera alors transmise au Conseil constitutionnel. Si la question n'est introduite qu'au niveau de la Cour de cassation, cette dernière effectuera l'ensemble des vérifications quant au lien d'instance, à l'absence de précédent de conformité, à la nouveauté et au sérieux de la question. Une fois ces contrôles effectués, la question sera alors transmise au Conseil constitutionnel. À chaque fois, la juridiction saisie devra surseoir à statuer le temps que la juridiction supérieure et au total qu'il soit répondu à la question. Ce sursis ne s'applique pas lorsque la juridiction doit juger dans un délai fixé ou en urgence. Le sursis n'empêche pas la prise de mesures d'instructions ni la prise de certaines décisions nécessaires à la préservation des droits d'une partie. Lorsque la liberté d'un intéressé est en jeu, le sursis tombe également.

Index

Les numéros renvoient aux numéros des fiches

Imprimé en France par CPI
en juin 2020

Dépôt légal : juin 2020
N° d'impression : 158373